全国高等院校学生素质提升系列教材
全国大学生就业能力训练系列教材
全国企事业单位职工职业能力提升教材
全国核心能力（CVCC）认证专用教材

创新创业教程

主　编：许湘岳　邓　峰

副主编：王　伟　傅世春　廖俊杰

编　者：黄东斌　许芝平　张永彬　朱　雯　周星三
文智勇　杨雪梅　齐立辉　施　春　卢帅帅

主　审：韦良军　汤潜之

人民出版社

责任编辑：张　旭　万治湘
装帧设计：新立风格

图书在版编目（CIP）数据

创新创业教程/许湘岳，邓峰主编. -北京：人民出版社，2011.8（2021.8修订重印）
ISBN 978-7-01-010197-2

Ⅰ.①创…　Ⅱ.①许…　②邓…　Ⅲ.①大学生-职业选择-高等学校-教材　Ⅳ.①G647.38
中国版本图书馆CIP数据核字（2011）第169415号

创新创业教程

CHUANGXINCHUANGYEJIAOCHENG

许湘岳　邓峰　主编
王　伟　傅世春　廖俊杰　副主编

人民出版社　出版发行
（100706　北京市东城区隆福寺街99号）

北京市通州兴龙印刷厂印刷　新华书店经销
2011年8月第1版　2021年8月修订北京第12次印刷
开本：787×1092毫米　1/16印张：18.5
字数：370千字

ISBN 978-7-01-010197-2定价：39.00元

邮购地址100706北京市东城区隆福寺街99号
人民东方图书销售中心电话（010）6525004265289539

全国核心能力CVCC认证项目系列教材书目：

职业沟通教程（人民出版社978-7-01-009487-8）
团队合作教程（人民出版社978-7-01-009532-5）
自我管理教程（人民出版社978-7-01-009624-7）
创新创业教程（人民出版社978-7-01-010197-2）
礼仪训练教程（人民出版社978-7-01-010637-3）
职业素养教程（人民出版社978-7-01-013624-0）
职业生涯规划（人民出版社978-7-01-017476-1）
解决问题教程（吉林大学出版社978-7-5601-8441-8）
信息处理教程（吉林大学出版社978-7-5601-9648-0）
全国职业核心能力认证测试大纲（吉林大学出版社 978-7-5601-7122-7）

目 录
CONTENTS

序言（第1版）
职场需要什么能力

杨念鲁
中国教育学会秘书长

职场究竟需要什么样的能力？这也许是众多即将进入职场或已初涉职场却屡受挫折的人们共同面临的困惑。

按照传统的观念，一个人在接受过一定年限的正规教育之后，应该初步具备了从业的基本能力。然而，事实却告诉我们，职场与校园的差别是如此之大，以致许多学业成绩优秀的求职者苦苦追求却得不到用人单位的录用，而很多幸运的职场新人虽然求职成功却无法适应工作的要求，并由此产生自卑、抱怨、厌倦等情绪，甚至有人不得不从来之不易的工作岗位上“落荒而逃”。

这并不是职场新人的错，而是我们的教育存在着严重缺陷。多少年来，中国传统的重视考试成绩的成才观根植于社会的各个层面，包括每一个家庭和用人单位，这种观念直接影响着企业的用工机制和人才选拔制度。教育不得不屈服于来自社会的压力，迎合应试的社会需求，于是学业成绩成了衡量一个学生是否合格的唯一标准。在这种观念作用下的学校教育，忽略了人的综合素质培养，单纯以“识”取人，不同程度地背离了教育和人才成长的规律。

考试也是一种能力的培养方式，并非一无是处，它也可以使人获得一定的知识和专业能力，也会有助于培养出一些优秀人才。但对于整个社会的发展和进步而言，显然是很不够的。当今社会之所以对“应试教育”批判得多，是因为它过分地强调学生的考试成绩，而忽略了他们作为未来职业人赖以生存所必需的某些关键能力，诸如自我管理、组织协调、适应环境变化、建立合作关系、应对突发事件以及创造性地解决问题的能力等。而这些能力对于人一生的发展都是至关重要的。

不少学校已经意识到了应试教育的这些缺陷或弊端，努力尝试在教学中还原职业场景，模拟工作过程，提炼和概括职场所需要的专业能力，并在这一理念的指导下训练学生。这种尝试无疑对学生的就业是有益的。可是，这种模拟过程往往还只是强调训练学生的专业能力。事实上，最先觉悟的是企业的人力资源管理者们。他们发现，很多拥有高分数的应聘者来到工作岗位后，面对新的工作常常显得困顿和无能为力，高分低能的现象十分突出。于是，越来越多的用人单位开始把选人和用人的目光从名牌学校和学业成绩转向综合素质和职业能力。如果说学业水平和专业能力可以使人胜任自己的工作的话，那么学业和专业以外的能力则可以帮助人获取更多的机会，为更好地从事专业工作创造条件、搭建平台，从而提升专业水准并从中获得更多的成功和职业幸福感，这种能力将使人终身受益。

什么才是“专业能力之外的能力”呢？我们称其为“核心能力”（ Key Skills），并赋予它以下几个方面的内涵：职业沟通能力、团队合作能力、解决问题能力、自我管理能力、信息处理能力、创新创业能力等。简单地说，也就是一个人适应工作岗位变化，处理各种复杂问题，以及敢于和善于创新的能力。它是职业活动中最基本的能力，适用于任何职业的任何阶段，具有普适性。

信息时代最显著的特点之一就是知识爆炸，没有人可以通过一段时期的学习就掌握一生所需要的所有知识和技能；不仅如此，有人把当今社会称为“服务业主导的后工业社会”，它与工业社会的主要区别之一就是从业者变换岗位的频率大大提高。工业社会里被附加了太多贬义的“跳槽”行为在当今社会职场中几乎成为普遍现象。变化，是我们这个时代的一大特点。

既然我们的教育存在缺陷，而时代又对现代职业人提出了更高的要求。那么，“职业核心能力”是否可以通过培训得到提高呢？现在，很多有识之士正在做着这样的努力。事实证明，科学合理的培训对于职场新人来说，可以从一定程度上弥补学校教育的不足，使他们可以更快地适应职场的要求。

本套教材作为职业素质教育和培训教材无疑顺应了时代的需求。它贴近职场实际，采用“行为引导”教学法，通过构建能力目标、案例分析、过程训练和效果评估这样一种训练程序的培训，达到提高人的职业核心能力的目的。希望这个从职业场景提炼出来的核心能力的认证培训项目能在我们的院校和企业中开花结果，真正造福于全社会有需要的人士，使大多数职业人通过培训重获职场自信，不断走向成功。

2010年11月3日于北京

前言（修订版）

自2010年5月全国职业核心能力培训认证（CVCC）项目正式推广以来，我们先后出版了《职业沟通教程》《团队合作教程》《自我管理教程》《礼仪训练教程》《创新创业教程》《解决问题教程》《信息处理教程》《职业素养教程》《职业生涯规划》等系列教材和《全国职业核心能力认证测试大纲》，逐步构建了完整的核心能力培训认证体系。CVCC项目也在全国数百所大中专院校和企业得到推广和认可，已有数万人次的教师接受了核心能力师资培训，每年20多万学生系统学习了核心能力课程。

在CVCC项目推广过程中，我们得到很多一线教师和企业人士的反馈，我们决定对已经出版的系列教材陆续进行修订，并开发新的内容，使核心能力体系得到充实。

此次修订主要体现在如下几个方面：

更完备的理论体系：新版教材对核心能力各模块的基本原理和技能点进行梳理，增加更贴合学生和职场实际的基本原理分析，对与工作和学习相关的重要理论加以说明，并配以拓展知识或案例，使读者能加深对理论的理解和掌握。

更典型的案例分析：新版教材对案例进行重新筛选，着重挑选符合学生实际和职场的、具有代表性的典型案例，并对案例进行深度加工和点睛分析，让学习者通过案例分析加深对理论学习的理解和技能掌握的提升。

更适合的训练活动：新版教材在活动的设计上更具有可操作性和适应性，活动目的性更强，教师可以更明确、简便地操作活动，让学生能快乐、积极地参与活动，在活动中体验，在活动中感悟。

更标准的能力测评：新版教材在效果评估的设计上更注重体系的设计，以更标准、更科学的测评体系对学生核心能力各模块中的细分能力和学习效果进行评估。在测评体系设计中以量化的评估标准，评价效果更有信度和效度。

更新颖的表现形式：新版教材除了继续遵循原有的体例，文中增加了很多小知识、小故事、小案例和小训练等，对侧边栏内容进行精选，使之与正文联系更紧密，最大程度上拓展学习广度和深度。

本系列教材是为了帮助学习者更好地学习和训练核心能力，加强和提升职业素养，并希望使用者在生活、学习和工作中应用它们，为自身生活幸福、职业成功助力。

全国职业核心能力（CVCC）培训认证教材编委会主任
教育部高校毕业生就业协会核心能力分会秘书长
许湘岳
2018年8月9日　北京

前言（第一版）

创新工场CEO李开复预言：在今后很长时间内，中国都不会出现类似苹果和谷歌这类公司，“至少五十年到一百年不会这样，中国想要这样做的话需要重新建立一个新的教育体系”。话虽夸张，但也不为过。时至今日，我们的教育似乎只在努力构建学生的知识体系。家庭、学校和社会的评估指标过于注重考试分数。学生们个个满腹经纶，走入职场，却缺失了职业人必备的专业以外的基本技能。

专业以外的基本技能应该是什么？德国劳动市场与职业研究所所长梅腾斯教授1972年提出了“核心能力”（Key Skills）概念，很快得到全球认可。英国政府在14～19岁学生中早已开始培养核心能力的沟通交流、团队合作、自我管理、解决问题、信息处理、数字应用等六个模块，还配以1～5级的国家证书，认证学生每年达百万之众。如今，该培训认证体系已延伸到了14岁以下和19岁以上的受教育人群。在美国，各州教育部早已把沟通、自我管理等列为中学生的必修课。美国全国职业技能测评协会（NOCTI）也提出了由沟通、解决问题、团队工作等8个模块构成的软技能（又叫基础技能）培训测评体系，而且还把这个测评内容与各专业测评相结合，并运行已久。欧盟、澳大利亚、新加坡和我国台湾、香港等地也都纷纷推出了该培训测评体系。时至今日，核心能力的培训、测评已形成了全球气候。

我们努力为受训者构建完整的职业能力体系。《团队合作教程》等系列教材就是这个努力的第一步。我们把中国版本的核心能力培训认证课程体系分为三个层次：

基础核心能力：职业沟通、团队合作、自我管理；

拓展核心能力：解决问题、信息处理、创新创业；

延伸核心能力：礼仪训练、领导力、执行力、营销能力、电子商务能力……

教育部核心能力CVCC体系是一个提升就业者素质的综合工程，也是一个开放的体系，我们希望有识之士能加入我们的研发团队，以使它更成熟，与职场接轨更紧密。如您有合理化意见和建议请发送到CVCC项目邮箱cvcc@cvcc.net.cn。全国核心能力认证网（www.cvcc.net.cn）是一个信息共享平台，欢迎各方专家献计献策。

教育是否成功要看一个人在职场是否成功和幸福，职场是教育的硬约束。让核心能力成为学生和职业人士高飞的翅膀，让他们在广阔的职场和快乐的工作中自由翱翔！

全国核心能力培训认证（CVCC）教材编委员主任
北京桑博国际教育科技有限公司董事长
许湘岳
2012年1月8日于北京

第一章 激发创新意识

3600年前，商王朝开国领袖商汤王，在灭掉夏朝后，在王室的铜制洗澡盆上刻了一句让所有今天中国人都为之振奋的箴言：

“苟日新，日日新，又日新。”

这句话的意思是说，如果能每天除旧更新，就要天天除旧更新，不间断地更新又更新。数千年来，我们的祖先就是这样谆谆教导我们要不断创新，要适应时代的发展和进步，要以革新创新的态度来工作和治理国家。美国国家精神的杰出代表约翰·D.洛克菲勒也说过：“如果你要成功，你应该朝着新的道路前进，不要跟随被踩烂了的成功之路。”

> 穷则变，变则通，通则久。
>
> ——《周易·系辞下》

古代帝王和成功人士尚且如此，何况我们普通人呢？在这个时代，如果你抱残守缺，轻则跟不上发展的节奏，重则有可能工作也会被机器人替代。人类社会的发展过程是一个不断地除旧更新的过程，只有创新才能让我们抵达一个全新的世界。

我们很可能认为创新很难，高不可攀，遥不可及。但事实上，很多创新可能只是来自于对生活的观察，只要善于观察并勤于动脑，人人皆可以创新。牛顿发现万有引力，爱迪生发明了电灯，特斯拉设计了现代交流电系统并发明了无线电，乔布斯团队设计了苹果手机，屠呦呦发现了青蒿素，马云创立了阿里巴巴，这些都是高大上的成果。但多姿多彩的、不胜枚举的创新案例和事实才真正构成了这个复杂和多样的社会和生活。现在，请你花点时间，来开始了解创新的世界，锤炼一颗虔诚的心来拥抱和学习创新吧，它能让你适应变化迎接挑战。

通过本章的学习，你将能够：

- 掌握创新的基本原理和创新能力形成的基本原理。
- 养成积极创新的习惯。
- 掌握创业与发展、创新与创业之间的关联。

第一节　创新原理

职场在线

让你当一次罗马皇帝

时间往回推移到1900多年前，罗马帝国时代的某一天。

你是罗马帝国皇帝提比略（Tiberius Caesar Divi Augusti filius Augustus，原名Tiberius Claudius Nero或Tiberius Julius Caesar），你正在宫中上朝。一位炼金术士来到宫廷，对你说："尊敬的皇帝陛下，我这儿有一个银光闪闪的、锃亮的盘子，它是用一种以前没有见过的、全新的金属制作而成的，它的质地非常轻，又有非常好的韧性，可以打造成各种形状和器物。我把它送给您。"这位炼金术士自称，它是从一种普通的粘土中提取出来的，但使用了一种其他人不知道的提炼技术。他还宣称，皇帝如果拥有了这种技术，皇家的财富将会成百上千倍地增加。

此时的罗马皇帝统治着欧、亚、非三洲，疆域辽阔、子民众多，物产丰饶，是当时世界上最具权威、最富有的皇帝。面对新的发现、面对财富倍增的诱惑，他该如何决断？

现在，假设你是罗马皇帝。

作为皇帝的你，有可能认为，能让帝国的财富飞速增长，这是我梦寐以求的事啊，可能会给来者封官加爵、赏赐金银。但你显然还没有进入角色，提比略皇帝完全不这么想，他所想的是：如果这种技术所有人都知道了，其他人的财富都倍增，那我皇帝的权威很快将荡然无存。依此逻辑，这个炼金术士当然没什么好下场：斩立决！

历史真是吊诡：这位炼金术士所发现的东西原来是一种以前没见过的、新的金属——铝！威权体制下，创新多难啊！皇帝陛下一个小小的私念，就让这种地球上含量排名第三位的元素（前两位是氧和硅）的发现往后推迟了1800年。

一、能力目标 Competency Goal

创新是以新思维、新发明和新描述为特征的一种概念化过程。在英语中，Innovation（创新）这个词起源于拉丁语，有三层含义：第一，更新；第二，创造新的东西；第三，改变。

在创新活动中遵循创新原理和原则是提升创新能力的基本要素，是实现创新活动和达成创新目的的基础。有了这个基础就把握了开启创新大门的“金钥匙”。

从某种意义上说，让我们形成正确的学习方式和态度，比学习结果更重要。合理的学习方式和态度的形成，会使我们终生受益。

通过本节的学习，你将能够：

1. 了解什么是创新和创新能力。
2. 掌握创新的基本原理和创新能力形成的基本原理。
3. 熟悉创新的原则和一般过程。
4. 了解创新与创业的关系。

（一）相关概念

1. 创新的来源及定义

20 世纪初，美籍奥地利经济学家 J. A. 熊彼得（J. A. Schumpter）在《经济发展理论》（1912 年）一书中提出了创新理论，1942 年，熊彼得的创新理论体系完成。

熊彼得对“创新”的定义，包括“前所未有”，也包括对原有的“重新组合”和“再次发现”。熊彼得给创新定义了三种不同层次的要素，“创造”当然是创新，但“再次发现”和“重新组合”也是创新。

小案例

知识经济的代表人物比尔·盖茨就多次被人讥讽为没有自己的原创产品：其起家的 BASIC 语言并非自己发明，为他带来滚滚财源的当家产品 DOS 是从其他公司所购，Windows 则借用了施乐公司和苹果公司的技术，IE 浏览器源于网景公司的创意，Office 办公系统的多数组件均出自于微软收购的公司。

微软虽然没有自己的创造，但善于再次发现别人的创造，更重要的是“重新组合”为新的产品（如 Office 重新组合了 Word、excel、PowerPoint 等软件），终于成为知识经济时代的创新典范。

为什么要自主创新，主要是因为下面的事实：

第一，我们难以持续和长久地以有形实物资源交换发达国家无形知识和技术资源。

第二，在有形产品与无形产品的交换过程中，无形产品的利润率大大高于有形产品。

如果长期处在有形产品的生产阶段，在国际分工中只能获得微薄的利润，国民财富便很难有实质性地增加。

上述例证说明，创新并不同等于创造，创新的概念包含着创造，而不是相反。人们通常所说的创造，属于最高层次的创新。

2. 创新能力

创新能力是运用知识和理论，在科学、艺术、技术和各种实践活动中不断提供具有各种价值的新思想、新理论、新方法和新发明的能力。它是个人在完成以原有知识、经验为基础的创建新事物活动过程中所表现出来的潜在的心理素质。

也可以理解为，创新能力就是一个人（或群体）通过创新活动、创新行为而获得创新成果的能力，是一个人在创新活动中所具有的提出问题、分析问题和解决问题这三种能力的总和。

小案例

猜猜看，右边这张照片里的小玩意儿是什么？

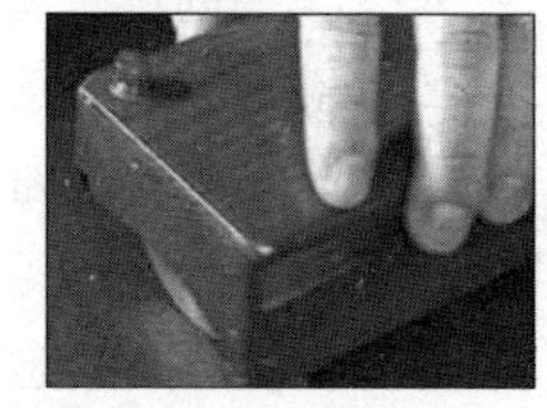

如果这个小玩意儿在刚出现的时候，有个人满怀激情地告诉你，将来全世界人人手里都会有这么个东西，你会相信吗？

如果有个小伙子拿着创业计划书来请求你投资，说要把这玩意儿设计装扮得漂亮一点，或者功能再多一点，把它卖遍全世界，你敢投资吗？要知道，这就是世界上第一个鼠标！

3. 发现

发现是指人们对客观存在的事物及其规律的认识有新突破、新进展，并且获得的新认识与事物自身原有的状况、性质及其规律相符。也就是说，发现的内容是客观世界的存在和天然性成果的正确表述。

4. 发明

发明是指人们获得的人为性的创造成果。发明成果并非天然存在，而是在发现的基础上，通过人们的创新能力直接作用于相关物质和信息的产物。例如爱迪生发明了电灯，这里，电灯是从无到有的过程，并不是一开始就存在的。

5. 创造

创造是指个体和群体基于一定的目标（或任务）开展的、运用一切已知的条件（或信息）产生出新颖并有价值的成果的认知行为和活动的过程。然而，当某个创新活动所产生的创新成果并不具有新颖性，却依然具有价值时，则称其为再造或模仿。

小故事

发明家、企业家爱迪生8岁入学时，他的老师非常信奉棍棒教育，但爱迪生调皮的个性、好问的习惯常常惹得老师非常生气，他一生只上过3个月的小学，以后就完全在家中接受教育。他深知自己的数学思维能力很差，于是他在长期的生活中选择了以形象思维、发散思维和操作性思维为主的技术发明。爱迪生是班上成绩最差的学生，被大家斥为愚笨的“坏孩子”。只有他的母亲始终对儿子充满信心，给予爱迪生充分的谅解和耐心的教导，才使原来被人认为是低能儿的爱迪生，长大后成为举世闻名的发明大王。他一生中共完成留声机、电灯等2000多项发明，1928年被授予美国国会金质特别奖章。

（二）创新能力形成的基本原理

1. 遗传素质

遗传素质是形成人类创新能力的生理基础和必要物质前提。它决定着个体创新能力在未来的发展类型、速度和水平。

人类创新能力的形成首先要遵循遗传规律。遗传素质，又称天赋、禀赋或天资，是指个体与生俱来的解剖生理特点，包括脑和神经系统的结构、机能特性，感觉器官和运动器官的机能，身体的结构和机能等。遗传素质是人类创新能力的物质基础。我们承认它，但不把它当作唯一，即“承认天赋，不唯天赋”。

大脑是人的创新能力形成的物质基础，是人的创新能力发展的物质载体。离开了这个物质基础，人的创新能力的形成和发展就成了无源之水、无本之木。

2. 环境

环境是创新能力形成和提高的重要条件。环境优劣影响着个体创新能力发展的速度和水平。环境包括自然环境和社会环境。社会环境包括家庭、学校和社会，社会上的各种教育培训机构也是影响人创新能力形成的重要因素。

3. 实践

实践是人创新能力形成的唯一途径。实践也是检验创新能力水平和创新活动成果的标准。创新能力只有在创新实践中才能得到施展发挥，实践是创新能力变成现实的唯一平台。只有通过社会实践才能把人的创新意识变成现实，而创新能力也必须通过实践才能形成，实践是创新能力形成的唯一途径。

创造性人格的特征

1. 个性倾向：具有稳定持久的创新需要或欲望，有广泛又专一的认识兴趣，有崇高的创新动机和理想，有科学的世界观和价值观。

2. 自我意识：能清楚地认识自己，能立足现在，总结过去，创造未来，具有较高的自我体验和自我控制水平。

3. 心理特征：拥有勇敢、自信、独立的性格，勤奋进取，标新立异，不随波逐流，敢于直言，善于独立思考，能够独立识别、分析和解决问题等。

小故事

阿基米德原理的发现

公元前245年，叙拉古（古代希腊世界的城邦，位于意大利西西里岛东南。）的赫农王给金匠一块金子让他做一顶金冠。国王怀疑金匠掺假。他请阿基米德鉴定皇冠是不是纯金的。在公共浴室内，阿基米德注意到他的胳膊浮出水面。他的大脑中闪现出模糊不清的想法。他把胳膊完全放进水中，全身放松，这时胳膊又浮出水面。他躺在浴盆中，水位变得更高了，而他也感觉到自己变轻了。他站起来后，水位下降，他则感觉到自己变重了。一番联想之后，阿基米德找到了解决国王问题的方法：关键在于密度。如果皇冠里面含有其他金属，它的密度会不相同，在重量相等的情况下，这个皇冠的体积是不同的。把皇冠和同样重量的金子放进水里，结果发现皇冠排出的水量比同等重量的金子的大，这表明皇冠是掺有其他物质的。更为重要的是，阿基米德发现了浮力原理，即液体对物体的浮力等于物体所排出液体的重力大小。

创新需要一把剪刀

篮球运动刚诞生的时候，篮板上钉的是真正的篮子。每当球投进的时候，就有一个专门的人踩在梯子上把球拿出来。为此，比赛不得不断断续续地进行，缺少激烈紧张的气氛。为了让比赛更顺畅地进行，人们想了很多取球方法，都不太理想。有位发明家甚至制造了一种机器，在下面一拉就能把球弹出来，不过这种方法仍没能让篮球比赛紧张激烈起来。

终于有一天，一位父亲带着他的儿子来看球赛。小男孩看到大人们一次次不辞劳苦地取球，大惑不解：为什么不把篮筐的底去掉呢？一语惊醒梦中人，大人们如梦初醒，于是才有了今天我们看到的篮网样式。

4. 创新思维

创新思维是人的创新能力形成的核心与关键。创新思维的一般规律是：先发散而后集中，最后解决问题。

没有创新思维，就没有创新活动。创新思维是人的创新活动的灵魂和核心。

人的潜在创新能力一旦被某种因素激活或教育引导，都可能导致巨大创新能量的产生。

小训练

一位园林设计师要求工人把24棵树种成6列，并规定每5棵树为一列。园林工人想了半天也没想出来。请你帮帮他！

解题：答案请在右侧方框中找。

左侧正文小训练解题：把树种成正六边形，每条边为5棵。

（三）创新的原则

创新是先天的还是后天的？看看爱因斯坦，或亨利·福特或史蒂夫·乔布斯，似乎他们都天赋异禀，但也有许多资质同样不凡的人却无甚建树。再往深一点看，创新似乎更多是后天习成的。

创新原则就是开展创新活动所依据的法则和判断创新构思所凭借的标准。

1. 科学原理原则

创新不得违反科学规律，在进行创新构思时，要注意以下几点：（1）对创新方法进行技术方法可行性检查；（2）新设想的功能体系是否合理，关系到该设想是否具有推广应用的价值，因此，必须对其合理性进行检查。

2. 机理简单原则

在现有科学水平和技术条件下，如不限制实现创新方式和手段的复杂性，所付出的代价可能远远超出合理程度，使得创新的设想或结果毫无使用价值。因此，在新创的过程中，要从新事物所依据的原理是否重叠，超出应有范围；所拥有的结构是否复杂，超出应有程度；所具备的功能是否冗余，超出应有数量等方面进行检查，始终贯彻机理简单原则。

3. 构思独特原则

兵法中一直强调“出奇制胜”，所谓“出奇”，就是“思维超常”和“构思独特”，创新贵在独特，创新也需要独特。在创新活动中，往往要从创新构思的新颖性、开创性和特色性几个角度进行系统的检查和思考。

4. 不轻易否定，不简单比较原则

不轻易否定，不简单比较原则是指在分析评判各种创新方案时应注意避免轻易否定的倾向。创新的广泛性和普遍性都源于创新具有的相融性。我们应在尽量避免盲目地、过高地估计自己的设想的同时，也要注意珍惜别人的创意和构想。简单地否定与批评是容易的，难得的却是闪烁着希望的创新构想。

把水装在外面

从前，有一家农户，种出了一只大葫芦。这么大的葫芦，做什么用呢？用来装酒水，恐怕会涨裂；如果把它锯成两半，用来做舀水的瓢，又没有这么大的缸。农户左右为难，不知把这只大葫芦派上什么用场。后来有人听说这件事后，说了这样一句话：人们只知道用葫芦来装水，却不知道把水装在葫芦的外面，让葫芦放在水上当舟用，这不是很好吗？

只知道用葫芦来装水，把思维“网”在葫芦里，思维将永远找不到出路。只有打破习惯的思维方式，善于把水装在葫芦的外面，才能巧妙地突破思维的瓶颈，发现一片新的天地，看到一片宽阔的海洋。

小案例

法国心理学专家约翰·法伯曾经做过一个著名的实验：把许多毛毛虫放在一个花盆的边缘上，首尾相连，围成一圈，并在花盆周围不远处撒了一些毛毛虫比较爱吃的食物。毛毛虫开始一个跟着一个，绕着花盆的边缘一圈一圈地走，一小时过去了，一天过去了，又一天过去了，这些毛毛虫还是夜以继日地绕着花盆的边缘在转圈，一连走了七天七夜，它们最终因为饥饿和精疲力竭而相继死去。

约翰·法伯曾设想：毛毛虫会很快厌倦这种毫无意义的绕圈而转向它们比较爱吃的食物，遗憾的是毛毛虫并没有这样做。

导致这种悲剧的原因就在于毛毛虫的盲从，总习惯于固守原有的本能、习惯、先例和经验。如果有一条毛毛虫能破除尾随的习惯而转向去觅食，就完全可以避免悲剧的发生。人的思维也一样，人一旦形成了习惯的思维定势，就会习惯地顺着定势的思维思考问题。

5. 从小处思考原则

彼特·德鲁克曾写道：“有效创新都从小处开始，而并非宏伟壮阔。”

哪怕一个点子再怎么小，只要一丝不苟地追求下去，价值也会比浮夸不实、哗众取宠的东西要大得多。

微软专注于曾被 IBM 视为鸡肋的软件业务上，而成为世界上最有价值的公司。苹果之所以能靠 Macintosh 震动业界，很大程度上是利用了 Xerox 忽视了的创新技术。从小处思考的好处之一就是你经得起失败，摔了跟头，站起来再试一次，最后你终究会成功。

巧算灯泡容积

一天，发明家爱迪生把一只灯泡交给他的助手、普林斯顿大学数学系毕业生阿普顿，要他算出玻璃灯泡的容积。阿普顿拿着灯炮琢磨了好长时间，用皮尺在灯泡上左右、上下量了一阵，又在纸上画了好多的草图，写满了各种尺寸，列了许多道算式，算来算去还没有个结果。

爱迪生见他满头大汗，就说："我的上帝，你还是用这个方法算吧！"他在灯泡里倒满了水递给阿普顿说："把这些水倒进量杯里，看一看它的体积，就是灯泡的容积了。"助手恍然大悟。

（四）创新与创业

1. 创新是创业的动力和源泉

创新是创业的动力和源泉，是创业的本质体现。创业通过创新拓宽商业视野、获取市场机遇、整合独特资源、推进企业成长。创新能力是最重要的创业资本，创业者在创业过程中需要具有持续旺盛的创新精神、创新意识，需要独特、活跃、科学的思维方式，这样才可能产生富有创意的想法或方案，才可能不断寻求新的思路、新的方法、新的模式、新的出路，最终获得创业成功。

2. 创新的价值常常体现于创业

创新的价值就在于将潜在的知识、技术和市场机会转化为现实生产力，实现社会财富增长，造福人类社会。通过创业实现创新成果的商品化和产业化，将创新的价值转化为具体、现实的社会财富。创业者必须具有能发现潜在商业机会并敢于冒险的特质，科技创新成果也必须经由创业者推向市场，使其潜在价值市场化，使创新成果转化为现实生产力。

小案例

爱迪生集发明、创新、创业于一身。在他一生中拥有超过 1000 项专利，包括大家所熟知的电灯、胶卷、执行死刑的电椅等。爱迪生还有一项成就就是能够使一项发明在技术上与商业上可行并引发市场需求，为投资者创造丰厚的利润，也就是说他能够结合技术推力与市场拉力，设计出具有市场竞争力的经营策略，将一项创新和发明构想推动成为一个巨大的商业市场。

3. 创业的本质是创新

创业应该是具有创业精神的个体与有价值的商业机会的结合，是开创新的事业，其本质在于把握机会、创造性地整合资源、创新和超前行动。创新包括技术创新、制度创新和管理创新。对于创业者及其所创建的企业来说，创新就是将新的理念和设想通过新产品、新的流程、新的市场需求以及新的服务方式有效地融入到市场中，进而创造新的价值或财富的过程。

4. 创业推动并深化创新

创业可以推动新发明、新产品或新服务的不断涌现，创造出新的市场需求，从而进一步推动和深化科技创新，因而提高了企业或是整个国家的创新能力，推动了经济增长。创业的关键在于创新，创新是创业的源泉，持续创新必然推动和成就创业。创新和创业相辅相成，二者的动态融合以及相互影响对于创业成功和企业成长至关重要。创业和创新的融合是一个动态整合、集成与优化的过程，这一过程中，创新精神、创业能力和市场意识始终是创业成功和企业持续成长的内在动力。

二、案例分析 Case Discussion

案例一：生死关头，放弃苟活

在中国，无论是在政府还是在企业，常常听到人们说起“华为”，尽管华为非常低调，但它已是中国很多企业的楷模。一路走来，华为就是靠自主创新创造了一个又一个奇迹。

世界知识产权组织（WIPO）于2016年3月16日宣布，华为公司以3898项专利技术申请量蝉联专利技术条约第一名。华为有文件明确规定：“保证按销售额的10%拨付研发经费，有必要且可能时，将加大拨付的比例。”

在华为2017年全球分析师大会上，华为副董事长、轮值CEO徐直军表示，华为目前累计研发投入达到3100亿元，未来每年将保持200亿美金的投入。与此相反，国内大多数企业的研发投入，不足销售额的1%。

20世纪80年代，华为公司成立之时，中国电信设备市场几乎被外国“列强”瓜分殆尽，华为只能从代理进口模拟交换机起步，在国际大公司之间的夹缝儿中艰难地谋求生存。即使是代理，也要看人家的脸色。果然，成立不到3年，华为所代理的香港公司看到市场局面已经打开，就把代理权收了回去。

生死存亡的考验，一夜之间被强加到自己的头上，华为人一下子懵了。是另做代理苟活下去，还是另闯一条道路？前者易，后者难。关键时刻，华为选择了一条更危险但更有希望的路：将代理销售获得的微薄利润投向程控交换机的自主开发，给企业找一条生路。

因为缺乏研发资金，华为不惜高息融资，大家甚至垫出自己一半的工资。经过3年的艰苦攻关，华为拥有自己独创技术的程控交换机面世了。这款交换机让华为走出了困境，获得了利润。从此，在自主创

地图的另一面

一天，一位牧师为了转移哭闹不止的儿子的注意力，将一幅色彩缤纷的世界地图，撕成许多碎片，丢在地上，许诺说：“小约翰，你如果能拼起这些碎片，我就给你二角五分钱。”

牧师以为这件事会使约翰花费上午的大部分时间，但没有十分钟，小约翰便拼好了。

牧师说：“孩子，你怎么拼得这么快？”

小约翰轻松地答道：“在地图的另一面是一个人的照片，我把这个人的照片拼在一起，然后把它翻过来。我想，如果这个‘人’是正确的，那么，这个‘世界’也就是正确的。”

新这条路上，华为一发不可收地走了下去。

华为也有过因为过于追求技术完美而失去商机的经历，但痛定思痛，华为实现了转变：从技术驱动转变为市场驱动，强调以新的技术手段满足客户的需求；华为要瞄准世界顶尖技术，建立一流的研发团队，但不研发“卖不掉的世界顶尖水平”，最好是比别人领先半步。

在一种鼓励探索、支持兴趣、重视实践的教育环境下，创新并不难。只要培养出灵活的头脑和扎实的基本功，再兼具了科学家、市场人员、工程师的特质，同时热爱自己所从事的工作，你就一定可以做出最新颖、最有用也最有可行性的创新来！

案例二：亚马逊与阿里巴巴

时间1：1994年

这一年，30岁的杰夫·贝索斯有了一个令他惊讶的发现，那就是尚未成熟的互联网络的使用情况正以每年高达2300％的速度在暴增。

正如你现在看到的，一般人是使用网络，而杰夫·贝索斯却注意了网络的使用。

为了这个不成形的预感，他毅然辞职了！

但到底要在网络中做什么，卖什么东西，办一家什么样的公司？他对此还无清晰的思路。于是他就跑到大街上寻找灵感。

终于，在那天他看到一个书店时，一个主意浮上了他的脑海：为什么不在网上开办一家书店呢？

亚马逊网上书店就这样诞生了！他用世界上最长的一条河流来给它取了名字。

现在的亚马逊是个什么样子呢？

咱们设想一下：有这样一家书店，有十几平方公里的面积，备有310万种以上的图书，可以接待500多万人次的顾客，这该是多大的书店啊！你要想浏览完它所有的书目，恐怕必须要开上汽车才行。

这样的设想可能让你感到吃惊，因为如此大的书店根本无法在现实中实现。然而，互联网能做到这一切，这就是亚马逊网络书店。当然，亚马逊现在不仅仅是卖书，它已经名副其实地成为了一家“百货公司”。

亚马逊还在稳步地进化和发展之中。

无片名的电影

电影都有片名，但有一部没有片名的电影在匈牙利首都上演。一时间，观众踊跃购票，影院座无虚席，人人争看“无名片”。这是什么原因？原来制片人出一个怪招：公开征集片名，并设“最佳片名征集奖”，因此观众极多。

时间2：1999年

担任英语教师的马云带领18个伙伴在杭州创立阿里巴巴。

阿里巴巴经营多项业务，另外也从关联公司的业务和服务中取得经营商业生态系统上的支援。业务和关联公司的业务包括：淘宝网、天猫、聚划算、全球速卖通、阿里巴巴国际交易市场、1688、阿里妈妈、阿里云、蚂蚁金服、菜鸟网络等。我们每一个人每天都与它有着这样或那样的关系。

自从阿里巴巴2014年在纽约证券交易所正式挂牌上市（股票代码“BABA”）以来，它已成为最耀眼的上市公司中的一员。

从“使用网络”到“关注网络的使用”，细微的变化，产生的效果却大不相同。从网络还不太热门时，依靠网络来从事消费业务，让两家公司成了全球的行业老大。敏锐的直觉是在对于自己研究对象昼思夜想的时候迸发的奇想。任何成功都需要不断地发现和不断地创新，只有那些头脑清醒、思维敏捷、勤奋好学、勇于进取的人才会不放过看来是微不足道的那些问题中蕴藏着的创新。

IBM针对1500名顶尖企业的CEO做了一项调查，发现：创造力在未来的领导能力中位居第一位。

三、过程训练 Process Training

活动一：点亮他人的创意之光

（一）规则和程序

形式：集体参与

时间：15~20分钟

材料：“点亮他人的创新之光”（见下文附录）

场地：不限。

应用：创造力培养。

目的：使每个学生认识到自己是可以激励他人的创新精神。

程序：发课堂资料“点亮他人的创意之光”。阅读西奥多·罗斯福（Theodore Roosevelt）的名言并回答问题。

形成问题通常比解决问题还要重要，因为解决问题不过牵涉到数学上的或实验上的技能而已，然而明确问题并非易事，这需要有创新性的想象力。

——【美】爱因斯坦

（二）相关讨论

1. 有哪位愿意就课堂资料发表一下感想并与大家分享？
2. 你能够激励谁并使他变得更有创意？
3. 你打算如何去激励他呢？
4. 你有没有其他的想法？

（三）总结

有人说过：“与其说去诅咒黑暗，不如去点亮一支蜡烛。”任何人都有机会去点亮他人的创意之光。你既是蜡烛又是镜子，能够点亮你所接触到的任何一个人的创意之光。

附录：“点亮他人的创意之光”

正如你们在这次活动中所发现的那样，产生创意的过程是由两种环境因素所左右的：自身环境因素和外界（他人对你）环境因素。因此，你们每个人都有机会去点亮他人的创意之光。但是这首先取决于人们对于他人创新能力的态度。在对待他人的创新努力时，你可以以积极肯定的姿态出现在他们面前，也可以以消极否定的态度出现。在作出你的选择之前，慎重思考一下以下两段引言的重要性：

西奥多·罗斯福说："最优秀的管理者应该是这样一种人：一方面具有慧眼识英才的洞察力，选出最适宜的人选作为他的得力助手；另一方面具有十足的自制力，一旦放手让他人去做，决不贸然干涉。"

易帝思·沃尔顿说："有两种播撒创意之光的方式……蜡烛，或镜子。"

1. 你有何感想？

2. 我能激励谁？使他变得有创意？

3. 我该怎么做？

4. 我该跟他们怎么沟通？

活动二：考察你的思维活跃度

（一）在规定时间内完成以下问题

1. 请尽可能多地说出衣服有哪些不同种类的用途。（1 分钟）

2. 一个盆有什么用？（1 分钟）

3. 有一位同学上学期间沉迷于游戏，请想出尽可能多的办法帮助他改变这一情况。

4. 尽可能多地列举出与旋涡这种形状相像的东西。

5. 请列举出尽可能多的含有"口"的汉字。（2 分钟）

（二）讨论

1. 3~5 人一组进行讨论，对比每道题的答案，看看自己的思维活跃程度。

2. 人与人之间思维方式有很多相似或差异之处。人要想了解自己，需要更全面地看问题。

四、效果评估 Performance Evaluation

评估：你有创新意识吗?

（一）情境描述

想知道你是一个勇于尝试新事物、积极进取的人吗？完成以下测验，即可知道自己是不是有创新意识的人。

1. 在周末的晚上，不用做家务，你会：
A. 招来几个朋友，租用几盒录影带
B. 独自在家看电视
C. 独自到林荫路散步，或到商店购买些物品

2. 上次你改变发型是在什么时候？
A. 五年前
B. 你从未连续两天梳同样的发型
C. 六个月前

3. 在餐馆用餐时，你会：
A. 常要同样的喜欢的菜，也尝试其他的菜
B. 如果有一人说好吃的话，会尝新的菜
C. 常要不同的菜

4. 你和家人刚旅行回来，旅途中经常下雨，朋友问你旅行的情况，你会：
A. 说这次虽不是理想旅行，但还是过得去
B. 抱怨天气，抱怨和家人旅行的不快
C. 描述可怕的旅途时，你也提到景色的美妙

5. 你的学校为学生提供义务工作的机会，你会：
A. 立即登记，因为这可获得社会经验和认识新人
B. 知道这个意义，但是因为个人活动多，去不了
C. 根本不考虑登记，因为你听说这样的工作太多

6. 你和约会者吃完午餐，对方问你做什么，你会：
A. 说“随便”
B. 说“如果你喜欢，我们看电影吧”
C. 提议到新开的俱乐部去，你听说那里很好

7. 在舞会上，给你介绍一位聪明的小伙子或姑娘，你会：
A. 谨慎地和他或她交谈，话题一直限于天气、电影

> **风靡欧洲的斜口杯**
>
> 有一次，日本的营销人员在一家饭店观察到欧洲人饮茶，由于欧洲人的鼻子较大，当茶水少于半杯时，鼻子便碰到杯沿上，若想喝完茶水，必须仰起脖子，既不方便，也有失欧洲人的绅士风度，日本营销人员回国后，研制生产了斜口杯，风靡欧洲市场。

> 人类的创新之举是极其困难的，因此便把已有的形式视为神圣的遗产。
>
> ——【德】蒙森

B. 将你的生平故事告诉他或她

C. 将你上周听到的笑话讲给他或她听，然后问他或她是否想跳舞

8. 给你提供一个机会，作为交换学生到国外学习一个学期，由于时间紧迫，你：

A. 要求一周的时间考虑

B. 立即准备行装

C. 根本不考虑，因为你已制订了学习计划

9. 你的朋友将他写的关于自由的文章给你看，你不同意他的观点，你会：

A. 假装同意，因为担心说真话会伤害他的感情

B. 将你的感觉告诉他

C. 改变话题闲谈，避开问题

10. 你到鞋店打算买双简朴实用的鞋，结果你会：

A. 买一双鞋，正好是你想买的

B. 买了一双红色的牛仔靴，既不简朴，也不实用

C. 买了一双很流行的鞋，你只能明年穿

（二）评估标准和结果分析

题号	1	2	3	4	5	6	7	8	9	10
A	1	3	3	2	1	3	2	2	3	3
B	3	1	2	3	2	2	3	1	1	1
C	2	2	1	1	3	1	1	3	2	2

24~30 分：你被动的、预知的、消极的行为使他人讨厌。人们会被有创造性行动的人吸引。

17~23 分：还算快乐。尽管你不令人讨厌，但你可令自己更快乐。你应该走出你的房子，做些通常没有做的事情，例如参观画廊、参加健美操学习班，参加一些团体体育运动。

10~17 分：非常快乐，你是个生龙活虎的人，他人认为你值得羡慕。对于有趣的事，你不但希望他人做，你要自己做。你不以消极的态度使朋友厌烦，你采取的是乐观、开朗的态度。虽然你的不可预知的特点有不利之处，但是，和你在一起不会沉闷。

第二节 创新素质

职场在线

大疆无人机的崛起

汪滔是消费级无人机的行业老大，他创立的大疆（DJI）占据70%的全球市场份额，以黑马姿态主导着全球无人机革命。

毕业于香港科技大学电子系的汪滔，在宿舍中制造出飞行控制器的原型，2006年他和自己的两位同学来到了中国制造业中心——深圳，在一所居民楼里，正式开启改变世界的创业之路。2013年1月，大疆“精灵”无人机正式进入大众消费市场。

“大疆的成功在于其开创了非专业无人驾驶飞行器(UAV)市场，所有人都在追赶大疆的脚步。在大疆之前，无人机都是应用在专业领域，产品专业化程度高、对操作要求门槛高、产品价格昂贵，导致无人机无法普及。大疆把无人机扩展到了普通消费者的层面，迅速地创造出了一个全新的市场。”弗若斯特和苏利文（Frost & Sullivan）全球合伙人兼大中华区总裁王昕博士说。

红杉资本合伙人迈克尔·莫里茨曾在自己的linkedin上写道：“DJI的精灵2Vision基本就相当于一个飞行着的AppleII。”

当亚马逊CEO杰夫·贝索斯(Jeff Bezos)承诺将用无人机送货上门时，质疑者都抱着一种嘲讽的态度，但无人机正成为科技行业的“下一个大事件”，而现在所有竞争对手都在追赶大疆的脚步。

一家公司的目标受众从业余爱好者变成主流用户，而且它在这一过程中还能占据市场的主导地位，这种成功的案例在科技行业发展史上实属罕见。

大疆无人机的成功，除了创始人带领的团队人员的勤奋工作之外，也需要团队的合作和创新精神，正是这种精神使大疆在无人机市场走出了一条康庄大道。

创新是每个人具备的潜在能力，创新思维能够打破常规、突破传统，具有敏锐的洞察力、直觉力、丰富的想像力、预测力和捕捉机会的能力等，从而使思维具有一种超前性、变通性。

一、能力目标 Competency Goal

创新是每一个正常人所具备的一种潜在能力。这种潜在能力能否被挖掘、开发出来，从而使一个普通人跃升为一个创新者，关键取决于其是否具有一个创新者应该具备的素质。那么，创新者应具备什么样的素质呢？

通过本节的学习，你将能够：

1. 了解创新者所必备的各种素质。
2. 积极培养自身的创新习惯。

在白天气温高达45℃，晚上又低至5℃的津巴布韦，能不能建造一座不用空调，但室内温度必须恒温在22℃的环保大厦？逻辑上不成立，所以无法做到，但运用水平思维的交叉创意法就做到了，米克皮尔斯运用白蚁冢穴如何保持恒温而确保繁衍的原理建造了世界上第一座不用电气设备（空调）而能确保室内恒温22℃的东关大厦，把不可能变成了令人惊叹的事实。

（一）创新必备的心理素质

创新应具备的心理素质是多方面的，但主要有积极的人生态度，这是从世界观的高度看问题；肯定的自我意识，这是创新的先决条件；较高的动机水平，这是创新的强劲动力；创造性的认知风格，这是创新的人格特质；积极的情绪状态，这是创新的心理环境。

小练习

一位地主有一块形状如下图的田地，要把它分给四个儿子，且每个儿子所分的土地大小形状都要相同，如何分？

1. 积极的人生态度

积极的人生态度是指使人的心理活动保持一种稳定、持久的积极状态，这是人的心理活动维持一定的质和量的水平特征。积极的人生态度是创造性人格中的灵魂，它可以使人脱离低级趣味，从而为人类的文明进步、为人类的美好事业、为追求真理而发挥自己全部的聪明才智去创造。如果缺少这一人格特质，就会缺少创造的动力，就会远离创新。

2. 肯定的自我意识

有创造性的人，大都有坚强的自信，能自我承认、自我肯定，能充分地认识到自我潜能的存在，并最大限度地挖掘和利用它。在主体有自信地肯定自我有某种能力倾向时，他就有可能在该领域比别人做得更好，就有可能发展自己某一方面的兴趣，展示出某一方面的特殊才能，在某一方面的创新思维比别人更可能有所突破，进而更加自信。

3. 较高的动机水平

动机是使人们坚持去做某件事和不做某件事的直接原因。目前，心理学中把动机分为内在动机和外在动机。内在动机包括人们的好奇心、求知欲、对事物本身的兴趣等。外在动机是指由外部刺激引起的高水平的创造动机，是富有创造性人格结构中的动力源泉，也是创新得以施展的能源。

小案例

现代第一个创造力测试

吉尔福特在二战期间被指派去设计一项能够挑选出最佳轰炸机飞行员人选的性格测试。为此，他使用了智力测验、评分系统及面试等方法。但令他大为恼火的是，美国空军委派了一名没有经过心理训练的退役空军飞行员帮助他进行筛选工作。他并不信任这名退役空军飞行员。最终，他们俩挑选了不同的候选人进行测试。非常奇怪的是吉尔福特挑选的飞行员与退役飞行员挑选的人选相比，被击落毙命的人数多出许多。吉尔福特随后为自己将如此之多的飞行员送上绝路而沮丧不堪，以致他想到要自杀。但最终他没有那样做，他决心要找出退役飞行员挑选的比自己挑选的人选出色的原因。这位退役飞行员说他问了所有飞行员候选人一个问题："你在飞过德国时，如果遭遇德国的防空部队炮火时会怎么办？"他淘汰了所有回答"我会飞得更高"的候选人，而挑选了违反飞行条例准则的人，例如那些回答"我不知道，可能我会俯冲"或"我会'之'字形前进"或"我会转圈，掉头避开火力"的人。遵循飞行条例准则的飞行员都是可被预测的人，这就是吉尔福特失败的原因。因为德国人清楚美国飞行员遭遇炮火会飞得更高，因而他们的战斗机会停留在云端，准备将美国飞行员击落。换句话说，那些具有创造力不按照准则飞行的飞行员会比那些可能更聪明、但却局限于规则的飞行员更容易幸存下来。吉尔福特突然意识到，一个人具有独特思维和富有创造力，也是一种才华，于是他决定进一步去研究这种才华。他要找出那些能够灵机一动就想出绝妙办法、具有创造力的人，作为飞行员的合适人选。

随后，吉尔福特为美国空军设计了世界上第一套创造力测试方法。问题之一就是让候选人尽可能多地说出砖的用途。问题虽然简单，但却是测试候选人创造力的绝佳方法。有些人不费吹灰之力就可以不断地想出砖的不同用途，而另外一些人却需要经过长时间思考，并且只给出了砖的几种用途。

吉尔福特（J.P. Guilford，1897-1987），是美国著名心理学家，被奉为现代创造力之父。他主要从事心理测量方法、人格和智力等方面的研究。他因应用心理测量方法和因素分析法进行人格特质的研究，特别是对智力的分类而驰名世界。1950年当选为美国心理学会主席，1954年当选为国家科学院院士，1964年获美国心理学会颁发的杰出科学贡献奖。

4. 创造性的认知风格

由于个体人格特征不同，每个人都有自己的认知风格，这是最具个体差异性的人格特质。认知是创新的前提，没有创造性的认知，不可能进行创新活动。

我国学者把富于创造性的认知风格特点概括为以下七个方面：①感知敏锐，善于发现问题、提出疑问；②感知全面、客观；③认识具有独立性；④思维流畅，记忆准确、广阔；⑤思维灵活；⑥思维开放；⑦富有想象力和幽默感。

5. 保持积极的情绪状态

经常保持快乐、良好的心境，对事物的高度热情等，都是创新思维主体应有的积极情绪状态。心理学家的研究认为，当人们处在消极情绪、情感状态时，例如在过分紧张、忧愁、沮丧时，不仅会出现生理上的变化，而且在心理上会出现记忆力、理解力、想象力和自制力的下降，甚至失去理智；然而，过分松弛也难以产生创造性思维，只有人的情感既积极活跃而又不过度时，才能产生创造性思维。

即使你很成功地模仿了一个有天才的人，你也缺乏他的独创精神。

——【法】雨果

（二）创新的内在动力

创新的内在动力属于科学精神和科学思想范畴，包括创新意识、创新兴趣、创新胆量、创新决心，以及相关的思维活动。

1. 好奇心

好奇心是指喜欢追求新奇事物的刺激，表现出对未知、新奇、不了解或尚未有结论的事物的追求、兴趣和积极探寻的心理倾向，是一种认知冲动或认知需求。好奇心是开启人类创新思维的原动力。在好奇心的驱使下，不仅可以增加感知事物的敏锐性，能够发现别人不易觉察的现象、问题，而且能够促使人思考，通过寻根求底，弄清事物的真相。

阻碍创新的因素

1. 传统观念障碍
2. 某些个人习惯
3. 社会工作环境
4. 感情的影响
5. 时间和精力的限制
6. 轻视直觉和灵感的作用
7. 恐惧失败
8. 害怕被嘲笑或批评
9. 采取了错误的态度
10. 追求单一模式或解答
11. 匆忙评估
12. 匆忙结论
13. 苛求完美

2. 求知欲

马斯洛认为，人有一种理解、组织、分析事物、使事物系统化的欲望，一种寻找诸事物之间关系和意义的欲望，一种建立价值体系的欲望，这种欲望就是人的求知欲望。求知欲是好奇心的必然发展，更具稳定性和持久性。求知欲是人的一种天性，主要是靠后天的学习与培养。它是人类进行创新创造用之不竭的稳定动力。

3. 兴趣

兴趣，就是个体力求认识、探究某种事物或从事某种活动的心理倾向，表现为对某事物或活动的选择性态度和积极的情绪反应。兴趣是进行创新活动的内在的稳定动力，它不仅可以把注意力集中起来，还可以激发出高昂、稳定的情绪、强烈的情感色彩和意识倾向，使感知敏锐、联想与想象丰富、思维敏捷，甚至常常是废寝忘食，从中寻求乐趣，感到其乐无穷。

4. 自信心

自信心不仅是创新创造的必要前提，而且是一切工作乃至生存的必要前提。首先，自信来自丰富的知识，丰富的知识是自信的坚实基础与后盾。其次，需要不断积累经验，总结事物的客观规律，对所从事的专业和领域的活动掌握熟练的技能，才能使人充满信心，实现创新。最后，要具有坚定的信念和雄心壮志。在信念的支持下，表现出坚定自信和雄心勃勃的气概，勇于冲破传统观念的束缚，去探索未来。

5. 勇气

进行创新需要足够的勇气，需要无畏的精神和气概，只有具备这一性格特征的人才能攀登到创新创造的高峰。因为，凡是创新，就需要对传统或公认的东西提出怀疑或否定，这需要勇气；创新还需要大胆提出一些超前的设想，提出看似无法达到的目标，然后再克服困难去达到它，并且不怕自己的见解与大多数人、传统、权威的见解相对立、矛盾、冲突，这更需要大无畏的精神和气概。

小案例

1900年，著名教授普朗克和儿子在自己的花园里散步。他神情沮丧，很遗憾地对儿子说："孩子，十分遗憾，今天有个发现，它和牛顿的发现同样重要。"他提出了量子力学假设及普朗克公式。他沮丧这一发现破坏了他一直崇拜并虔诚地信奉为权威的牛顿的完美理论。他终于宣布取消自己的假设。人类本应因权威而受益，却不料竟因权威而受害，由此使物理学理论停滞了几十年。25岁的爱因斯坦敢于冲破权威圣圈，大胆突破，赞赏普朗克假设并向纵深引申，提出了光量子理论，奠定了量子力学的基础。随后又锐意突破了牛顿的绝对时间和空间的理论，创立了震惊世界的相对论，一举成名，成了一个更伟大的新权威。

6. 独立自主的性格

创新活动本身是一项为解决非常规问题而进行的探索性活动，涉及的往往是前人从未涉足的领域，具有很大的特殊性，这就决定了需要有独立自主的性格特征。这种独立自主的性格，与自信和勇气有密切关系，是通过日常生活的磨炼、学习上的独立思考和工作中独立自主地处理问题等一系列实践体验逐渐积累起来的，形成了相对稳定的性格特点。只有具备这种性格品质，才能独立自主地发现问题、提出问题、解决问题，才能具有开拓精神，才能承担富有挑战性的任务，才能在竞争中独辟蹊径，有所突破和创新。

> 创造创新，可以从需求的角度而不是从供给的角度给它下定义为：改变消费者从资源中获得的价值和满足。
>
> ——【美】彼得·德鲁克

（三）创新的知识结构

任何创新活动都离不开知识基础，创新知识结构则是创新活动赖以成功的基础。但是有知识也并不意味着一定会有创新，因而培育有利于创新的知识结构至关重要。

小案例

20世纪90年代初，哈尔滨工业大学的博士生王晓龙发明了微软拼音汉字输入法。但当初的汉字语句输入法准确率只有60%~70%。

最复杂问题也许需要最简洁的思路。王晓龙又想到了小学生识字的过程——开始不认字，学一遍下次就认识了。他重新编写程序，新输入法准确率提高到了90%以上。

1996年，他与美国微软公司达成协议，授权美国微软公司在Windows操作系统上使用该技术，也就是今天仍被广泛使用的微软拼音输入法。

知识结构模式包括塔式结构、T型结构、网络式结构、飞机型结构、帷幕型结构等，这5种知识结构模式尽管有知识组合上的很大差异，但从系统论的视角来看，它们都要求知识的整体相关性、层次性、动态开放性与服务于特定专业、特定课题的创新目的性。

那么，如何构建合理的知识结构呢？

1. 打下扎实的理论知识基础。

2. 拥有深厚的专业知识。

3. 了解广泛的邻近学科知识。这些知识有利于开拓视野，获得创新启迪。

4. 了解相关方面的科技发展状况的前沿知识。

在知识经济的大环境下，知识将被迅速更新，智力、创造力的竞争将是白热的状态，因此，如果不能把握知识创新的脉搏，主动学习、主动创造，也许很快会被时代甩在后面。

你替我搬

英国有一家大型图书馆要搬迁，由于该图书馆藏书量巨大，所以，搬运成本算下来非常惊人。

就在这时，有一位图书管理员想出一个办法，那就是马上对读者们敞开借书，并延长还书日期，只要读者增加相应押金，并把书还入新的地址。

这一措施得到了采纳。结果不但大大降低了图书搬运成本，还受到了读者们的欢迎。

二、案例分析 Case Discussion

案例一：谷歌的创新故事

Google似乎早已经成为创新的代名词。他们的产业模式决定了公司的创新基因，另外不可或缺的是，公司对创新的鼓励和创新氛围的营造，创新精神已经成为公司生存指南。

著名的Google News其实是源自一位工程师的“灵机一动”：他希望看到最热门的新闻，但又不满意门户网站编辑的筛选结果，于是就亲自动手，实现了一个由软件自动编选、排序的“新闻中心”。这种创新加上实干的企业文化直接影响了Google公司对新产品和新技术的思考方式。

其实，在Google，创新文化已经深入到了员工身边的每一件事。

有一次，公司的一个老板告诉自己手下一个团队说，你们只要达到目标，我就送你们一个游泳池。当时大家都觉得这不可能，因为在高楼大厦中间没有足够的地方建游泳池。结果，那个团队真的达到了目标，这个老板第二天就把游泳池带来了：不过这是一个吹气的游泳池。后来，Google 真的建了一个游泳池，而且很创新，只有四米长。四米长怎么游泳呢？它有一个逆流喷水装置，让你永远在同一个地方游，跟跑步机原理一样。

Google 的两位创始人也不会忘记发明一些“新奇”的玩意儿来为工作增添些乐趣。有一次，拉里·佩奇自己动手，将装有自己开发的测试程序的笔记本电脑安装在可以遥控的玩具车上，然后蹲在地上，指挥着自己的测试车跑遍公司的各个角落，目的竟然是为了测试公司内部的无线网性能。

作为一家著名高科技公司，Google 公司极其崇尚创新，这种“不创新，毋宁死”的理念，还延伸到了厨房。Google 总厨规定，每个餐部必须每天至少推出一种新菜品。

这种浓厚的创新和互动氛围，极大地激发了厨师们的创造热情，他们在按规定研制新菜品的同时，还主动地沉浸到菜品研发的技艺海洋中去。这已经成为了他们作为这家创新型公司的厨师的自觉追求和职业使命。也正因如此，在一般的餐厅，厨师尤其是大厨和主厨，每几年就会更换，以保证有新口味，而在 Google 公司，所有厨师都可以永远地做下去，只要他能不断地推出新的菜品、菜式和口味。

看到这儿，你是不是很想去谷歌公司上班啊？努力吧，就会有结果。

创新引导实践，实践支持创新。实践和创新缺一不可，这就好比只懂得力学原理的人和只知道铺砖叠瓦的人都无法独立建起一座摩天大厦一样。同样，在新的世纪里，也只有那些善于将创新和实践结合起来的人才有可能获得最大的成功。

创新不是追逐模仿，创新是挑战一切不可能。Google 是一个从创办开始，血液里就流淌着创新基因的公司。人性化的工作环境、小团队的工作方式、20/80 法则的运用以及每年 1000 万美元的创业大奖，在这些政策的激励下，谷歌团队不断创新，产品已经从当初单纯的搜索服务扩展到新闻、地图、图书等多个领域，并且开始全球化运营。

> 有天资的人，当他们工作得最少的时候，实际上是他们工作得最多的时候。因为他们是在构思，并把想法酝酿成熟，这些想法随后就通过他们的手表达出来。
>
> ——【意】达·芬奇

案例二：“穷爸爸”和“富爸爸”

穷爸爸常说：“我的房子是资产”，富爸爸常说：“我的房子可能是负债”；

穷爸爸常说：“我可付不起”，富爸爸常说：“我怎样才能付得起呢”；

穷爸爸常说:“我不富的原因是我有孩子”,富爸爸常说:“我必须富的原因是我有孩子”;

穷爸爸常说:“我对钱不感兴趣或钱对我来说不重要”,富爸爸常说:“金钱是一种力量”;

穷爸爸常说:“挣钱的时候要小心,别去冒险”,富爸爸常说:“要学会管理风险”;

穷爸爸常说:“努力学习能去好公司工作”,富爸爸常说:“努力学习能发现并将有能力收购好公司”;

穷爸爸“努力存钱”,富爸爸“不断投资”;

穷爸爸“重视学术教育”,富爸爸“重视学术教育,也强调财商教育”;

穷爸爸常说:“我为钱而工作”,富爸爸常说:“钱也能为我工作”。

你更欣赏穷爸爸呢还是更欣赏富爸爸?

你欣赏他们什么?

如果你在创新方面落后于你的竞争者,那么可能是你的心智模式限制了你的创新。

催眠的闹钟

闹钟,其传统用途只是叫醒,然而,英国一家钟表公司又给闹钟增添了一种催眠功能。这种催眠闹钟既能发出悦耳动听的圣诗合唱和鸟语声,催人醒来,又能发出柔和舒适的海浪轻轻拍岸声和江河缓缓流水声,催人入眠,使用者可以各取所需。这种新颖独特的闹钟深得失眠者的喜爱。

三、过程训练 Process Training

活动一:创新创造意识训练

(一)规则和程序

训练目的:增强创新、创造意识。

训练指导:以下训练题,重在日常生活中坚持实践和锻炼。

训练内容:

1. 日行“一创”。要求自己每一天都要有一个发现,或是提出一个问题,对某一问题的怀疑,对问题的假设和解释,等等。

2. 随身携带发现记录本。观察工作与生活,争取每天记上一则新发现。

3. 发问。一要学会遇事发问;二要善于请教内行、专家;三要不迷信专家、权威;四要多问自己,千方百计寻找答案。

4. 创新节。确定自己的创新节,或一周一天,或一月两天。对本人所在单位的创新节,要积极参与。平时注意发现问题,搜集资料,在创新节集中时间进行整合、精进或完成。

5. 要有自己的创新课题。创新课题无论大小,重在“从无到有”。创新课题主要靠自己提出,锻炼自己提出问题的能力。宜从小课题做起,重在把最新最好的东西拿来应用。

所谓新，主要指对自己说是新奇的，即使是以前知道的东西，有了新认识，也可以当作新发现记在本子上。涉及的内容可以包罗万象，帮助我们扩大视野。

（二）相关讨论

1. 每天你是否都能够有新的发现？你是否依然保持着对所有事情的好奇，渴望自己的想法得到验证？

2. 回顾当你遇到问题时，你首先想到的是应该如何去做？现在回想一下，是否还有更好的方法呢？

北宋画家李公麟不仅擅长画马，他的人物故事画，也是出类拔萃，善于创新。他曾经画过一幅《陶潜归去来兮图》。对于表现晋代诗人陶渊明挂冠归隐的画，历代画的不少，但画来画去，无非是“采菊东篱下，悠然见南山”的意境，通常是把他放在田园秋菊之中来表现。但李公麟却一反过去的陈套，把这位不为五斗米折腰的“高士”画在江上，一条清澈透底的江水坦荡东流，构图别致，立意新颖。

活动二：创新算法

（一）规则和程序

限时 1 分钟。测试规则如下：+ 代表乘，- 代表减，× 代表加，÷ 代表除。

8+3　9 ÷ 3　6+5　6 ÷ 3　5+9　15-5　6+8　7+6　4 × 5

9 - 7　9 × 3　3+6　8 ÷ 4　6+6　9+2　12 × 2　15-5　4 × 3

20+2　20-10　6 × 5　15-3　16 ÷ 8　15 ÷ 5　5 ÷ 5　10+2

7 × 5　9 × 2　10-5　5 ÷ 1　10+10　8 ÷ 2　4 × 2　8+3

10-2　4-2　15-3　9 ÷ 3　16 × 6　8 ÷ 8

（二）总结

经过几次练习之后，速度可以提高，这是因为在脑海中已经形成了一个新的概念，他们接受并运用了它。

这说明只要肯下功夫，改变并不是不可能的，新的观念和原则，随着时间的推移和印象的加深，是会逐步替代旧的观念和原则的。

四、效果评估 Performance Evaluation

评估：创新人格测试

（一）情境描述

训练目的：增强提高创新能力的意识。

以下 20 个陈述，没有什么对或错，只是在查看你的态度，请找出符合自己的情况，并用下列符号回答：

A 很同意；B 同意；C 不确定；D 不同意；E 很不同意。

1. 我很注意学习新知识、新思想和新观点。
2. 我愿意尝试用新的观点和新的方法去解决问题。

3. 我已经能熟练运用计算机进行学习、办公、开展业务活动或进行课堂教学了。

4. 我对将发生的事情总有预见性。

5. 我的同事总是可以依靠我掌握现有设备的新用法。

6. 我有幽默感。

7. 我愿意经常和其他不同公司或部门的专家接触。

8. 我喜欢在工作中学习。

9. 在会议上我会就工作的新方式提出建议。

10. 我常在工作上自加压力，自找动力，自我激励。

11. 我喜欢思考较高的工作目标并将其结果具体化、社会化。

12. 思考问题时我注意放开，不受一些原则或条约的束缚。

13. 我乐意听取朋友、同事们的意见。

14. 我常常把自己的工作放到市场上、社会上的层面来审视，以期提出更加完善的举措。

15. 不愿例行公事的人不应该被惩罚。

16. 我对正式的会议讨论感到很沮丧。

17. 当一个新项目开始时，我希望更多了解工作的数量而非工作的质量。

18. 在工作中我有能力使工作多样化。

19. 我打算离开一个对我来说没有挑战性的工作。

20. 我不在乎别人对我的想法说三道四。

21. 我总愿意以最终结果的经济效益来评估某项业务工作的价值和意义。

即使中国留学生学习成绩往往比一起学习的美国学生好得多，然而十年以后，科研成果却比他们少得多，原因就在于美国学生思维活跃，动手能力和创造精神强。其实，学知识的目的不是为了创造，像贪吃的食物，不仅没用而且消化不掉。

——杨振宁

（二）评估标准和结果分析

计分方法：A—5 分，B—4 分，C—3 分，D—2 分，E—1 分。

结果说明：总分在 60 分以上，说明有创新人格特征；低于 60 分，说明创新人格特征不明显。

第三节　创新意识

职场在线

幽默的催款单

一家公司的贸易业务很忙，节奏也很紧张，往往是对方的货物刚发出，账单立马就发过来了，会计的桌子上总是堆满了各处讨账的账单。

都是千篇一律的要钱，会计不知该先付谁的。经理也一样，总是看不了几眼就扔在桌子上，说：“你看着办吧。”但有一次却是马上说：“付给他。”但这是仅有的一次。

那是一张从巴西传真过来的账单，除了列明货物标的、价格、金额外，大面积的空白处写着一个大大的“SOS”，旁边还画了一个头像，头像正在淌着眼泪，简单的线条，但很生动。这张不同寻常的账单一下子就引起了会计的注意，也引起了经理的重视，他看了便说：“人家都流泪了，以最快的方式付给他吧。”

经理和会计心里都明白，这个讨债人未必是真的流泪，但他却成功了，一下子以最快的速度讨回了货款。因为他多用了一点心思，把简单的“给我钱”换成一个富含人情味的小幽默，正是这一点，使之从千篇一律中脱颖而出。

一、能力目标 Competency Goal

哈佛大学前校长陆登庭在北京大学演讲时说："在迈向新世纪的过程中，一种最好的教育就是人们具有创新性，使人们变得更善于思考，更有追求的理想和洞察力，成为更完善、更成功的人。"因此，创新意识对一个人创新能力的养成十分重要。没有创新意识，一个人、一个组织或一个国家只能墨守成规，更谈不上发展。

通过本节的学习，你将能够：

1. 了解创新环境对创新意识的影响。
2. 了解养成创新意识的重要性。

瑞典创新大师费德里克·阿恩曾做过如下调研：

1. 创造力对于企业来说是否非常重要？调研结果显示：98%的人认为创造力在企业的发展中起着重要作用。

2. 你认为自己是否具有创造力？调研结果显示：45%的人认为自己很有创造力。

3. 你的雇主在开发员工创造力上是否进行了足够的投资？调研结果显示：大多数人认为雇主对创造力的投资偏少。

创新意识是指学习者主动发现问题、积极探求解决问题的思路、方法，从而充分发挥自己的潜能的一种心理取向。创新意识是进行创新活动的出发点和内在动力，是创新思维和创新能力的前提，也是形成创新能力的基础。

（一）良好的创新环境可激发创新意识

创新力的发挥，要靠内在的动力，也要靠外在的条件。社会环境对创新的影响和制约体现在社会生活的各个层次、各个领域。

1. 家庭环境

宽松、良好的家庭生境对一个人孕育创新能力有着重要作用。好的家庭生活是严格和民主并重的家庭生活。这里，孩子能受到严格训练，又能够自由地发表自己的见解，自己独特的见解能受到重视和理解，能发展自己的自主和创新意识。

2. 学校环境

好的学校不仅教给学生知识，而且教给学生运用和更新知识的能力，鼓励学生独立思考、全面发展。这样，学生才能在知识的海洋里自由地航行，才能使创新能力不断伸展。

3. 群体环境

人们更多以团体的形式进行创新活动。好的团体把最终目标实现于挖掘团体中存在的创新潜力，培养出创新人才。好的团体善于解决冲突和矛盾，并把团体内的紧张转化为一种公平竞争的意识，转化为一种激发力，而不是破坏力。在这样的团体中，个人的创新力在群体结构中发挥出来，其效益是成倍增加的。

小案例

你已经习惯了吗？

请你脱掉外套，然后又穿上。在你穿外套时，请注意先穿哪只袖子。然后请你再次脱、穿。但这次要先穿另一只袖子。

问题：

为什么颠倒了习惯的穿衣次序会显得笨手笨脚？

是什么阻碍我们采取新的做事方式？

我们怎样做才能不让旧的习惯影响到新的行为方式？

许多人从未想过尝试新的做事方法，尝试一下刻意的改变，也许会让我们获得意想不到的效果。我们应该学会心平气和地看待那些似乎不太遵从习惯的人和事，并去检查一下自己的固有习惯。

在很久以前，德国某个造纸厂因为配方出错，造出的纸太洇水而没法写字。有位技师用肯定的视角看待这件事，开发出了吸墨纸。

还有一位发明家，他所研制的高强度胶水生产出来后粘性很低，他不以此为失败，沿着粘性低的思路造出了不干胶。

非经自己努力所得的创新，就不是真正的创新。

——【日】松下幸之助

4. 社会环境

历史证明，专制和昏庸的统治会泯灭人们的创新力。好的体制中既有庄严的法律，又有丰富的多样化的政治经济和文化生活；既要求国家的统一意志，又注意发展每个人的独立人格，把自己的政治纲领和经济繁荣建立在全体人民创新力极大发挥的基础上。

同时，在社会生活中，人人对发明创新表示羡慕和敬意，就是对创新者的最高奖赏，就是对民族创新力的最大激励。在这个社会中，就必定是人人乐于推陈出新，创新人才也就大量涌现。反之，如果人人随大流，居中庸，不求有功，但求无过。民族的创新力就会败落衰退。许多曾经在历史上光辉灿烂的民族，后来落伍了，有的甚至已从文明史上消失了。这就是压抑自身创新力的结果。

总之，不管哪一层次、哪一领域的社会环境，都会影响人们创新力的发挥。它或者激励创新力的生长和发展，或者压抑创新力的生长和发展，其作用是不可忽视的。

（二）创新意识的养成

1. 提倡标新立异，养成首创精神

首创就是要做别人没有做过、没有想过的事情，标新立异实质上就是有强烈的进取精神和勇于开拓的思维意识，是一种敢为天下先、敢为人不为的创新精神。首创和标新立异的精神和物质成果对我们的贡献巨大，而且具有开创新的意义。给后人提供了新的思路和平台，有的成果则可推进社会的进步。有了这种精神，才能有创新的动力，才能发现创新点，也就有了培养创新习惯的基础。

小故事

美国人谢皮罗是一位保持着高度发现警觉的人。有一次，他在浴缸洗完澡随手放水，发现出水处的水流是按逆时针方向旋转，他就想知道别的浴缸里的水是否也这样旋转。经多次观察，发现北半球的流水都是逆时针方向旋转，而南半球的水流是反方向旋转。这个发现对认识台风移动规律和预报台风有很大的启迪作用。

2. 激发探索欲望，养成好奇心境

探索欲望，常常表现为强烈的好奇心。常言道，失败是成功之母。西方谚语也说：“好奇是研究之父，成功之母。”好奇可使人对事、对人充满兴趣。而有了兴趣便想去质疑，去探究，喜欢刨根问底。人一旦对某个问题产生好奇心，他对这方面的知识储备便会丰富，同时注意力便会集中，对这件事情便会更加关注，更加投入，思维也会特别活跃，潜能往往可以在这时释放出来，这时，人的创造性便会空前高涨。

3. 增强顽强意识，养成耐挫能力

挫折面前如果没有超强的耐挫能力和百折不挠的顽强毅力，而是怕苦畏难，遇到风险便止步，就永远也不可能获得成功，更不要说取得创新成果。挫折也是一笔财富。危急时刻，人们往往会斗志昂扬，思维活跃，意志也更加坚定。只有不畏艰难，集中精力，解决矛盾，战胜困难，才更容易激发出创造性思维。

小训练

1. 智商高的人是否必须具有丰富的想象力？说明你的理由。

2. 请举出三个你、你的家人、你的朋友创新性解决问题的例子。

解算术题

高斯是德国伟大的数学家。小时候他就是一个爱动脑筋的聪明孩子。还是上小学时，一次老师想治一治班上的淘气学生，他出了一道数学题，让学生从1＋2＋3……一直加到100为止。他想这道题足够这帮学生算半天的，他也可能得到半天悠闲。谁知，出乎他的意料，刚刚过了一会儿，小高斯就举起手来，说他算完了。老师一看答案，5050，完全正确。老师惊诧不已，问小高斯是怎么算出来的。

高斯说，他不是从开始加到末尾，而是先把1和100相加，得到101，再把2和99相加，也得101，最后50和51相加，也得101，这样一共有50个101，结果当然就是5050了。聪明的高斯受到了老师的表扬。

4. 树立远大理想，养成献身精神

古往今来，多少英雄豪杰、志士仁人，无不应验了这一真理，无不是从小就树立远大的理想和抱负，并为之而努力奋斗，顽强拼搏，最终实现的。我们任何人都拥有与杰出成功者一样的潜能、一样的时间和一样的机会。如果拥有远大理想和献身精神，我们每个人的能量就能得到发挥。

> 创新时代实际上是信息时代的天然的伴随物。尽管我们掌握了新的信息，但仍然有薄弱环节，它不是出现在信息的创造上，也不是出现在信息的贮存上，甚至也不在信息的获取上，而是出现在利用新的信息去做新的事情上。

小技巧

1. 不要被权威吓倒，要敢于破除对权威的敬畏，克服自卑感。
2. 多了解一些他人创新发明的过程，从中学习如何创新。
3. 不要让自己固定在某个模式上，这会局限你的思维。
4. 能够接受不同的观念，认识差异，学习和借鉴他人的好想法。
5. 兴趣爱好是创新的基础，因此具有广泛的兴趣爱好很重要。
6. 对周围事物保持敏感，观察事物要有自己独到的眼光。
7. 培养对创造思维和成果的识别能力，找到客观的创新思维方法。
8. 消除埋怨和消极情绪，认真并积极听取他人对自己观点的反馈。
9. 勇于冒险求索，不畏艰险，敢于追求且不怕失败。
10. 不要讥笑那些看起来似乎荒谬怪诞的观点，因为这些观点可能就是许多创新成果的源泉。
11. 经常做创新思维训练，把知识和经验更好地运用到首要创新活动中去。
12. 不断学习创新，大胆尝试和实践，能够认真、有效地总结经验。

二、案例分析 Case Discussion

案例一：变废为宝

美国人斯塔克既没有自己的企业，也没有雄厚的资本，但他特别渴望赚钱，脑海里充满的是赚钱的想法。虽然有的不成熟，有的不现实，但却培养了他这种时常考虑有无赚钱门路的习惯。

机会果然来了，他创造了一个神奇的点子，令人惊叹不已。

当时美国的德州有座很大的女神像，因年久失修，当地州政府决定将它推倒，只保留其他建筑。这座女神像历史悠久，许多人都喜欢来这里参观、照相。推倒后，广场上留下了几百吨废料：有碎渣、废钢筋、朽木块、烂水泥……既不能就地焚化，也不能挖坑深埋，只能装运到很远的垃圾场去。200多吨废料，如果每辆车装4吨，就需50多车次，还要请装运工、清理工……至少得花25000美元。

听了这个消息，有的人为女神像的失去感到可惜，有的人为垃圾的处理而头痛，有的人为将来广场的建设而作种种设想，唯有斯塔克却以敏锐的眼光看到了这些腐朽的废渣里藏着的钱财。他来到市政有关部门，说愿意承担这件“苦差事”。他说，政府不必费25000美元，只需拿20000美元给他就行了，他保证处理好这批垃圾。

对于这样的好事，市政部门没有不同意的道理，合同当场就定下了。斯塔克要这些垃圾干什么呢？他请人将大块废料破成小块，然后进行分类：把废铜皮改铸成纪念币；把废铁废铝做成纪念品；把水泥做成小石碑，把女神像帽子弄成很好看的小块，标明这是神像的著名桂冠的某部分；把女神像嘴唇的小块标明是她那可爱的小嘴唇……装在一个个十分精美而又便宜的小盒子里，甚至朽木、泥土也用红绸垫上，装在玲珑透明的盒子里。

斯塔克将这些纪念品出售，小的1美元一个，中等的售2.5美元，大的10美元左右。卖的最贵的是女神的嘴唇、桂冠、眼睛、戒指等，150美元左右一个，都很快被抢购一空。这样，从一堆废料中净赚了12.5万美元。

面对同样一堆垃圾，唯有斯塔克从中想到了创业的妙计。所以，你可以缺乏体力，可以缺乏资金，但你决不能缺乏智慧，智慧是你创新与创业的最大资本。

英雄于连

五百多年前的一天，比利时布鲁塞尔的人民与入侵的敌人殊死搏斗，战胜了侵略者。就在人民欢庆胜利的时候，一个敌人趁大家麻痹，悄悄潜入市政厅地下室搞破坏。当时，市政厅地下室正好堆满了武器弹药。他见四处无人，便放好炸药包，点燃导火线跑掉了。他刚走，一个叫于连的小孩子便来到地下室玩，他看见了燃烧着的导火线。情况万分火急，找人已经来不及了，他急中生智，赶紧撒尿淋湿导火线，扑灭了火花。

布鲁塞尔人民后来知道了，特地请艺术家为他塑了一尊裸体撒尿铜像，以表彰和纪念这位拯救城市的小英雄。

案例二：纸板中做广告创造财富

在一家衬衣厂当工人的琼斯，每天的工作是负责将衬衣平整地叠在一张长28厘米的衬纸板外面，再用尼龙纸包装起来，工资收入不高，加上简单重复、机械枯燥的劳动，令琼斯对工作十分厌倦。于是他开始“胡思乱想”：衬纸板上如果有些字画并不影响它的功能，为什么人们就没有想到利用它呢？一个奇妙的计划在他的脑子中形成了。琼斯用最低的成本价与所有衬衣厂签订了供应衬衣纸板的合同。在这一项目上，他分文未获，但却取得了令人刮目相看的成功。原来他充分利用衬纸板做广告，巨额的广告费使他很快致富。

按理说，衬衣是人人要穿的，在衬纸板上做广告，宣传效果应该很显著。但万事开头难，衬纸板广告在起初时其影响并不大，因为很多人买了衬衣后，瞧都不瞧一眼，就把纸板丢了。因此并不受厂家欢迎，他也不容易找到做广告的顾客。为了使广告的纸板能引起家庭主妇们的兴趣，而较长时间地保留下来，他又在衬纸板下侧留出一块地方，印上菜谱或医学知识、生活小常识等，这一招果然灵验，很多家庭不再将衬纸板随便丢弃了，而是一张张收藏起来，作为生活常识手册，随时拿来翻阅。从此，衬纸板广告业务打开了局面，琼斯由100美元起家，不到两年时间就成了百万富翁。

琼斯的成功说明，在激烈的商战中，只要勤于思考，出奇制胜，往往能找到开辟市场的突破口。世界上创业的途径很多，有热门，也有冷门，只要善于去发掘、开发，就会有所作为，有所收获。

三、过程训练 Process Training

> 一个人想做点事业，非得走自己的路。要开创新路子，最关键的是你会不会自己提出问题，能正确地提出问题就是迈开了创新的第一步。
>
> ——【美】李政道

活动一：我的创意环境

（一）规则和程序

形式：集体参与

时间：20分钟

场地：不限

应用：创造力培养

目的：向学生介绍环境能够影响个体的创造能力这一概念；帮助学生设法发现他们变得有创意所需要的特定环境。

程序：

1.通过说明我们的环境能够影响我们的创造能力来介绍这个游戏。在这个游戏中我们将把注意力转向能够激励和回报创意努力的环境的创建。

告诉参与者大多数有创造力的人都需要一个增强创造力的特定的环境或必须例行的行为。一些名人都具有使他们保持旺盛创造力的东西。例如：

莫扎特（18世纪奥地利作曲家）在谱曲之前需要锻炼；

萨姆尔·约翰逊（18世纪英国作家）则要有一只喵喵叫的猫、橘子片和茶；

埃曼纽尔·康德（德国哲学家）常常喜欢在床上工作，并将毯子弄成特殊的样式；

哈特·克莱恩（20世纪美国诗人）在一台手摇唱机上演奏爵士乐；

约翰·希勒（18世纪德国诗人）需要将他的书桌塞满烂苹果；

阿基米德（古希腊数学家和发明家）认识到放松的重要性，并经常在其浴缸里解决他最难的问题。

萨姆尔·克莱，超级计算机的创制人，当其创意思维受阻时，他会在自己房子下面挖洞。

与使自己感到有创意之环境或物进行亲密接触。也许是某种香味（季节的变化，肉桂味，烤面包味），景色（日出，山脉，假日图片，花卉），也许是某种声音（海浪声，爵士音乐，寂静），味道（巧克力，桔子，卡布奇诺）或是某种感觉（凉爽的玻璃，舒服的汗衫，春风拂面）。什么能使你变得更有创意呢？

2. 将你自己的创意环境的需要作为例子，将你自己的特殊需要与大家分享。

我的创意环境需要的是：

3. 给学生5分钟时间来完成分发给他们的资料“我的创意环境”。

（二）相关讨论

1. 什么颜色会让你觉得心情愉快？

2. 空间的大小会对你的心情造成怎样的影响？

3. 何种饮料会让你平静下来？

好点子的身价是没有上限的。点子是所有财富的起点。
——【美】拿破仑·希尔

（三）总结

通过活动使大家充分认识激发创意或妨碍创意之因素，从而有意识地去注意这些因素。我们如果能够在环境中创造更多激发我们创意的因素，我们的创新也就会变得相对容易一些。

活动二：相识有创造力的我

（一）规则和程序

形式：集体参与

时间：20分钟

场地：不限

应用：创新能力培养

目的：采用创造性的方式相互介绍自己，以提升右脑思维能力。

程序：

1. 学生认真阅读问卷“相识有创造力的我”（形式如下下图）。教师先示范性地回答问卷问题，以引导学生轻松活泼地向大家展示自己的创造力一面。教师可以借助于下列参考答案，也可以现场自由发挥。

我的姓名是：陆苗苗
我是一名：旅行者
我利用五种感官来介绍我自己：
　我看起来像：一阵旋风
　我闻起来像：海边清风
　我摸起来像：一个气泡
　我听起来像：煮沸的咖啡
　我品尝起来像：热奶油巧克力圣代冰淇淋
我最近的冒险经历是：在热浴缸里边吃坚果边读有关《倩女幽魂》、《画皮》之类的鬼故事

2. 学生利用五种感官来向大家介绍自己。

（二）相关讨论

1. 你如何评价这种用右脑思维介绍自己的方式？你有在众人面前暴露自己、不自在的感觉吗？

2. 威廉·詹姆士（William James）曾经说过：“人类能通过改变他们思维的态度来改变他们的生活。”

你对这句名言有何见解？人可以改变。我们的态度影响我们的行为方式。如果我们认为自己是什么样的人，就会不自觉地做成什么样的人。

3. 请学生回答以下问题：

你认为这次培训中可能会遇到的最糟糕的事情是什么？学生的可能回答：

我被要求做我不会做的事情。

我可能被认为很愚蠢。

我被要求做我不想做的事情。

我没有创造力。

（三）总结

有创造力的人不管从事任何职业都会有创造力。有一家公司有下面的规章：“本公司的规章是没有规章。”本游戏也没有规章；你可以随意走动；可以随时观察和参与其他的活动；需要时可以休息，你愿意的话，也可以坐在地板上。

钓鱼与食品冷冻法

1940 年，美国皮革商巴察在出售了自己的食品冷冻法专利后得到了百万美元。这笔财富的获得完全得益于他的钓鱼爱好。

巴察经常去纽芬兰海岸，在结了冰的海上凿洞钓鱼。从海水中钓起的鱼放在冰上立即被冻得硬梆梆的。当几天后食用这些冻鱼时，巴察发现只要鱼身上的冰不融化，鱼味就不变。根据这一发现，巴察着手试验将肉和蔬菜冰冻起来。他高兴地发现，只要把肉和蔬菜冻得像那些鱼一样，就能保持新鲜。经过反复试验，他进一步发现：冰冻的速度和方法不同，会影响食品冰冻后的味道和保鲜程度。经过几个月废寝忘食的摸索，巴察为他发明的食物冰冻法申请了专利。由于这是一种具有极大潜力和应用范围的新技术，所以找上门来的人很多。巴察待价而沽，最终，通用食品公司以百万美元的巨款把这项专利拿到了手。

四、效果评估 Performance Evaluation

评估一：创新意识自我评估

> 对于一个艺术家来说，如果能够打破常规，完全自由进行创作，其成绩往往会是惊人的。
>
> ——【美】卓别林

（一）情境描述

以下是一组自测题，每题有“无”“偶尔”“时有”“经常”和“总是”5个选项，请根据自己的实际情况，选择作答。

1. 我不人云亦云。
2. 我对很多事情喜欢问为什么。
3. 我的思维常常无拘无束，没有框框。
4. 我能摆脱习惯思维的束缚。
5. 我常从别人的谈话或书本中发现问题。
6. 我勇于提出新想法，新建议。
7. 我观察事物敏感。
8. 我的创新欲望强。
9. 我头脑中记住的东西用时能及时提出来。
10. 我的求知欲望强。
11. 我不迷信权威。
12. 我头脑灵活。
13. 我的想象力丰富。
14. 我相信自己创造潜力能充分发挥出来。
15. 我不迷信书本。
16. 我从创新性工作中获得乐趣。
17. 我看重事业的成功。
18. 我的联想能力强。
19. 我有远大的工作目标。
20. 我喜欢幻想。

（二）评估标准和结果分析

计分方法：将20道题所选答案后面的分数相加即为总得分（“无”计1分，“偶尔”计2分，“时有”计3分，“经常”计4分，“总是”计5分）。

总分在80分以上，则创新意识程度高；总分在70~79分，则创新意识程度中等偏高；总分在60~69分，则创新意识程度中等偏低；总分在60分以下，则创新意识程度低。

评估二：测试创新意识

（一）情境描述

生活中有些人的惰性比较强，而有的人则喜欢求新求变，喜欢不断地去尝试，喜欢创造：看看你的创新意识如何吧！请找出符合自己的情况，并用下列符号回答：

A 非常同意　B 比较同意　C 稍许同意

D 不太同意　E 很不同意　F 极不同意

1. 印在纸上的主意、想法，其价值还不如印它们的纸张。
2. 世界上有两种人，一种人追求拥护真理，另一种人排斥真理。
3. 大多数人并不知道什么才是对他有益的。
4. 人生中的大事就是去做自己认为重要的事。
5. 在这个复杂的世界里，要了解事情的演变情形，唯一的途径就是我们信任的领导人或专家。
6. 在当代论点不同的所有哲学家当中，有可能只有一、二位才是正确的。
7. 大多数人根本不会替别人稍微设身处地地想一想。
8. 最好听取自己所尊敬的人的意见，再做判断和决定。
9. 投身追求一个理想，才能使生命变得有意义。
10. 当有人顽固不肯认错时，我就会很急躁。

美籍匈牙利数学家波利亚指出：“思想应该在学生的大脑中产生出来，而教师仅仅起到一个产婆的作用”。

（二）评估标准和结果分析

计分方法：A 是 1 分，B 是 2 分，C 是 3 分，D 是 4 分，E 是 5 分，F 是 6 分

说明：得分在 0~18 分：创新意识很低；得分在 19~40 分：创新意识中等；得分在 41~60 分：创新意识较高。

第二章　训练创新思维

思维具有非凡的魔力，只要你学会运用它，你也可以像爱因斯坦一样聪明和有创造力。美国宇航局大门的铭石上写着：“只要你敢想，就能实现。”

世界上绝大多数人都拥有一定的创新天赋，但许多人盲从于习惯，盲从于权威，不愿与众不同，不敢标新立异，所以在任何时候、任何组织中成功的只有少数人。如果你学会本章所介绍的方法并勇于在实践中自觉运用，你也能成功，成为那少数人之一。

我们的观念决定我们所看到的世界。
——【美】爱因斯坦

通过本章的学习，你将能够：

● 避免传统思维对创新的阻碍。

● 理解并掌握几种创新思维的本质、特点和方法。

● 理解创新思维的内在要素。

第一节 冲破界限

职场在线

"双十一"的由来

淘宝的双 11 购物狂欢节起于 2009 年，是阿里巴巴的现任 CEO 张勇策划的，喜欢网购的朋友都知道，淘宝双 11 从最开始的"光棍节"，慢慢地变成了现在的"全球购物狂欢节"，具体是怎么诞生的呢?

据阿里官方透露：2009 年，那时候还没有天猫，它的前身叫淘宝商城，当时就想着策划一个网上的购物节，什么时间比较合适呢？

为什么选在光棍节呢？挑来挑去觉得 11 月份可行。前有十一黄金周，后有圣诞节、元旦，唯独 11 月没有节庆日，而且到了换季的时候，不管南方还是北方，人们需要采办的东西比较多，过冬的衣服袜子鞋子都得置办起来。

挑什么日子？于是就翻开日历来看，翻来翻去只有一个 1111 光棍节。既然光棍单身族宅在家里没事干，那就鼓励大家买点礼物送人。

就这样第一个双 11 风风火火地搞起来了。

阿里巴巴表示，虽然只有 27 个商家参与，但等到当天快结束的时候，一看交易额已经超出平日好多倍，数字已突破 5000 万！

最终第一个双 11 的交易额，定格在 5200 万，到了 2017 年双 11 的交易额已经达到了 1682 亿。这个双 11 已然成了全球最大的购物狂欢节。

传统思维对创新造成了阻碍，如果天猫没有对销售时间和现有业态进行分析并思考，就不可能有业绩的突破，那可能就不会达到后来的惊人的销售额。创新思维可以是破除定势思维，从其他方面进行入手，从而达到非同一般的效果。

一、能力目标 Competency Goal

生物学家贝尔纳曾经讲过："妨碍人们创新的最大障碍，并不是未知的东西，而是已知的东西。"人的思维一旦沿着一定的方向，按照一定次序思考，久而久之，就形成了一种惯性，就会阻碍新观念、新想法的构想，成为创造性解决问题的障碍。所以，要具备创新能力，必须首先冲破"思维枷锁"。

通过本节学习，你将能够：

1. 了解是什么阻碍了思维的创新。
2. 掌握定势思维与偏见思维的特点和表现。
3. 如何培养批判性精神。

人们经常是首先在自己头脑中挂上鸟笼，最后就不得不在鸟笼中装上些什么东西。

（一）克服定势思维

1. 定势思维的概念

人们从事某项活动的预先准备的心理状态，过去的思维影响现在的思维，是按习惯的、比较固定的思路去考虑问题、分析问题，表现为在解决问题的过程中做特定方式的加工准备。这就是定势思维。

当你连续10次到15次手里拿着两个质量不相等的球，然后再让你拿两个质量完全相等的球，你也会感知为不相等。这就是心理定势，心理学中把心理定势解释为"是过去的感知影响当前的感知。"

现在，你也可以试一下。

如果给你看两张照片，一张照片上的人英俊、文雅；另一张照片上的人丑陋、粗俗。然后对你说，这两个人中有一个是通缉犯，要你指出谁是罪犯，大概不会犹豫吧？

小故事

一位心理学家曾和一个人打赌说："如果给你一个鸟笼，并挂在你房中，你就一定会买一只鸟。"这个人同意打赌。心理学家买了一只漂亮的鸟笼给他。

当人们走进他的屋子时就问："你的鸟怎么死了？"他立刻回答："我从未有过一只鸟。""那么，你要一只空鸟笼子干嘛？"

那个人不想多费口舌解释。

后来，只要有人走进他的屋里，就会问同样的问题。他的心情因此搞得很烦躁，为了不再让人询问，他干脆买了一只鸟装进了鸟笼里。

买一只鸟比解释为什么只有一只空鸟笼要简便得多。人们经常是首先在自己的头脑中挂上鸟笼，最后就不得不在鸟笼中装上什么东西。

2. 定势思维的特点

定势思维对常规思考有利。人们在思考同类或相似问题的时候，能不走或少走许多弯路，缩短思考的时间，提高思考的质量和成功率。但定势思维却不利于创新思考，因为它有如下两个缺点：

（1）思维模式化：许多具体的思维活动逐渐定型为一种"既定"

的路线、方式、程序和模式。

（2）思维顽固化：逐渐形成思维惯性，久而久之成为思维习惯，深入到潜意识中，成为一种本能反应。

心理学家马斯洛说："如果你唯一的工具是一把锤子，你往往会把一切问题都看成是钉子。"事实上，在一个问题上形成定势思维后，时间越长，重复次数越多，束缚就会越强，摆脱或突破也就越困难。

驴子的思维

一只驴子背盐渡河，在河边滑了一跤，跌在水里，那盐溶化了。驴子站起来时，感到身体轻松了许多。驴子非常高兴，获得了经验。后来有一回，它背了棉花，以为再跌倒，可以同上次一样，于是走到河边的时候，便故意跌倒在水中。可是棉花吸收了水，驴子非但不能再站起来，而且一直向下沉，直到淹死。

（二）摆脱偏见思维

人们往往被一些自己并未察觉的假象所干扰，做出错误判断。由假象所导出的观察和判断会失真，从而产生偏见。

1. 经验偏见

哲学家叔本华说："阻碍人们发现真理的障碍，并非是事物的虚幻假象，也不是人们推理能力的缺陷，而是人们此前积累的偏见。"

一位偏远乡村的农民说："我当了国王，全村的牛粪一个也不给你们捡，全是我的。"这似乎就是人们说的"乡村维纳斯效应"。德·波诺在《实用思维》一书中饶有兴味地描述了一种常见的社会现象："在偏静的乡村，村里最漂亮的姑娘会被村民当作世界上最美的人（维纳斯），在看到更漂亮的姑娘之前，村里的人难以想象出还有比她更美的人。"在村里，它是真理，在全世界，它就是偏见。

正是经验使我们昂首否定，还是经验又让我们低头认错，人们总是跳不出经验，它甚至让一切最大胆的幻想都打上了个人经验的偏见。

2. 利益偏见

利益偏见不是指由于你的利益关系而导致你有意识的明显偏颇，而是指一种无意识的偏斜，产生了对公证的微妙偏离。

小方法

印度人有一个抓猴子的办法，他们做了一个很大的透明的箱子，里面放了很多大桃子，然后在箱子上挖一个很小的洞。猴子走过去，一看没人，就把爪子伸进去拿桃子了，可拿到桃子之后，爪子却怎么也拽不出来了。这个时候躲在远处的人赶紧奔过来，逮住猴子。

猴子的悲剧是什么原因造成的？就是利益。其实当时猴子只要放下抓到的桃子，爪子就可以拿出来了。

3. 位置偏见

站在什么样的位置和地拉，就会得出什么样的认知。

"不识庐山真面目，只缘身在此山中。"这就叫"思不出其位"。每个人都生活在社会一定的坐标体系中，各种思想无不打上其鲜明的烙印，连黑格尔也说过："同一句格言，出自青年人之口与出自老年人之口是不同的，对一个老年人来说，也许是他一辈子辛酸经验的总

一些陈旧的、不切合实际的东西，不管那些东西是洋框框，还是土框框，都要大力地把它们打破，大胆地创造新的方法、新的理论，来解决我们的问题。

——李四光

结。”例如，一个领导经常为属下解决实际生活问题，属下都觉得这位领导关心下属，但他的竞争对手觉得这个人太虚伪，惯会收买人心。这就是所处位置不同导致的偏见。

4. 文化偏见

人们都受到自己所在地域、国家、民族长期积淀的文化影响，看待问题的角度不可避免地打上时代、文化、宗教、习俗的烙印。如一些外国学生在读了《红楼梦》后，总是不解地问中国老师：“为什么宝玉和黛玉不偷些金银财宝然后私奔呢？”中国人知道这不是一个工具或技术性的问题，很难用一两句话解释得清楚。

5. 点状思维（以偏概全）

以偏概全，就是由多个（甚至一个）特例试图说明一个一般的陈述成立。例如：我看见过的天鹅都是白的，说明世界上的天鹅一定都是白的。这就是以偏概全，以少数的特例来代替全部，没有考虑到可能存在的特殊情况。

小故事

老师拿出一张画有一个黑点的白纸，问他的学生：“孩子们，你们看到了什么？”学生们齐声喊道：“一个黑点。”老师有点沮丧。“难道你们谁也没有看到这张白纸吗？眼光集中在黑点上，黑点会越来越大。生活中你们可不要这样啊！”

老师又拿出一张黑纸，中间有一个白点。他问他的学生：“孩子们，你们又看到了什么？”学生们齐声回答：“一个白点。”老师笑了：“孩子们，太好了，无限美好的未来在等着你们。”

哈佛大学的创新人才5项标准是：

1. 能够清晰而明白地写作；

2. 应该对认识和理解世界、社会和我们自身的方法具有一种判断鉴别的能力；

3. 对自己的文化和其他文化有广阔的视野，并在这样的考虑之下安排自己的生活；

4. 了解并思考过道德和伦理问题，在作道德选择时具有判断力；

5. 在某些知识领域应当具有较高的专业水平。

6. 固执己见（刻板印象）

在我们的印象里，年轻人总因血气方刚而爱冲动，老年人则保守而稳重；北方人高大而性格豪爽，南方人矮小却善于经商，这是因为我们都存在着“刻板印象”的偏见。

人际交往过程中，没有时间和精力去和某个群体中的每一位成员都进行深入的交往，而只能与其中的一部分成员交往，只能“由部分推知全部”。刻板印象固然有省事省力的好处，但不少情况下却会出现耽误大事的判断错误。

要提高演绎和分析的学问只有通过持久耐心的学习，而且，生命有涯学无止境。

——【英】夏洛克·福尔摩斯

小故事

一天，智商极高的美籍俄裔科普作家阿西莫夫遇到了老熟人、一位汽车修理工。修理工对他说：“嗨，博士，我出一道题考考你的智力，看你能不能正确回答。”阿西莫夫点头同意。修理工说：“有一位聋哑人，想买几枚钉子，就来到五金商店，对售货员做了这样一个手势：左手食指立在柜台上，右手握拳做出敲击的样子。售货员见状，先给他拿来一把锤子，聋哑人摇摇头。于是售货员明白了，他想买钉子。”

“聋哑人买好了钉子，走了。接着进来一位盲人想要一把剪刀，请问，盲人将会怎么做？”

阿西莫夫顺口答道：“盲人肯定会这样——”他伸出食指和中指，做出剪刀剪东西的动作。

修理工开心地笑起来：“哈哈，答错了吧！盲人只需要说‘我买剪刀’就行了，他干吗要做手势啊？”

（三）训练批判性思维

我们周围充斥着各种各样的知识，每天都有人影响你的认识与信念：博客、微信、书籍、电视、杂志专栏、网络等等，各种渠道都在传递着各种各样的信息，这些信息一般都有自己的观点。这些观点可能与你的认知一致，也有很多与你所知道的相悖，那么，如何分辨这些信息的真伪呢？这就需要用批判的眼光来看问题，即用批判性思维来思考问题。

> 博学之，审问之，慎思之，明辨之，笃行之。有弗学，学之弗能，弗措也；有弗问，问之弗知，弗措也；有弗思，思之弗得，弗措也；有弗辨，辨之弗明，弗措也；有弗行，行之弗笃，弗措也。人一能之，己百之；人十能之，己千之。果能此道矣，虽愚必明，虽柔必强。
> ——《中庸·第二十章》

1. 批判性思维内涵

批判性思维（Critical Thinking）是一种无论思考什么内容，思考者都能通过分析、评估和重构自己的思维来反省和提高自己的思维水平的思维模式。它是自我指导、自我规范、自我检测和自我校正的思维方式。它被普遍确立为现代教育特别是高等教育的目标之一。

我们的思维形成方式是从小开始慢慢形成的，小学时候学习知识，形成了海绵式思维，即强调单纯的知识获取结果，这种思维会广泛快捷的从外部世界吸收各种各样的信息，但一般不对吸收到的信息进行分析或者评价。

以读书为例，我们来看看两种思维方式的不同：

海绵式思维	批判性思维
阅读句子：逐字逐句细读，记住内容	提出问题：为什么会提出这个观点？
段落：做笔记概括主题和要点	质疑推理：推导过程合乎逻辑吗？
目标：理解作者的观点，但不做评价	评估材料：这些论据可信度高吗？
特点：海绵式的思维方式是一种像吸水的海绵一样被动地、几乎无差别地吸收来自外部的信息	特点：主动地在获取知识与信息的过程中与其产生互动，并像淘金者一般在谨慎思考与分析后过滤掉“泥沙”，留下智慧的“金子”

从以上表格中我们可以清楚地看到批判性思维是在吸收的同时要做出质疑、分析、评价和反思。

批判性思维的缺失将严重阻碍创新思维能力的提高。对已有知识进行批判性考察，发现并提出各种问题，思维就可能会有创新的方向，同时，批判性思维可以对创新过程中出现的新观点进行检测、考察，并能够及时纠正其不足，保证创新过程顺利开展。

2. 批判性思维障碍

批判性思维在运用时会遇到各种障碍，导致分析或反思受到阻碍，主要体现在以下几个方面：

（1）误解“批判”的含义：批判是一种反思性的思维活动。有思考就会有错误，但很多人在看待“批判”这个词时，把它当成是反义词，即反驳别人的观点。

（2）不敢质疑书本或权威：有些人以为书上的内容都是正确的，对书本上出现的内容不加分析，全盘接受；或者对某权威的言论不加判断，直接拿来引用。

（3）易受情感因素影响：情感往往会影响我们的判断，情感因素对我们的影响往往超过逻辑因素，这让我们容易做出错误的决策。

（4）以个人的知识结构和是非标准作为出发点。人们难以突破自己的知识范围对世界的理解，很难做到不唯心，同时，人性的羁绊和自我超越的艰难让人安于现状。

3. 培养批判性思维的步骤

如何培养批判性思维呢？

美国经济学家尼尔·布朗和心理学家斯图尔特·基利的著作《学会提问》（Ask the Right Questions： A Guide to Critical Thinking）一书中提供了一个完整的依照该书方法论践行的例子，总结下来有以下几个步骤：

（1）论题和结论是什么？

（2）理由是什么？

（3）哪些词句是有歧义的？

（4）什么是价值观冲突？什么是价值观假设？

（5）什么是描述性假设？

（6）推理中是否存在谬误？

（7）证据的可靠性有多大？

（8）是否存在竞争性原因？

（9）统计数据是否具有欺骗性？

（10）哪些重要信息被遗漏了？

（11）可能得出哪些合理的结论？

> 学会批判性分析性的思维方法，坚守实事求是，是促使我不断探索经济学的真理的两个根本动因。希望同学们坚持真理而非教条，努力思考而非盲从，在现实世界中保持理想，不断进步。
>
> ——吴敬琏

小训练

古希腊哲学家苏格拉底曾如此规劝男人们都要结婚：

如果你结婚：你或者娶到一个好老婆，或者娶到一位坏老婆。如果你娶到一位好老婆，你会获得人生的幸福；如果你娶到一位坏老婆，你会成为一位哲学家。所以，你或者会获得人生的幸福，或者会成为一位哲学家；

这两个结果都是不错的，所以，你应该结婚。

请依照批判性思维技巧和步骤，分析以上说法是否存在谬误？

> 会选择的人总是幸运的，不会选择的人只能自认倒霉。
>
> ——【美】斯宾塞·约翰逊

4. 批判性思维的证据类型

利用批判性思维思考问题时，对证据的可靠性也需要进行分析，根据证据能否得到相应的结果，这种反思有时固然费时费力，但这对发现我们的信仰和知识的背后所隐藏的缺陷有极大的益处。

通常情况下，证据有多种类型：

（1）个人直觉：用直觉来支持一项声明时，依靠的是常识、内在感觉或预感。但是，直觉是个人性的，其他人无法判断其可信度。

（2）个人经验：个人经验，都不足以代表所有的经验，这些经验经常让我们犯错，但有时个人经验又对事件起到一定的帮助作用。

（3）他人证词：除非我们对提供证词的人的专业技术水平、兴趣、价值观、偏见等有更多的了解，否则就需要谨慎对待这种证词。

（4）权威意见：特别要注意权威人士在某一特定问题上具备多少专业知识或接受过多少专业训练？

（5）相关案例：案例是否典型？能不能找出有力的反面事例？

（6）科学研究：研究结果不能证明结论，只能支持结论。

（7）类比：类比的两个事物除相似之处，有没有存在与论证有关的巨大差异？

5. 批判性思考者的技能

若想要成为一个真正的批判性思考者，我们一定要能够：

（1）找出关键的问题和困难所在，并且能够清晰、准确地表达出这些问题。

（2）收集并评估相关的信息，使用简练的语言有效地解释这些信息。

（3）得出有效的结论和解决办法，并使用相关的标准检验它们。

（4）开放性地识别并评估其他可替代的思维系统，识别、评估它的假设、意义和可能的实践结果。

（5）在寻找复杂问题的解决方法时，能够与他人有效地交流。

> 如何培养批判性思维？我的回答是：
> (1) 多问“how”，不要只学知识，要知道如何实践应用；
> (2) 多问“why”，突破死背知识，理解“为什么是这样”之后才认为学会了；
> (3) 多问“why not”，试着去反驳任何一个想法，无论你真正如何认为；
> (4) 多和别人交流讨论，理解不同的思维和观点。
> ——李开复

二、案例分析 Case Discussion

案例一：天才也需要突破障碍

（一）流放中的拿破仑

拿破仑被流放到圣赫勒拿岛后，他的一位善于谋略的密友通过秘密方式给他捎来一副用象牙和软玉制成的国际象棋。拿破仑爱不释手，从此一个人默默下起了象棋，打发漫长、寂寞和痛苦的时光。象棋被摸光滑了，他的生命也走到了尽头。

拿破仑死后，这副象棋经过多次转手拍卖。后来一个拥有者偶然发现，有一枚棋子的底部居然可以打开，里面塞有一张如何逃出圣赫勒拿岛的详细计划！

> 对于我们遇到的任何断言结论，都应该提出这三个问题：
> 第一个问题：“我为什么要相信它？”
> 第二个问题：“这个断言需不需要证据来加以证实？”
> 第三个问题：“证据的效力怎么样？”

（二）心算家的滑铁卢

有人给一位心算大师出了道题："一辆载着283名旅客的火车驶进车站，有87人下车，65人上车；下一站又下去49人，上来112人；再下一站又下去37人，上来96人；再下站又下去74人，上来69人；再下一站又下去17人，上来23人……"

那人刚说完，心算大师便不屑地答道："小儿科！告诉你，火车上一共还有……"

"不，"那人拦住他说："我是请您算出火车一共停了多少个站。"

那位心算大师呆住了，这组简单的加减法成了他的"滑铁卢"。

两个不同的故事，两个相同的遗憾。他们其实都是败在思维定势上。军事家想的只是消遣，忽视了象棋背后的玄机；心算大师思考的只是更复杂的运算，忽略了更为简单的数字加减。由此可见，在自己的思维定势里打转，天才也走不出死胡同。无数事实证明，伟大的创造、天才的发现，都是从突破思维定势开始的。

> 我思故我在。
> ——【法】笛卡尔

案例二：他还会爱她吗？

教授面带微笑走进教室，对学生说："我受一家机构委托，来做一项问卷调查，请同学们帮个忙。"一听这话，教室里发出一阵轻松的议论声，大学课堂本来枯燥，这下好玩多了。

问卷表发下来，一看，只有两道题。

第一题：他很爱她。她细细的瓜子脸，弯弯的娥眉，面色白皙，美丽动人。可是有一天，她不幸遇上了车祸，痊愈后，脸上留下几道大大的丑陋疤痕。你觉得，他会一如既往地爱她吗？

A　他一定会

B　他一定不会

C　他可能会

第二题：她很爱他。他是商界的精英，儒雅沉稳，敢打敢拼。忽然有一天，他破产了。你觉得，她还会像以前一样爱他吗？

A　她一定会

B　她一定不会

C　她可能会

一会儿，学生就做好了。问卷收上来，教授一统计，发现：

第一题：10%的同学选A，10%的同学选B，80%的同学选C。

第二题：30%的同学选A，30%的同学选B，40%的同学选C。

"看来，美女毁容比男人破产，更让人不能容忍啊。"教授笑了，"做这两题时，潜意识里，你们是不是把他和她当成了恋人关系？"

"是啊。"学生答得很整齐。

"可是，题目本身并没有说他和她是恋人关系啊？"教授似有深意地看着大家，"现在，我们来假设一下，如果，第一题中的'他'是

> 人们容易基于专家的口音、衣着等无关因素来评价专家，人们不自觉地将对默认的积极评价转化为对其言论的积极评价。正因为如此，广告总以人们尊敬或欣赏的人来代言产品，引导人们将对代言人的情感转化为对产品的情感。就像消费者该关注产品的优点而不是代言人的优点一样，人们应该剔除无关因素来谨慎地评价断言。
> ——【美】布鲁克·诺埃尔·摩尔《批判性思维》

'她'的父亲，第二题中的'她'是'他'的母亲。让你把这两道题重新做一遍，你还会坚持原来的选择吗？"

问卷再次发到学生的手中，教室里忽然变得非常宁静，一张张年轻的面庞变得凝重而深沉。几分钟后，问卷收了上来，教授再次统计，两道题学生都100%地选了A。

教授的语调深沉而动情："这个世界上，有一种爱，亘古绵长，无私无求，不因季节更替，不因名利浮沉——这就是父母的爱啊！"

就像学生会认定这两个人是恋人一样，没有任何文字明确表明这两个人的关系，但是学生都把这两个人放到了自己预置的思维套笼里。这个世界上既有客观真实，也有主观感觉。

三、过程训练 Process Training

活动一：改变你的习惯

（一）规则与程序

1. 让学员们双手抱拳，然后让他们观察自己的抱拳方式，及他们的手指是怎样交叉的，是左手拇指在上还是右手拇指在上？

2. 请大家松开双手再重新抱拳，这次要求手指交叉的顺序要和上次相反。观察每位学员的反应速度。

3. 虽然这个改变很小，却足以使某些人感到不自在，觉得自己的生活习惯被破坏了。由此联想到现实工作中，由于环境或人为原因迫使他们改变时，他们是否感到不自在并因此影响心情和工作。

（二）相关讨论

1. 哪些因素会产生改变习惯的抵触？哪些方面是可以克服的？

2. 改变习惯后，如果尝试着进行适应，是否可以克服前面的一些负面影响？

3. 当需要应对一些突然或者快速变化时，你认为改变可以提供哪些有利的影响？

（三）总结

1. 随着年龄和成就的增长，人们会越来越不习惯改变。

2. 改变随时存在，或许还没有降临到我们身上。要想在情况来到之后有应对的能力，就应该随时注意尝试进行一些改变、积极地调整改变带来的不利影响。

3. 所有创新都来自改变，那么所有崇尚创新以及希望要有所创新的人们，必须接受改变带来的负面影响。

瞎子打灯笼

一个盲人到亲戚家做客，天黑后，他的亲戚好心地为他点了个灯笼，说："天晚了，路黑，你打个灯笼回家吧！"盲人火冒三丈地说："你明明知道我是瞎子，还给我打个灯笼照路，不是嘲笑我吗？"他的亲戚说："你犯了局限思考的错误了。你在路上走，许多人也在路上走，你打着灯笼，别人可以看到你，就不会把你撞到了。"

活动二：克服墨守成规的心理

（一）规则与程序

1. 利用幻灯片将一张德沃夏克键盘（Dvorak keyboard）展示给大家看，让学员假设已经开发出一种新产品，有着巨大的潜力即将投放市场。据称，该键盘可以使操作者的效率提高40%以上。

2. 要求每个学员从自身公司出发，分析市场接受这种键盘的原因。要分别列出人们停止使用老键盘，改用新的德沃夏克键盘的原因。

3. 请学员推测人们抵制新键盘的原因。再请他们将理由分为两类，一类理由主要是理智上的（如太贵、太笨重、尺寸不合适），另一类主要是情感上的（如“要使用这种键盘，我就不得不学些新东西”）。

4. 现在告诉他们，你打算在培训课程中向他们介绍一些可望提高他们个人以及他们公司的效率的新观念。

（1）请他们推断一下他们或其他人抵制新观念或新方法的原因。这些原因中哪些是理智上的，哪些是情感上的？

（2）请他们列出他们接受你所探讨的新观念或新方法的理由。

> **五个快乐的小秘诀**
>
> 1. 不要存有憎恨的念头。
> 2. 不要让忧虑沾染你的心。
> 3. 简单地生活。
> 4. 多分享。
> 5. 少欲求。

（二）相关讨论

1. 什么使我们倾向于认为是其他人在抵制变化？
2. 我怎样做才能使别人更易于接受新鲜事物？
3. 我怎样做才能使他人更可能接受我提出的变化方式？
4. 我怎样做才能使自己对听到的新鲜事物持有更开放的态度？

德沃夏克键盘

四、效果评估 Performance Evaluation

评估：思维方式测试

（一）情境描述

只需统计出你选出的 ABC 的个数即可。如果有些问题的选项中没有符合你实际情况的，可以不选，但是要记录个数。

1. 看地图或街道示意图时，你：

A 看不懂，经常询问别人

B 转动地图，使它朝向你将去的方向

C 毫不费劲就能看懂地图

2. 你正在做一道复杂的菜肴，收音机开着，这时你朋友的电话来了，你：

A 收音机继续开着，一边做菜，一边打电话

B 把收音机关了，然后边做菜边打电话

C 告诉你的朋友，你一做完菜马上就给她 / 他回电话

3. 朋友们将来你的新家做客，事先向你询问方向，你将：

A 画一张非常清楚的地图送给他们或让其他人解释如何来到

B 问他们知道哪些沿途的标记，然后尽量解释清楚如何来

C 口头上解释如何走，如“坐 3 路车到图书馆后下车，左拐，到第二个十字路口……”

4. 在解释一个主意或一个概念时，你更可能：

A 用一支铅笔、一张纸及身体语言

B 用身体语言、手势解释

C 口头解释，简单明了

5. 当观看完一部大片后，你更愿：

A 在脑海中回忆电影镜头

B 谈论场景及演员的台词

C 谈论中主要引用电影中的台词

6. 在一家剧院中，你通常喜欢坐在：

A 剧院的右边

B 不介意坐在哪儿

C 剧院的左边

7. 一个朋友有个小机器坏了，你将：

A 同情，讨论有什么感受

B 推荐能修好机器的人

C 琢磨它是如何工作的，企图帮他 / 她修好

8. 在一个你不熟悉的地方，有人问你哪儿是北，你：

A 承认你也不知道

B 经过一番思索后，猜测哪边是北

> **交通问题**
>
> 美国一个大城市曾遇到钟摆式交通拥堵问题，双向八车道的道路，到了早上上班时间，进城的车堵得一塌糊涂，下班时间出城的车又堵得一塌糊涂。城市发展到一定程度，一般到市区上班，回郊区住，往往会发生钟摆式交通拥堵。管理者无奈征集解决办法，有的说继续拓宽道路，有的说再修一条路。一个年轻人提出：上班时进城的路临时改成 6 车道，出城的改成 2 车道，下班时反过来。问题解决了。

C　毫不费力地找到北

9. 你泊车时，发现了一个空车位，但地方很窄，你将：

A　尽量寻找其他宽敞的空车位

B　小心地企图把车倒进去

C　轻松地把车倒进去

10. 你正看着电视，电话铃响了，你将：

A　开着电视接电话

B　把电视关了，然后接电话

C　把电视关了，并让其他人保持安静，然后接电话

11. 你刚刚听到过一首你最喜欢的歌唱家演唱的新歌，你通常：

A　毫不费劲地唱出部分歌词

B　如果这是一首相当简单的歌，你能唱出部分歌词

C　想不起来歌词是什么，但可能回忆出部分旋律

12. 你预测结果，常凭：

A　直觉

B　运用掌握的信息及感觉作出判断

C　事实、统计结果、资料

13. 你把钥匙放错了地方，找不到了，你将：

A　先做其他事，直到自己想起来

B　先做其他事，但是继续尽力回忆钥匙的位置

C　回忆整个经过，直到想起放钥匙的位置

14. 在一个旅馆的房间里，你听到远处传来警报器的声音，你：

A　能立即指出从哪里传来的

B　仔细辨认后能指出从哪里传来的

C　仔细辨认也不能指出从哪里传来的

15. 你去了一个社交性会议，别人介绍了七八个陌生人给你。第二天，你：

A　能清楚地回忆起他们的脸孔

B　能回忆起其中一部分人的脸孔

C　更可能回忆起他们的名字

16. 你想要去乡间度假，而你的父母想去海边。为了证明你的主意更好，你：

A　告诉他们你感觉将多美好，你非常喜爱农村风景，大人及孩子都会在那儿度过愉快的时光

B　告诉他们如果去乡间度假你将感激不尽，然后下次将会非常乐意去海边

C　运用事实：乡间旅游地点近，又便宜，体育、休闲活动丰富

17. 在安排你的一日活动计划时，你常：

A　列出一张表，这样你能看出需要干什么

B　考虑一下你要干的事

C　在脑海中过一遍你将看到的人、将去的地方及将要做的事

拎水过河

明代文学家徐文长，从小就非常聪明。一天，他的伯父把两只木桶装满水，然后领着一群孩子走到一座木桥旁，对大家说："谁要是能把这两桶水拎过桥，而且水又不泼出去，我就送他一件礼物。"

徐文长心想，这座竹桥很有弹性，人只身走上去，桥身都会摇晃，更何况把水桶提过去？周围的小朋友没一个吭声的。

过了一会儿，徐文长对伯父说道："我可以。"

只见徐文长找来两根绳子，他用绳子系着小桶，小心地将两只水桶置于桥边的河中，然后便走上竹桥，从桥上用绳子拖着水桶毫不费力地过了桥。结果真的，一点水都没有泼出去。

18. 你的朋友有一个个人问题，来和你讨论，你：
A 同情并且理解
B 告诉他问题并不像看起来的那样糟糕，然后解释为什么
C 提供解决问题的合理建议
19. 两个你都认识的朋友有了一段秘密的婚外情，你能看出来吗？
A 一开始你就能看出来
B 过了一段时间后你看出来
C 你可能没有意识到
20. 什么是生活，你如何看待它？
A 有很多朋友，和你周围的人和睦相处
B 在保证自己独立的基础上和其他人友好相处
C 实现有价值的目标，获得别人的尊敬，赢得社会的名望
21. 可能的话，你会选择怎样的工作：
A 在一个人人和睦相处的团队中
B 在保证自己独立的空间的基础上和他人合作
C 自己一个人
22. 你喜爱读的书是：
A 小说和虚构的故事
B 杂志和报纸
C 非虚构类，如自传
23. 在逛商店时，你倾向于：
A 通常一冲动就买东西，尤其是那些特别的、不常用的东西
B 有一日常的计划，但有时遇见合意的也会买
C 仔细阅读价目表，比较价钱后再决定是否买
24. 你喜欢睡觉、起床、吃饭如何安排？
A 想吃就吃，想睡就睡
B 有基本计划，有时也灵活变化
C 每天固定的时间做固定的事
25. 你开始了一份新工作，遇见了许多新朋友。你正在家中，他们中有一个人给你打电话，你将：
A 非常容易认出他的声音
B 中途识别出他的声音
C 没有辨认出他的声音
26. 和别人争吵时让你最难过的是什么？
A 他们的沉默和缺少反应
B 他们不愿再听你的观点
C 他们富于挑战性的问题及陈述
27. 在学校中，你对拼写测验和写作有什么样的感觉？
A 发现它们很容易
B 你会做好其中的一项
C 你两项都不擅长

创新思维方式

直觉：不经过分析和推理就作出猜测和设想的跃进式的思维方式。

灵感：由于某种机缘的启发，突然出现的豁然开朗、恍然大悟，取得安全感的一种思维过程。

联想：由于所感知和思考的事物、现象与观念的刺激而想到其他事物、现象及观念的心理过程。

想象：人在头脑中塑造过去未曾感触过的新的事物形象的心理过程。

归纳：由个别事物或现象推出该类事物或现象的普遍规律的思维方式。

演绎：从普遍性规律出发，去认识个别的、特殊的现象的思维方式。

类比：找到两个或两类事物在某些属性上具有的相同性或相似性。

28. 在跳舞及练爵士舞基本动作时，你：
A　一旦学会了步法，就能感觉出音乐来
B　能做部分练习及舞蹈步法，但跟不上其他人
C　很难跟上节拍
29. 你擅长于识别和模仿动物声音吗？
A　不善于
B　有普通的常识
C　非常棒
30. 在漫长的一天的最后，你通常喜爱：
A　和你的朋友或家人轻松地聊你的一天
B　听其他人谈论他们的一天
C　看报纸、电视但不说话

知之为知之，不知为不知，是知也。
——《论语》

（二）评估标准和结果分析

计算得分：

男　性		女　性	
A 的个数 ×15 分 =		A 的个数 ×10 分 =	
B 的个数 ×5 分 =		B 的个数 ×5 分 =	
C 的个数 ×（-5）分 =		C 的个数 ×（-5）分 =	
总分 =		总分 =	
注：空选项算 5 分			

分析结果：

1. 多数男性的分数会分布在 0~180 分之间；多数女性的分数会分布在 150~300 分之间。

2. 偏男性化的大脑，分数会低于 150 分。分数越接近 0 分就越男性化。他们有很强的逻辑观念、分析能力、说话技巧，很自律，也很有组织性，不容易受到情绪的影响。

3. 分数高过 180 分的，就是很女性化的人。分数越高，大脑就越女性化。富有创意，有音乐艺术方面的天分。他们会凭直觉与感觉做决定，并擅长用很少的资讯判断问题。

4. 分数低于 0 分的男性或高于 300 分的女性，他们大脑的构造是完全不同的。

5. 分数在 150~180 分之间的人，他的思考方式拥有两性的特质。他对男女都没有偏见，并在解决问题方面，反应会比较灵活，找出最佳的解决方法。

第二节 拓宽视角

职场在线

巴斯夫的创新经验

有时候你需要从更广阔的角度看某个问题。全球化工业巨头巴斯夫（BASF）联合多元化的团队，开发了一款能够拯救生命的创新产品。这些团队共同设计了一款蚊帐，在其中融合了采用特制配方的杀虫剂，这种杀虫剂不仅能驱赶蚊子，还能杀死这些传播疾病的害虫。来自不同分部、背景和观点各异的员工通力合作，创造出了这款创新性的产品，现在已经应用于世界各地。仅仅在肯尼亚，这种产品就已经在高危地区将婴幼儿死亡率降低了44%。

这项创新产品诞生的过程证明思维各异的人也能形成一股合力，成功想出个人或许永远都无法发现的创意。这么做是一项大胆的尝试。因为在这两个关键团队工作的人分别来自纺织品和杀虫剂部门，过去几乎都不跟另一方打交道。以前，在杀虫剂部门工作的人想的只是如何创造出新一代驱虫化学剂，而纺织品部门的人员则全身心地投入到开发具有各种实际功效的新材料中。但是，巴斯夫开始推行多元化和兼容并包的实践，从而让来自不相关团队的员工更频繁地合作和分享创意，并取得了更多成果，这两个群体的表现证明了有时候一加一大于二。

如果只运用一种思维方式，你的推论或逻辑可能会走入死穴。训练自己拥有不同的思维方法，就会有不同的发现。

同时，我们也发现，与自己不同的意见也会刺激人们寻找新的创意，因为不同意见鼓励我们更全面地与他人接触，重新评估我们自己的观点。如果你希望在一个团队中培养创造力，就需要将形形色色的人集合起来，允许差异化的思维模式在你的团队里发生碰撞。

一、能力目标 Competency Goal

做任何事情都有诀窍。要提高创新能力，就必须拓宽思维视角，在了解创新思维具有流畅性、灵活性、独创性、精细性、敏感性和知觉性的特征前提下，敢于在解决问题时打破旧规则、旧方法的束缚，并学会通过发散性思维、质疑思维、逆向思维、直觉思维、灵感思维、横向思维等，寻求新方法与新途径。

通过本节学习，你将能够：

1. 理解并掌握几种创新思维的本质、特点和方法。
2. 能够将发散思维、逻辑思维、联想思维等应用于实际。

（一）发散思维

发散思维也叫多向思维、辐射思维或扩散思维，是指对某一问题或事物的思考过程中，不拘泥于一点或一条线索，而是从仅有的信息中尽可能向多方向扩展，而不受已经确定的方式、方法、规则和范围等的约束，并且从这种扩散的思考中求得常规的和非常规的多种设想的思维。

发散思维好比自行车轮胎一样，车轮的辐条以车轴为中心向外辐射，发散思维就是沿着多条“思维线”向四面八方发散，从多方向、多角度的扩展思维空间。

发散思维的训练要注意思维的三个度：流畅、灵活和新颖。流畅是指一定时间内产生观念的多少。灵活是指能产生不同类别属性的观念。新颖是指思维新奇独特的量度。

发散思维方法

1. 考虑所有相关的因素。

2. 预测各种可能的结果。

3. 尝试思维的跳跃性。

4. 利用思维导图等工具，将思维可视化。

5. 寻求多种解决方案。

小训练

尽量多地列出铅笔的用途，至少列出 10 种（3 分钟内完成）。

列出 30 种以上交通工具的名称（5 分钟内完成）。

列出与这些事物相类似的事物：闸门可以控制水流，剪刀能够分割纸，雪可以掩盖足迹。

（二）收敛思维

收敛思维也叫聚合思维、求同思维、辐集思维、集中思维。收敛思维是从已知条件和既定目标中寻求唯一答案的思维方式。它是为了解决某一问题，在众多的现象、线索、信息中，向着问题一个方向思考，根据已有的经验知识或传统的方式方法，去思考得出最好的结论和最好的解决办法。

收敛思维是一种从众多答案或方案中寻求唯一的正确答案或最佳方案的思维方式。它表现为“以多趋一”，其基本结果就是归一、聚合。它有如下特征：

1. 封闭

把许多发散思维的结果由各个方向聚合起来，从众多方案中选择一个最为合理的方案。

2. 连续

在解决问题的过程中，明确规定先做什么，后做什么，有一定的顺序，一环扣一环，具有较强的连续性。

3. 求实

发散思维所产生的众多设想或方案，一般来说多数都是不成熟，对发散思维的结果，必须进行筛选。收敛思维就起到筛选和比较作用，被选择出来的设想或方案是按照实用的标准来决定的，应当是切实可行的，具有较强的求实性。

收敛思维方法

1. 目标法。正确地确定搜寻目标，进行认真地观察并作出判断，找出其中关键现象，目标的确定越具体越有效。

2. 求同法。被研究的对象在不同场合出现，都与某一种共同的因素有关，寻求这个共同因素的方法就是寻同法。

3. 求异法。被研究的对象在一个场合出现，而在另一个场合不出现，而这两个场合中只有一个条件不同，这一条件就是现象的原因，寻找这一条件就是求异思维法。

4. 聚焦法：围绕问题进行反复思考，有时甚至停顿下来，使原有的思维浓缩、聚拢，形成思维的纵向深度和强大的穿透力，顺利解决问题。

小案例

在日本丰田汽车公司曾经流行一种管理方法，叫作“追问到底”，以便找出最终的原因。如某台机器突然停了，那就沿着这条线索进行一系列的追问：

问：机器为什么不转了？

答：因为保险丝断了。

问：为什么保险丝会断？

答：因为超负荷而造成电流太大。

问：为什么会超负荷？

答：因为轴承枯涩不够润滑。

问：为什么轴承枯涩不够润滑？

答：因为油泵吸不上来润滑油。

问：为什么油泵吸不上来润滑油？

答：因为抽油泵产生了严重磨损。

问：为什么油泵会产生严重磨损？

答：因为油泵未装过滤器而使铁屑混入。

追问到此，最终的原因就算找到了。给油泵装上过滤器，再换上保险丝，机器就正常运行了。如果不进行这一番追问，只是简单地换上一根保险丝，机器照样立即转动，但用不了多久，机器又会停下来，因为最终原因没有找到。

（三）逆向思维

逆向思维也叫作反向思维，是指改变一般的思维程序，从相反方向展开思路，分析与解决问题的方法。逆向思维是发现问题、分析问题、解决问题的重要手段，有助于克服思维定势的局限性，是决策思维的重要方式之一。逆向思维有如下方法：

1. 怀疑法

以怀疑的眼光看待事物。

2. 对立互补法

要求思考者在处理问题时既要看到事物之间的差异，也要看到因事物之间存在差异而带来的互补性。

小故事

洗衣机的脱水缸，它的转轴是软的，用手轻轻一推，脱水缸就东倒西歪。可是脱水缸在高速旋转时，却非常平稳，脱水效果很好。当初设计时，为了解决脱水缸的颤抖和由此产生的噪声问题，工程技术人员想了许多办法，先加粗转轴，无效，加硬转轴，仍然无效。最后，他们来了个逆向思维，弃硬就软，用软轴代替了硬轴，成功地解决了颤抖和噪声两大问题。这是一个由逆向思维而诞生的创造发明的典型例子。

现代航天之父冯·布劳恩在童年时代就被称为是一个富于幻想的人，是喜欢异想天开的航天怪人。10岁时，他母亲问他长大了干什么，他说："我要帮助推动前进的车轮，去实现宇宙飞行。"于是，他设想出一幅探索外层空间和"内空间"（海洋）的探索蓝图，并把发展液体火箭技术作为探索外层空间的动力工具。他通过发展V—2火箭到发展"红宝石"火箭和"丘比特"火箭，再到发展"土星5号"火箭的三部曲，把阿波罗飞船送上了月球，实现了人类从地球到月球的伟大飞跃。

3. 悖论法

对某个概念、某类假设或某种学说，思考者应积极主动地从正反两方面进行思考，以求找出其中存在悖论的地方。

4. 批判法

对言论、行为进行分辨、评断、剖析，以发现客观事实。

5. 反事实法

思维活动所指的对象和内容并不都是正在发生或将要发生的事情。

小故事

美国人为了庆祝巴拿马运河竣工，经过几年筹备，于1915年在旧金山举办一场"巴拿马万国博览会"。我国送展的茅台酒由于装潢简朴而无人问津。展会即将结束，一位中国代表心生一计，佯装失手摔坏了一瓶茅台酒，顿时醇香四溢，评委们一下子被吸引住了，经反复品尝后一致认定茅台酒是世界最好的白酒。这是逆向思维最经典的案例之一。

（四）想象思维

想象思维是人脑通过形象化的概括作用对脑内已有的记忆表象进行加工、改造或重组的思维活动。它是形象思维的具体化，是人脑借助表象进行加工操作的最主要形式。具有如下特征：

1. 形象

想象思维操作活动的基本单元是表象，是一些画面，静止的画面像照片，活动的画面像电影。

2. 概括

想象思维实质上是一种思维的并行操作，即一方面反映已有的记忆表象，同时把已有的表象变换、组合成新的图像，达到对外部时间的整体把握。

3. 超越

想象思维最宝贵特性是可以超越已有的记忆表象范围而产生许多新的表象，这正是人脑的创造活动最重要的表现，特别是一些重大的发明创造，都离不开超越性想象。

在进行想象思维时，一般有两种方法，即不受意识主体支配的无意想象和受主题意识支配的有意想象。

想象思维在创新中起着主干作用。如，古代人们幻想的“嫦娥奔月”“呼风唤雨”“点石成金”“飞天”，如今都变成了现实。同时，想象思维在我们的精神生活和文化生活中起灵魂作用。文学家、艺术家等要创作出优美的作品，就需要发挥想象力。受众在欣赏作品时也需要发挥想象力。

小训练

1. 地球越来越拥挤，环境日益恶劣，你对到月球上居住有什么样的想法？
2. 地球的不可再生的能源越来越少，但太阳能、风能、海洋能源等利用得太少，你有什么更好的计划？
3. 城市房价越来越叫工薪阶层受不了，你有什么措施来抑制房价呢？

（五）联想思维

联想思维是指在人脑内记忆表象系统中，由于某种诱因使不同表象发生联系的一种没有固定思维方向的自由思维活动。联想思维和想象思维可以说是一对孪生姐妹，在人的思维活动中起基础性的作用。其特点可以表述为：跳跃性连接、形象性和概括性。

联想思维有如下五种方法：

18种词语联想法

心情联想：如晴天——好心情

叙述联想：如黄鹂——歌唱

性质状态联想：如冬天——冷

动作联想：如黑板——擦

上位联想：如牛肉——食品

因果联想：如殴打——伤残

例示联想：如数学——加法

要求联想：如灯光——电

场所联想：如电视——电视台

共存联想：如饭碗——筷子

类似联想：如绿豆——红豆

相反联想：如战争——和平

印象联想：如树干——躯体

摹本联想：如地球——地球仪

同等联想：如首都——北京

添加联想：如炒——菜

间接联想：如闹钟——迟到

无关联想：如书——球鞋

1. 接近联想

时间或空间上的接近都可以引起不同事物之间的联想。

小故事

德国气象学家、地球物理学家魏格纳有一次在看地图时，发现大西洋两岸的海岸线十分吻合，只要非洲方面有一个凹进去的海湾，对应的巴西海岸就有一个凸起来的地方与之对应，几乎完全可以拼到一起。这就引起了他的联想：难道大西洋两岸原来是在一起的吗？

于是，他开始寻找并收集支持他这种非逻辑思维得出的假设，以便能获得必要的理论依据。经过将大西洋两岸的地形地貌、地质结构、山川山脉、植被植物、海滨生物、爬虫化石等的比较和研究，终于形成了一套关于大陆漂移学说的科学理论。

> 进行逻辑思维就像是登山，步骤如下：
> 1. 确定你为什么要登山
> 2. 保证你的装备足够精良
> 3. 挑选最佳路线
> 4. 要始终向前看
> 5. 不要在半路上停下脚步
> 6. 要确保每一步都正确
> 7. 最终到达山顶

2. 相似联想

从外形或性质上的、意义上的相似引起的联想，都是相似联想。

3. 对比联想

由事物间完全对立或存在某种差异而引起的联想，就是对比联想。

4. 因果联想

由于两个事物存在因果关系而引起的联想，就是因果联想。这种联想往往是双向的，可以由因想到果，也可以由果想到因。

5. 类比联想

类比法就是通过对一种事物与另一种（类）事物对比，而进行创新的方法。其特点是以大量联想为基础，以不同事物间的相同、类比为纽带。

小训练

看到北京奥运会主会场鸟巢建筑，你会联想到什么？

仰望星空，你有什么样的联想？

看到熊猫可爱的样子，会引起什么样的联想？

你看到高速公路上发生车祸时，会引起什么样的联想？

你看到纸片上密密麻麻的黑点时，会联想到什么？

> 我们发现了儿童有创造力，认识了儿童有创造力，就须进一步把儿童的创造力解放出来。
>
> ——陶行知

（六）逻辑思维

逻辑思维是指符合某种人为制定的思维规则和思维形式的思维方式，或是遵循传统形式逻辑规则的思维方式。常被称为“抽象思维”或“闭上眼睛的思维”。

逻辑思维具有规范、严密、确定和可重复的特点。逻辑的形式，简单来说就是概念、判断、推理。逻辑的结构，最基本的就是三段论，其结构表现为：

所有 M 都是 P；所有 S 都是 M；所以，所有 S 都是 P。

逻辑思维的方法如下：

1. 分析与综合

分析是在思维中把对象分解为各个部分或因素，分别加以考察的逻辑方法。综合是在思维中把对象的各个部分或因素结合成为一个统一体加以考察的逻辑方法。分析与综合是思维方向相反的过程。

2. 分类与比较

比较就是比较两个或两类事物的共同点和差异点。根据事物的共同性与差异性就可以把事物分类，具有相同属性的事物归入一类，具有不同属性的事物归入不同的类。

3. 归纳与演绎

归纳是从个别性的前提推出一般性的结论。演绎是从一般性的前提推出个别性的结论。

4. 抽象与概括

抽象就是运用思维的力量，从对象中抽取它本质的属性，抛开其他非本质的东西。概括是在思维中从单独对象的属性推广到这一类事物的全体的思维方法。

> 美国有个叫杰福斯的牧童，因为工作时睡觉，他的羊群越过铁丝到相邻的菜园里吃菜导致他被老板骂。小杰福斯就想，怎样才能使羊群不再越过铁丝栅栏呢？他发现，那片有玫瑰花的地方，没有铁栅栏，但羊群从不过去，因为羊群怕玫瑰花的刺。小杰福斯想：如果在铁丝上加一些刺，就可以挡住羊群了。于是，他将铁丝剪成5厘米左右的小段，把它结在铁丝上当刺。他发现羊群起初也试图越过铁丝网去菜园，但每次都被刺疼后，惊恐地缩了回来，被多次刺疼之后，羊群再也不敢越过栅栏了。杰福斯成功了，还申请了专利并获批准。后来，这种带刺的铁丝网便风行世界。

小训练

下面算式中的字母分别代表数字 0、1、2、3、4、5、6、7、8、9，且分别代表不同的数字，其中 D＝5，请你找到其他字母所对应的数字。

```
  D O N A L D
+ G R E A L D
-------------
= R O B E R T
```

答案：

```
  5 2 6 4 8 5
+ 1 9 7 4 8 5
-------------
= 7 2 3 9 7 0
```

请问：这个答案是如何得到的。

二、案例分析 Case Discussion

案例一：借一美元

一天，犹太富翁哈德走进纽约花旗银行的贷款部。

看到这位绅士很神气，打扮得又很华贵，贷款部的经理不敢怠慢，赶紧招呼："这位先生有什么事情需要我帮忙吗？"

"哦，我想借些钱。"

"好啊，你要借多少？"

"1美元。"

"只需要1美元？"

"不错，只借1美元，可以吗？"

"当然可以，像您这样的绅士，只要有担保多借点也可以。"

"那这些担保可以吗？"犹太人说着，从豪华的皮包里取出一大堆珠宝堆在写字台上。

"喏，这是价值50万美元的珠宝，够吗？"

"当然，当然！不过，你只要借1美元？"

"是的。"犹太人接过了1美元，就准备离开银行。

在旁边观看的分行行长此时有点傻了，他怎么也弄不明白这个犹太人为何抵押50万美元就借1美元，他急忙追上前去，对犹太人说："这位先生，请等一下，你有价值50万美元的珠宝，为什么只借1美元呢？假如您想借30万、40万美元的话，我们也会考虑的。"

"啊，是这样的：我来贵行之前，问过好几家金库，他们保险箱的租金都很昂贵。而您这里的租金很便宜，一年才花6美分。"

所有"正常思维"的人，都会走同种矛盾的限制：既然目的是寄存，但希望省钱，只能一家一家去询问比较租金高低；然而也自然有共同的担忧，那就是寄存物品的保险系数，往往和租金高低成正比。唯独这位老人跨越了"正常"，改变思维方向，用"反常"的方法达到了"正常"的目的，而且将"租金"减少到几乎等于零。

犹太商人只采用了"横向思维"和"反向思维"的方法，就取得了常人意料不到的效果。一个成功管理者的思维方式不应仅仅是顺时针的。

河边的苹果

一位老和尚一天嘱咐弟子每人去南山打一担柴回来。弟子们匆匆行至离山不远的河边，人人目瞪口呆。只见洪水从山上奔泻而下，无论如何也休想渡河打柴了。弟子们都有些垂头丧气，无功而返。唯独一个小和尚与师傅坦然相对。师傅问其故，小和尚从怀中掏出一个苹果，递给师傅说，过不了河，打不了柴，见河边有棵苹果树，我就把树上唯一的一个苹果摘来了。后来，这位小和尚成了师傅的衣钵传人。

世上有走不完的路，也有过不了的河。过不了的河掉头而回，也是一种智慧。但真正的智慧还要在河边做一件事情：放飞思想的风筝，摘下一个"苹果"。历览古今，抱定这样一种生活信念的人，最终都实现了人生的突围和超越。

案例二：炸弹风波

1940年11月16日，纽约爱迪生公司大楼一个窗沿上发现一个土炸弹，并附有署名F·P的纸条，上面写着："爱迪生公司的骗子们，这是给你们的炸弹。"后来，这种威胁活动越来越频繁，越来越猖狂。1955年竟然放上了52颗炸弹，并炸响了32颗。对此报界连篇报道，并惊呼此行动的恶劣，要求警方给予侦破。

纽约市警方在16年中煞费苦心，但所获甚微。所幸还保留了几张字迹清秀的威胁信，字母都是大写。其中，F·P写道："我正为自己的病怨恨爱迪生公司，要使它后悔自己的卑鄙罪行。为此，不惜将炸弹放进剧院和公司的大楼"，等等。警方请来犯罪心理学家布鲁塞尔博士。博士依据心理学常识，在警方掌握材料的基础上作了如下的分析推理：

1. 制造和放置炸弹的大都是男人。

2. 他怀疑爱迪生公司害他生病，属于“偏执狂”病人；这种病人一过35岁后病情就加速加重。所以1940年时他刚过35岁，现在（1956年）他应是50出头。

3. 偏执狂总是归罪于他人。因此，爱迪生公司可能曾对他处理不当，使他难以接受。

4. 字迹清秀表明他受过中等教育。

5. 约85％的偏执狂有运动员体型，所以F · P可能胖瘦适度，体格匀称。

6. 字迹清秀、纸条干净表明他工作认真，是一个兢兢业业的模范职工。

7. 他用“卑鄙罪行”一词过于认真，爱迪生也用全称，不像美国人所为。故他可能在外国人居住区。

8. 他在爱迪生公司之外也乱放炸弹，显然有F · P自己也不知道的理由存在，这表明他有心理创伤，形成了反权威情绪。乱放炸弹就是在反抗社会权威。

9. 他常年持续不断乱放炸弹，证明他一直独身，没有人用友谊或爱情来愈合其心理创伤。

10. 他无友谊，却重体面，一定是一个衣冠楚楚的人。

11. 为了制造炸弹，他宁愿独居而不住公寓，以便隐藏和不妨碍邻居。

12. 地中海各国用绳索勒杀别人，北欧诸国爱用匕首，斯拉夫国家恐怖分子爱用炸弹。所以，他可能是斯拉夫后裔。

13. 斯拉夫人多信天主教，他必然定时上教堂。

14. 他的恐吓信多发自纽约和韦斯特切斯特。在这两个地区中斯拉夫人最集中的居住区是布里奇波特，他很可能住在那里。

15. 持续多年强调自己有病，必是慢性病。但癌症不能活16年，恐怕是肺病或心脏病，现在，肺病已经很容易治愈，所以他是心脏病患者。

博士最后得出结论：警方抓他时，他一定会穿着当时正流行的双排扣上衣，并将纽扣扣得整整齐齐。而且，建议警方将上述15个可能性公诸报端。F · P重视读报，又不肯承认自己的弱点。他一定会作出反应以表现他的高明，从而自己提供线索。果不其然，1956年圣诞节前夕，各报刊载这15个可能性后，F · P从韦斯特切斯特又寄信给警方：“报纸拜读，我非笨蛋，决不会上当自首，你们不如将爱迪生公司送上法庭为好。”依循有关线索，警方立即查询了爱迪生公司人事档案，发现在30年代的档案中，有一个电机保养工乔治 · 梅特斯基因公烧伤，曾上书公司诉说染上肺结核，要求领取终身残废津贴，但被公

一孔值百万

20世纪40年代，美国有许多制糖公司向南美洲出口方糖，因方糖在海运中会有受潮现象，这给公司带来巨大损失。公司花了不少钱请专家研究，但始终未能解决这个问题。

后来，有一位名叫克鲁索的制糖工人，想出一个简单的防潮方法：只要在包装纸上开一个小孔，使空气能够对流，方糖就不会受潮了。其原理其实就像是大厅里开个排气孔和人们穿留有适当孔隙材质的衣服比较舒适一样。它虽然十分简单，但不容易被人想到。

克鲁索把自己的“打孔”发明申请了专利，后来，一家制糖公司得知后，出价100万美元买下了这个专利的使用权。

司拒绝，数月后离职。此人为波兰裔，当时（1956年）为56岁，家住布里奇波特，父母早亡，与其姐同住一个独院。他身高1.75米，体重74公斤。平时对人彬彬有礼。1957年1月22日，警方去他家调查，发现了制造炸弹的工作间，于是逮捕了他。

当时，他果然身着双排扣西服，而且整整齐齐地扣着扣子。

这个经典例子就是采取层层剥笋法。这里所用的思维方法是典型的收敛型思维法，案例中的博士是从所有现象和信息中寻找有用的信息，逐步接近解决的问题。从现象到本质，从外环到内环逐层深入。

三、过程训练 Process Training

创新，可以从需求的角度而不是从供给的角度给它下定义为：改变消费者从资源中获得的价值和满足。

——【美】彼得·德鲁克

活动一：最好的问题

当我们面临某些情况，能有多种的解决方案，而最好的那一种，才是我们应当追求的，这需要开动我们的智慧和创意来完成。本活动旨在训练学员逻辑思维和发散思维能力。

（一）规则与程序

1. 下面是一个囚犯的故事：

有个人不小心犯了法，定罪之后，被关在一个特别设计的囚房里。这个囚房有两个门，都没有上锁。一个是活门，如果他打开这个门，走出去，不但自由了，外边还有幸福的生活等着他；另外一个门是死门，如果他打开这个门，走出去，他便完蛋了：门外等待他的是一群饥饿的狮子。囚房里有两个守卫，一个十分诚实，从不说假话，另一个从不说真话。他们两个人，都知道哪一道是活门，哪一道是死门。

依据他们国家的法律规定，这个囚犯在获刑之前，最多可以问这两个卫士总共三个问题（不是每人问三个问题）。

2. 向学员提问，如果你是这个囚犯，你需要问几个问题？如何问问题才能获得自由？

（二）相关讨论

1. 本活动的任务有哪些突破点可以利用？
2. 用什么方式可以提出最好的问题来获救？
3. 这个活动对我们解决生活和工作中的问题有什么启示？

（三）总结

1. 简单地说，只需要知道哪个卫士说真话而哪个卫士说假话便可以了。这只需一个问题足以解决，因为你可以用一个明显的事实来进行试探，比如“你是男的吗？”

2. 其实，本活动也可看做是一个逻辑上的是非问题，可用一个双逻辑问题直接获得最佳答案，比如：“请问你（随便问哪一位卫士），如果我问他（指另一位卫士），哪一道门是活门，他会告诉我是哪一道门？”无论对方给你什么回答，你只要反方向执行便可以了。

3. 某些事情可能会有远比普通办法好得多的解决方法，但这需要我们开动脑筋去思考，运用智慧和创造性思维将其找到。

活动二：回答下列问题

> 知道事物应该是什么样，说明你是聪明的人；知道事物实际是什么样，说明你是有经验的人；知道怎样使事物变得更好，说明你是有才能的人。
> ——【法】狄德罗

（一）问题

1. 桌上放着一只盛满咖啡的杯子，小李解手表时不小心把手表掉进去了。小李的手表是不防水的，还好，拿出来时手表上一点水没沾上。这是什么道理呢？

2. 钟在同一时刻，时针、分针和秒针三针重合了。60 分钟后，它们是否有可能再重合？（时间限制：2 分钟）

3. 有 3 只瓶子并列放在桌上，中间是只红的，红的左边是只白的，红的右边是只绿的。你能否用最少的步骤，使红的左边是绿的，红的右边是白的？（时间限制：4 分钟）

4. 电灯开关，拉一次，灯亮，再拉一次，灯灭。你能否做到连拉两次而使灯不亮？（时间限制：3 分钟）

5. 24 个人排成六列，每 5 人一列，该怎么排列？（时间限制：2 分钟）

（二）参考答案

1. 咖啡是固体而不是液体。
2. 有可能，钟在三针重合时正好停了。
3. 只要到桌子另一边去看就行了。
4. 可以，断电源或取掉灯泡。
5. 排成六边形。

四、效果评估 Performance Evaluation

评估：发散思维能力测试

（一）情境描述

本测验测试你的发散思维能力，共有 8 题，每道题都有一定的时间限制，请在规定时间内尽快地完成每道题。

1. 请你写出所能想到的带有“土”结构的字，写得越多越好。（时间：5 分钟）

2. 请列举砖头的各种可能用途。（时间：5 分钟）

3. 请举出包含“三角形”的各种物品，写得越多越好。（时间：10 分钟）

4. 尽可能想象“△”和什么东西相似或相近？（时间：10 分钟）

5. 把下列物件按照性质尽可能分类：鸭子、菠菜、石头、人、木头、菜油、铁片。（时间：5 分钟）

6. 请说出一只猫与一只冰箱相似的地方，说得越多越好。（时间：5 分钟）

7. 给你两个圆（○○）、两条直线（||）和两个三角形（△△）请组成各种有意义的图案。（时间：15 分钟）

8. 请你根据以下故事情节，用简洁的语言（不超过 100 字）写出故事的各种可能的结尾，写得越多越好。（时间：30 分钟）

古时候，有兄弟三人。大哥、二哥好吃懒做，三弟勤劳聪明。三人长大后都成了家。有一天，三兄弟在一起喝酒，大哥、二哥提议：“从现在起，我们三人说话，互相不准怀疑，否则罚米一斗。”酒后，大哥说：“你们总说我好吃懒做，现在家里那只母鸡一报晓，我就起床了……”三弟直摇头说：“哪有母鸡报晓之理？”大哥嘿嘿一笑说：“好！你不信我的话，罚米一斗。”二哥接下去说：“我没有大哥这么勤快，因此家里穷得老鼠撵得猫吱吱叫……”三弟又连连摇头，二哥得意地说：“你不信，也罚米一斗。”后来……

幽默化解尴尬

有个观光团到日本伊豆半岛旅游，路况很坏，到处都是坑洞。其中一位导游连声抱歉，说路面简直像麻子一样。而另一个导游却诗意盎然地对游客说：“诸位先生，我们现在走的这条道路，正是伊豆赫赫有名的迷人的酒窝大道。”

（二）评估标准和结果分析

第 1~4 题，每一个答案为 1 分；第 5 题，每一个答案为 2 分；第 6~7 题，每一个答案为 3 分；第 8 题，每一个答案为 5 分。如果你得分在：

100 分以上，发散思维的流畅性很好；

81~100 分，发散思维的流畅性较好；

61~80 分，发散思维的流畅性中等；

41~60 分，发散思维的流畅性较差；

40 分以下，发散思维的流畅性很差。

流畅性是发散思维的较低层次，比如在列举砖头的用途时，如果能列举出造工房、造烟囱、造仓库、造鸡舍、造礼堂……说明流畅性很好。发散思维的变通性和独特性则分别代表了发散思维的中等层次和高等层次。下面结合每道题的答案进行分析。

1.“土”在右方，如灶、肚、杜等；“土”在左方，如址、墟、增等；“土”在下方，如尘、塑、堂等；“土”在上方，如去、寺、幸等；“土”

在中间，如庄、崖、匡等；全部由“土”构成的字，如土、圭等；或“土”蕴涵在字中，如来、奔、戴等；以及其他，如盐、硅等。在上述“发散”中，能写出中两类含“土”的字，则说明思维已具有一定的变通性，因此此时的“土”已不像前面几种“土”那么显而易见了。

一个人若能达到发明或思考对自己来说是新东西的程度，那么就可以说他完成了一项创造性行为。
——【美】爱德华·兰德

2. 列举砖头的用途，如果说出了造工房、造烟囱、造仓库、造鸡舍、造礼堂……只能说明你的发散思维处于较低级的阶段，因为你所列举的各种用途，其实都属于同一类型：用于建筑材料。如果你还回答出打狗、赶猫、敲钉子、做家具垫脚、铺路、压东西、自卫武器等等，你的思维就具有一定的变通性，因为上述用途已涉及到几种不同的类别。如果你的答案是一般人所难想到的，你的发散思维就具有一定独特性。

3. 包含“三角形”的物品大致有以下几类：（1）物品中所包含的正规三角形，如红领巾、三角旗、三角形铅笔等；（2）物品含近似三角形，如金字塔、衣钩、山岳形积木等；（3）物品中含有三角形的三个角的特点，构成主观三角形，如三脚插座、三极管、斜面等。（4）立体三角形，如锥体、漏斗、衣帽架、舞蹈造型等。说出的种类越多，说明发散思维的变通性越好；每一种类中说出的物品越多，说明发散思维的流畅性越好。

4. 和“△”相似或相近的东西有：馒头、涵洞、峭石、山峰、堡垒、城门、隧道口、喷水池、橱窗、问讯窗口、尼龙秧棚、坟墓、萌芽、彩虹、乌篷船、抛物红、仙鹤戏水、镜片、电视机屏幕、枪洞、子弹头、树荫、海上日出、跳水、弯腰、插秧、拱桥、盾牌、活页夹、天边浮云、英文字母“D”等等。回答得越多，发散思维的流畅程度越高。

5. 这些物体可分为以下类型：

植物：菠菜、木

动物：鸭、人

生物：菠菜、木、鸭、人

食物：菠菜、菜油、鸭

矿物：石、铁

含铁物体：铁、菠菜

浮水性强的物体：木、菜油、鸭

常用泥性种植的产品：菠菜、木、菜油

燃料：木、菜油

建筑材料：木、石、铁

以上的分类肯定没有把全部可能的分类都包括在内，你可以运用自己的思维发散能力创造新的分类，创造的类别越多，你的发散思维能力越强。

天文工作者勒莫尼在1750年到1769年间，曾先后12次观察到了天王星，但是有关天文学著作却一直认定，土星是太阳系最边缘的行星，太阳系的范围到土星为止。这一书本知识牢牢地束缚了勒莫尼亚，使他始终未能认识到，他所发现的这颗星也是太阳系的行星之一，直到十几年后，才最终由英国天文学家威廉·赫歇尔于1781年加以认定。

6. 猫和冰箱的相似之处相当之多：两者都有放“鱼”的地方；都有“尾

巴”（冰箱后部的电线犹如“尾巴”）；都有颜色等等。

7. 两个圆、两条直线和两个三角形，可以组成各种有意义的图案。比如：从具体形象出发，可组成“人脸”或组成“落日与山的倒影”；也可从抽象角度考虑，组成等式：△○ = ○△；还可以把抽象与具体结合起来，组成“△ | ○○△”，表示两山（具体）相距 100 米（抽象）等。上述图案组成得越多，表示你的发散思维的流畅性和变通程度越高。

8. 此题没有固定的答案，你可借题发挥，所写的故事结尾越多、越离奇，说明你的总体发散思维能力越高。

第三节 思维重构

职场在线

AlphaZero 横空出世

谷歌旗下人工智能公司 DeepMind 于 2017 年发布了一篇新论文，它讲述了团队如何利用 AlphaGo 的机器学习系统，构建了新的项目 AlphaZero。AlphaZero 使用了名为“强化学习”(reinforcement learning)的 AI 技术，它只使用了基本规则，没有人的经验，从零开始训练，横扫了棋类游戏 AI。

AlphaZero 首先征服了围棋，又完爆其他棋类游戏：相同条件下，该系统经过 8 个小时的训练，打败了第一个击败人类的 AI——李世石版 AlphaGo Lee；经过 4 个小时的训练，打败了此前最强国际象棋 AI Stockfish，2 个小时打败了最强将棋（又称日本象棋）AI Elmo。连最强围棋 AlphaGo 也未能幸免，训练 34 个小时的 AlphaZero 胜过了训练 72 小时的、强大的 AlphaGo Zero。

虽然这么强大，AlphaZero 也只是解决规则明确、完美信息博弈的类似棋类游戏的“通用”引擎，对于更复杂的其他问题，AlphaZero 依然会遇到困难。虽然它并不完美，比方，它没有情感，但它在进步，AI 在进步。面对这么强大的机器，如果，我们普通人不进步，我们的工作将有朝一日会被它替代。

打破你的传统思维并重构一下你的新思维吧，因为这是时代的需要，也是你自身工作、学习和生活的需要。

一、能力目标 Competency Goal

扩展思维视角的方法：不要总是顺着想；将问题进行转化；把直接变为间接。

定势思维、偏见思维等有时会禁锢我们的思想，遏制我们行为。同时，思维模式在我们日常生活和学习中，又经常以单一或多重的形式而存在。因此，我们要重构思维模式，以新思维来培养创新思维能力，只有这样才能使创新成为现实，使职业生涯有一个新的起点。

通过本节学习，你将能够：

理解与运用六顶思考帽、曼陀罗思考法等多种思维工具和方法。

重构思维模式的关键是充分发挥非逻辑思维能力，再以逻辑思维能力给予各种假设验证，从而实现创新思维，提高创新思维能力。

（一）六顶思考帽

思考的最大障碍在于混乱。情感、信息、逻辑、希望和创造性都蜂拥而来。如何使思考变得更加有效率？英国籍马耳他裔学者爱德华·德·博诺开发的六顶思考帽，提供了一种“平行思维”的工具，避免将时间浪费在互相争执上。它强调的是“能够成为什么”，而非“本身是什么”。

1. 六顶思考帽的功能

颜色	感觉与印象	代表功能
白色	中立而客观	代表客观的事实和资讯，中性的事实与数据帽，处理信息的功能。
红色	情感的色彩	代表感觉、直觉和预感，情感帽，形成观点和感觉的功能。
黑色	阴沉的颜色	意味着警示与批判，谨慎帽，发现事物的消极因素的功能。
黄色	乐观的帽子	代表与逻辑相符合的正面观点，乐观帽，识别事物的积极因素的功能。
绿色	春天的色彩	创意的颜色，创造力之帽，创造解决问题的方法和思路的功能。
蓝色	天空的颜色	笼罩四野，控制着整个过程，指挥其他帽子，管理整个思维进程。

2. 六顶思考帽的应用

爱德华博士说：“有两种使用六顶思考帽的基本方法：一种是单独使用某顶思考帽来进行某个类型思考的方法，另一种是连续地使用思考帽来考察和解决一个问题。”

一个典型的六顶思考帽团队在实际中的应用步骤：

（1）陈述问题事实（白帽）。

（2）提出如何解决问题的建议（绿帽）。

（3）评估建议的优缺点：列举优点（黄帽）；列举缺点（黑帽）。

（4）对各项选择方案进行直觉判断（红帽）。

（5）总结陈述，得出方案（蓝帽）。

这种思维区别于批判性、辩论性、对立性的方法，而是一种具有建设性、设计性和创新性的思维管理工具。它使思考者克服情绪感染，剔除思维的无助和混乱，摆脱习惯思维枷锁的束缚，以更高效率的方式进行思考。用六种颜色的帽子这种形象化的手段使我们非常容易驾驭复杂性的思维。

六顶思考帽的方法就比较接近孔子的思想，它注重人的行为，而不分析行为背后的思想动机。

六顶思考帽直接关注和约束人们的行为，而不是力图改变人们的思想个性，所以它得到了广泛的接受。

——【英】爱德华·德·博诺

小案例

全球很多大企业在使用六顶思考帽的方法后，大大缩短了会议讨论时间：芬兰最大的跨国集团 ABB 公司讨论一个国际项目往往要花 30 天，但运用了六顶思考帽之后，讨论时间缩短为两天。一个 IBM 的高层实验室使用这个方法后，会议时间减少为原来的四分之一。

（关于六顶思考帽的具体训练方法，可参考爱德华·德·博诺博士的著作《六顶思考帽》。）

六顶思考帽的概念有两个主要目的：第一个是简化思考，让思考者在某一时间只做一件事情。第二个是让思考者可以自由地转换思考方式。

——【英】爱德华·德·博诺

（二）头脑风暴

所谓头脑风暴（Brain Storming），最早是精神病理学上的用语，是指精神病患者的一种胡思乱想的思维状态，在创造学中转化为无限制的自由联想和讨论，目的在于产生新观念或激发创造性设想。头脑风暴法是由美国创造学家亚历克斯·奥斯本于 1939 年首次提出、1953 年正式发表的一种激发思维的方法。

1. 头脑风暴法的要求

为使参与者畅所欲言，互相启发和激励，达到较高效率，必须严格遵守下列原则：

（1）禁止批评和评论，防止出现一些扼杀性语句和自我扼杀语句。

（2）目标集中，追求设想数量，越多越好。

（3）鼓励巧妙地利用和改善他人的设想。这是激励的关键所在。

（4）参与者一律平等，各种甚至是最荒诞的设想全部被记录下来。

（5）提倡自由发言，畅所欲言，独立思考，不允许私下交谈。

头脑风暴法的设计者是亚历克斯·奥斯本，他也是创造学和创造工程之父，美国 BBDO 广告公司创始人。是美国著名的创意思维大师，创设了美国创造教育基金会，开创了每年一度的创造性解决问题讲习会，并任第一任主席。所著《创造性想象》的销量过 4 亿册。

小案例

头脑风暴法在军事决策和民用决策中得出了较广泛的应用。例如在美国国防部制定长远科技规划时，曾邀请 50 名专家采取头脑风暴法开了两周会议。参加者的任务是对事先提出的长远规划提出异议。通过讨论，得到一个使原规划文件变为协调一致的报告，在原规划文件中，只有 25~30% 的意见得到保留。由此可以看到头脑风暴法的价值。

2. 头脑风暴法实施程序

头脑风暴法的具体运作程序通常分为五个步骤：

（1）确定选题：头脑风暴法适合解决单一明确的问题，不适合处理复杂、面广的对象。

（2）会前准备：会前应该对会议参与人、主持人和选题任务进行落实，必要时可进行柔性训练。

（3）热身：热身的目的在于使与会者逐步地全身心地投入，使大脑进入最佳启动状态。

（4）小型会议：小型会议的与会者以 5~10 人为宜。会议时间大约为半小时到 1 小时。

（5）加工处理：一旦集体讨论结束，马上检查记录结果和开始对各种回应进行评价。

巧过铁桥

战国时，赵国与魏国交战，两军对峙于一条大河的两岸。河上架着一座铁桥，此桥属魏国境地，严禁一切人员通行。守桥的士兵每隔两分钟出来巡逻一次。此桥很长，如果以最快的速度通过此桥，也得要三分钟。

赵国欲派间谍刺探魏国情报，就必须经过此桥到魏国境地。怎么办呢？

一位赵国的情报员最终想出了一个办法，顺利地通过了这座大桥。

你知道他是如何通过的吗？

（答案见本页）

小训练

灯和开关分别在不同的房间，一间房里有甲、乙、丙三盏灯，另一间房则是控制灯的 A、B、C 三个开关，已知每个开关仅控制其中一盏灯，现在三盏灯都是关的，假如只能进这两个房间各一次，你能正确判断出各盏灯分别由哪个开关控制吗？

答案：进入有开关的房间，打开开关 A，在 5 分钟后关闭 A，再打开开关 B。进入有灯的房间，看到亮着的灯为开关 B 控制，用手摸一下除了亮着的灯以外的两盏灯，哪盏灯较热，它的开关就是 A，剩下一盏灯的开关就是 C 了。

（三）德尔菲法

德尔菲法（又名专家意见法），是依据系统的程序，匿名发表意见的方式，即团队成员之间不得互相讨论，不发生横向联系，只能与调查人员发生关系，通过多轮次调查专家对问卷所提问题的看法，经过反复征询、归纳、修改，最后汇总成专家基本一致的看法，作为预测的结果。这种方法具有广泛的代表性，较为可靠。

巧过铁桥答案

他的做法是：趁守桥士兵不在桥上的空隙先从赵国岸边沿着大桥向魏国领地走去，差不多走到一半时，马上从桥上转过身来往回走：这时，守桥士兵出来了，便勒令他回去。他自然就顺利抵达魏国了。

1. 德尔菲法起源

德尔菲法是在 20 世纪 40 年代由赫尔默（Helmer）和戈登（Gordon）首创，1946 年，美国兰德公司为避免集体讨论存在的屈从于权威或盲目服从多数的缺陷，首次用这种方法用来进行定性预测，后来该方法被迅速广泛采用。20 世纪中期，当美国政府执意发动朝鲜战争的时候，兰德公司又提交了一份预测报告，预测这场战争美国必败。政府完全没有采纳，结果一败涂地。从此以后，德尔菲法得到广泛认可。

2. 实施步骤

（1）组成专家小组。按照课题所需要的知识范围，确定专家。专家人数的多少，可根据预测课题的大小和涉及面的宽窄而定，一般不超过 20 人。

（2）提出问题。向所有专家提出所要预测的问题及有关要求，并附上有关这个问题的所有背景材料，同时请专家提出还需要什么材料。然后，由专家作书面答复。

（3）提出预测意见。各个专家根据他们所收到的材料，提出自己的预测意见，并说明自己是怎样利用这些材料并提出预测值的。

美国哲学家杜威在总结了众人的观点后，提出思维“五步法”。他认为新思维产生必须经历五个步骤：一是感到困惑；二是寻找疑点；三是提出假设；四是根据假设而推理；五是通过行动以检验假设。

（4）意见汇总，进行修改。将各位专家第一次判断意见汇总，列成图表，进行对比，再分发给各位专家，让专家比较自己同他人的不同意见，修改自己的意见和判断。也可以把各位专家的意见加以整理，或请身份更高的其他专家加以评论，然后把这些意见再分送给各位专家，以便他们参考后修改自己的意见。

（5）重复反馈。将所有专家的修改意见收集起来，汇总，再次分发给各位专家，以便作第二次修改。逐轮收集意见并为专家反馈信息是德尔菲法的主要环节。收集意见和信息反馈一般要经过三四轮。在向专家进行反馈的时候，只给出各种意见，但并不说明发表各种意见的专家的具体姓名。这一过程重复进行，直到每一个专家不再改变自己的意见为止。

（6）对专家的意见进行综合处理。德尔菲法同常见的召集专家开会、通过集体讨论、得出一致预测意见的专家会议法既有联系，又有区别。德尔菲法能发挥专家会议法的优点，即能充分发挥各位专家的作用，集思广益，准确性高；能把各位专家意见的分歧点表达出来，取各家之长，避各家之短。

（四）世界咖啡

世界咖啡（World Cafe）不是一种咖啡或咖啡馆，而是一种集体对话的形式，因为对话轻松、真诚、自然，跟在咖啡馆边喝咖啡边聊天的效果一样，所以被称为世界咖啡。

Intel公司是设计制造IC芯片的公司，却聘用了一群社会学家与人类学家采用世界咖啡的形式，参与新产品研究开发，不从技术角度而是从人类需求角度出发，提出了人类需要无所不在地利用计算机上网，因此Intel发明了无线上网技术。

1. 世界咖啡的原则

（1）提出会议内容：明确交流目标、参加人数以及会议地点。

（2）创造宜人环境：提供一个热情的、安全的、人性化的环境。

（3）探究相关问题：问题要简单明了、引人入胜、焦点集中。

（4）鼓励贡献见解：尊重和鼓励每个人的独特贡献。

（5）糅合不同观点：鼓励不同观点并探究它们的相互联系。

（6）聆听、洞察与理解：不隐藏个体贡献，集中共同关注点，孕育思想的一致性；注意倾听，串联和构筑出共同想法；当人们鼓励彼此做更深入思考时，最容易催生创造思维。

（7）接受并分享共同发现：将团体的共同智慧显性化，即将集体知识的记录呈现，并使之具有可执行性。

2. 世界咖啡实施程序

世界咖啡要求参会人数不少于 12 人，分成 4 人一组或 6 人一组，谈话不少于 90 分钟。谈话通常分为 3 轮，如果对某些问题有更深入的讨论，也可以进行更多轮的对话。大会需要 1 个主持人，每桌需要有 1 个桌长。实施程序如下表：

<table>
<tr><td rowspan="3">第一轮</td><td>4 ~ 5 个人围坐在类似咖啡座的桌子旁，或围坐成一个谈话小组。展开每次为时 20 ~ 30 分钟的渐进式谈话。</td></tr>
<tr><td>各小组同时开始探讨与工作、生活或社区密切相关的同样的话题。</td></tr>
<tr><td>鼓励各桌主及成员将讨论中出现的重要想法、意见记录下来。</td></tr>
<tr><td colspan="2">完成第一轮讨论后，每桌请一个人留在原位做桌主，其余的人则做“旅行者”或者“意义大使”，将主要的想法、主题或者问题带到新的讨论中。</td></tr>
<tr><td rowspan="2">第二轮</td><td>桌主欢迎新来者，简单介绍刚刚讨论中的主要想法、主题及问题，并鼓励新来者将这桌的想法与他们刚刚各自讨论的内容联系起来。</td></tr>
<tr><td>要注意互相倾听，在各自的贡献上做更深入地思考。几次讨论会将各种想法、主题及问题开始联系在一起。</td></tr>
<tr><td colspan="2">在第二轮讨论结束后，所有桌子讨论的内容都会和前一轮讨论的见识相互结合。</td></tr>
<tr><td>第三轮</td><td>第三次的讨论，所有的人可以回到原位综合整理自己的发现，也可以转移到新的桌子继续讨论，留在座位上的可以是第一次的桌主，也可以是新的桌主。</td></tr>
<tr><td colspan="2">有时候，第三次讨论可以是一个更为深入探讨问题的新题目，这种情况下，讨论可以继续进行下去，每个人继续走到新的咖啡桌旁，和新组合的其他人进行下一轮的讨论。</td></tr>
</table>

几次讨论之后，全体一起分享发现和各自的见解。在这些讨论中，相同的问题可以被确定下来，集体的智慧在成长，行动的可能性也涌现出来。

小案例

为了制定一个未来实验室医学愿景以及商讨采取什么措施向着这一目标前进，美国质量学会会员与顾客供方部的负责人海克先生决定以“世界咖啡”的形式举办可口可乐全球实验室论坛，邀请了大约 40 位极具创意的高层管理者，取得很大的成功。

（五）曼陀罗思考法

曼陀罗思考法是由日本学者今泉浩晃博士提出来的，用来记笔记，训练脑力。它的特点就是结合横向思维和逻辑思维，通过有限维度的扩展同时发展两种思维能力，可以帮我们跳脱平日想不出好构想的直线思考，而将思绪四面八方拓展、轻易产生成千上百的好灵感。

1. 基本型曼陀罗

曼陀罗思考法一般是由九个方格组成，从中间的主题出发，去填满周围八个格子，形成能诱发思考潜能的魔术方块，将直线逻辑变成图像化思考，得到形象的视觉效果，帮助我们提升联想能力，当思想向四面八方辐射、发散时，才可能产生创意，这种丰富的视觉思考比直线思考更有可能挖掘新的创意和潜能。比方，我们为什么要学这个方法，可以这样思考，如下图：

曼陀罗原本是一种原生于印度的花，印度的佛教将其看成天圆地方的宇宙模型。曼陀罗这个词语源自梵文Mandala，寓意聚集诸佛、菩萨、圣者的场所，后来延伸为“获得本质”或“具有本质之物”。而今所言的曼陀罗思考法是指运用类似于曼陀罗的图像启发，图像化思考，从而提升思考力的效果。

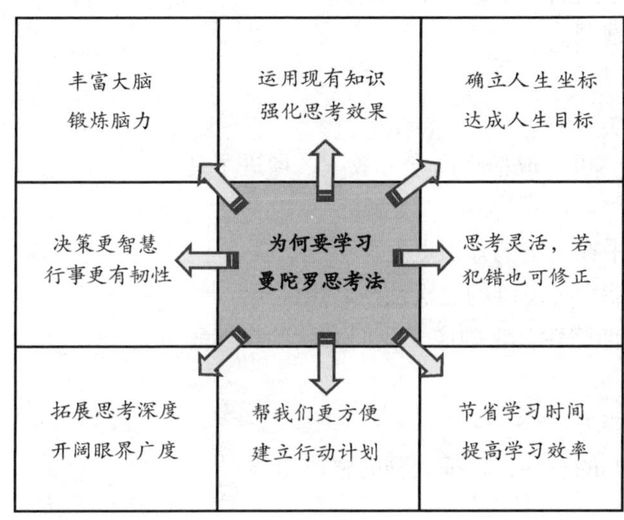

2. 放射型曼陀罗

这是一种没有设限的模式，适合用来收集灵感进行创意思考。使用者在中间填上想要发挥的主题后，便会自然地想要把其他周围的八个空格填满，此时正式创意发挥、点子不断产生的时候，我们还可以把九宫格周围八个格子的想法继续向外扩散，变成中心九宫格外围的八个九宫格当中的中心主题，然后再次采用向四面八方扩展的方式把空格再填满，如果创意无限，则可以生出512个点子，然后再把这些想法加以精简，得到自己想要的。而在直线思考方式中，我们根本没法想象自己在列出一个主题以后，再在纸上条列出512个点子，即使能列出来，也显得杂乱无章。

曼陀罗思考法通常用在下面这些场合：

1. 整理思绪：自我审视、自我了解、行程安排、工作进度、人脉网络和知识笔记。

2. 深入思考：企业管理、经营管理、生涯规划、目标设定和企业诊断。

3. 创意启发：行销规划、活动企划和商品开发。

4. 沟通互动：协调交流、问题解决、聚焦和凝聚共识。

（六）思维导图

思维导图是一种将思维形象化的方法。它是通过带顺序标号的树状的结构来呈现一个思维活动，将放射性思考具体化的过程，它借助可视化手段促进灵感的产生和创造性思维的形成。它以一种独特有效的方法驾驭整个范围的大脑皮层技巧——词汇、图形、数字、逻辑、节奏、色彩和空间感。它是表达发散性思维的有效图形思维工具，简单又有效，是一种革命性的思维工具。

1. 如何绘制思维导图

（1）从一张白纸的中心开始绘制，周围留出空白。

（2）用一幅图像或图画表达你的中心思想。

（3）在绘制过程中使用颜色。

（4）将中心图像和主要分支连接起来，然后把主要分支和二级分支连接起来，再把三级分支和二级分支连接起来，依此类推。

（5）让思维导图的分支自然弯曲而不是像一条直线。

（6）在每条线上使用一个关键词。

（7）自始至终使用图形。

2. 思维导图的优势

（1）使用思维导图进行学习，可以成倍提高学习效率，增进了理解和记忆能力。

（2）把学习者的主要精力集中在关键的知识点上。

（3）增强使用者的立体思维能力（思维的层次性与联想性）。

（4）思维导图具有极大的可伸缩性，它顺应了我们大脑的自然思维模式。

（5）增强使用者的总体规划能力。

（6）思维导图极大地激发我们的右脑，发挥大脑的整体功能。

二、案例分析 Case Discussion

案例一：直升飞机扫雪

有一年，美国北方格外严寒，大雪纷飞，电线上积满冰雪，大跨度的电线常被积雪压断。电信公司经理应用头脑风暴法，尝试解决这一难题。他与会的专业技术人员必须遵守以下原则：

第一，自由思考。即要求与会者尽可能解放思想，无拘无束地思考问题并畅所欲言，不必顾虑自己的想法或说法是否离经叛道或荒唐可笑。

第二，延迟评判。即要求与会者在会上不要对他人的设想评头论足，不要发表“这主意好极了！”“这种想法太离谱了！”之类的“捧杀句”或“扼杀句”。至于对设想的评判，留在会后组织专人考虑。

第三，以量求质。即鼓励与会者尽可能多而广地提出设想，以大量的设想来保证质量较高的设想的存在。

第四，结合改善。即鼓励与会者积极进行智力互补，在增加自己

> 英国心理学家东尼·博赞（Tony Buzan）在研究大脑的力量和潜能过程中，发现艺术家达·芬奇在其笔记中使用了许多图画、代号和连线。他意识到这正是达·芬奇拥有超级头脑的秘密所在。在此基础上，博赞于19世纪60、70年代发明了一种放射性思考(Radiant Thinking)的思维导图(Mind Mapping)这一风靡世界的思维工具。

提出设想的同时，注意思考如何把两个或更多的设想结合成另一个更完善的设想。

大家的设想各种各样：有人提出设计一种专用的电线清雪机；有人想到用电热来化解冰雪；也有人建议用振荡技术来清除积雪；还有人提出能否带上几把大扫帚，乘坐直升机去扫电线上的积雪。对于这种坐飞机扫雪的设想，大家心里尽管觉得滑稽可笑，但在会上也无人提出批评。有一位工程师听到用飞机扫雪的想法后，突然想出了用直升机扇雪的新设想。不到一小时，与会的10名技术人员共提出90多条新设想。

会后，公司组织专家对设想进行分类论证并试验，发现用直升机扇雪真能奏效，一个久悬未决的难题，终于在头脑风暴会中得到了巧妙的解决。

随着发明创造活动的复杂化和课题涉及技术的多元化，单枪匹马式的冥思苦想将变得软弱无力，而“群起而攻之”的发明创造战术则显示出攻无不克的威力。

公元1202年秋天，铁木真率部来到了斡难河畔，河畔有一棵五人方能合抱的大树，大树上系着一个复杂的绳结。据蒙古传说，谁能解开这个绳结，谁就能成为蒙古之王。

每年，蒙古都会有很多人来解这个结。札木合（蒙古札达兰部首领，被称为古儿汗）来过，王汗（蒙古克烈末代首领，原名脱斡或邻勒，金朝封他为“王”，故称“王汗”）也来过，可他们总是不知如何下手，这个结异常复杂，连绳头也看不到。铁木真仔细观察了这个绳结，他也找不到绳头。

他想了想，拔出剑来，将绳结一劈两半，然后对众人说道：“这，就是我铁木真解开绳结的方式！”

案例二：罗勃与椰菜娃娃

几年前，一场“家庭危机”扫荡了美国社会，破碎的家庭愈来愈多，父母离异给儿童造成了心灵创伤，也使得不能抚养子女的一方失去了感情的寄托。

为了弥补这方面的感情空白，罗勃决定开发“椰菜娃娃”，要让这种娃娃成为人们心目中真正的婴儿。

他根据欧美玩具市场正由“电子型”“智力性”转向“温柔性”的趋势，采用先进的电脑技术，设计出了千人千面的“椰菜娃娃”。这些娃娃具有不同的发型、发色、容貌、服饰，千姿百态，可供人们任意“领养”。

为了让“椰菜娃娃”达到更逼真的境界，奥尔康公司每生产一个娃娃，都要在娃娃身上附有出生证、姓名、脚印，臂部还盖有“接生人员”的印章。在顾客“领养”时，要庄严地签署领养证，以确立“养子与养父母”的关系。

为了能够长久地保持这股“领养”的狂热，罗勃继续千方百计地了解顾客的心理需求，根据顾客情感上的需要，他又作出了一系列创造性的决定。

首先，公司在美国各地开设了“娃娃总医院”，由公司的职员装扮成医生或护士。好奇的人们川流不息地跨入“医院”的门槛，一睹“领养”风采。“椰菜娃娃”被领养后，公司还建立了生日档案，每当娃娃的生日时，娃娃的“领养父母”或“养护人”都会收到一份公司寄来的生日贺卡，以进一步联络公司与顾客的感情。

绝妙的是奥尔康公司还销售与“椰菜娃娃”相关的商品，例如娃娃用的床单、尿布、推车、背包和各种玩具。既然顾客“领养”娃娃时，把它作为真正的婴儿和感情上的寄托，当然要购买娃娃必不可少的用品。

从这些独特的创新中，奥尔康公司赚取了高额利润，仅在1984年一年中，销售额就超过10亿美元。

为了让“椰菜娃娃”立于不败之地，罗勃又略施小计，控制“椰菜娃娃”的产量，人为地造成供不应求的现象。

“椰菜娃娃”创意的成功实施，主要经验有两点：一是紧紧扣住当时社会上普遍存在的心理潮流，二是运用了一系列创造性的销售方法。而从创新思维的角度来看，它是创意实施上的“奇迹”。

三、过程训练 Process Training

前苏联著名教育家苏霍姆林斯基说：“儿童的智力发展表现在手指尖上。”他将双手比喻为大脑的“老师”。人体的每一块肌肉在大脑层中都有着相应的“代表区”，即神经中枢，其中手指运动中枢在大脑皮层中所占的区域最广泛。

活动一：T 台秀

（一）规则与程序

1. 每组5人，进行工作分工：3名设计师、1名模特、1名裁判。

2. “设计师”的任务是在规定的时间以报纸为“模特”设计并制作全套的服装。

3. “模特”穿上“设计师”设计的服装后，进行走秀表演，尽量展现出该服装设计的亮点所在。

4. 走秀表演后，“裁判”对各小组的完成情况作评判。以评分的高低和观众掌声的热烈程度作为决定胜负的标准。

（1）时装评判标准：新颖性、观赏性、可行性、搞笑性。

（2）裁判评分必须公平、公正、公开。

（二）相关讨论

1. 每组“设计师“的意见是怎样达成统一的？

2. 创意是否需要实践能力的支持？

（三）总结

1. 一个人对服装的理解在一定程度上反映了他的想象力和思维的开放程度。本游戏中，学员可以任意驰骋想象力，随意发挥个性。

2. 在游戏过程中，3个设计师的眼光和风格肯定不会统一，在这种情况下，是否在充分商量的基础上选取方案，模特也要主动领会设计师的意图，完美展现“服装”的内涵。

3. 需注意，想象力的实现也需要现实的基础来支持。只有创造力和实际条件相互配合，才能做出最好的成绩。

活动二：讨论与分享

（一）教师叙述案例

案例如下：

某天，山洪暴发，一棵大树被洪水从山上冲到了山下。甲、乙二人同时发现了它，于是二人商量如何分树。

甲很想得到这棵树，但一想，也不能说得太直白，不能让乙说自己自私，怕引起乙的不满，便很委婉地对乙说：“树是我们两人同时发现的，你说吧，你说怎么分就怎么分。我家最近要盖新房，分完树我还得回家准备材料去！”乙听了甲的话，自然明白了他的意思，他仔细地看了看那棵树，很大方地对甲说：“你家盖房子需要木料，我要木料也没什么用。这样吧，树根归我，我回去当柴烧，其余的都归你。”甲听了非常高兴，他也很佩服乙的大度。两个人便各自找来家人帮忙，把树按照乙的办法分开了。甲高高兴兴地把树干运了家，乙也在家人的帮助下把树根抬了回去。

甲的家里根本不准备盖新房，只是为得到那棵树才这样讲的。第二天，他就把树卖给了一个准备盖房的人，得了2000元钱。乙的家人听说后都很生气，说乙太笨，让别人得了便宜，乙只是笑了一笑。

过了一段时间，乙发现那个树根也没有什么用，但可以按照形状做成一个根雕，后来那个根雕卖了10万元。甲听说后气得饭都吃不下，但又无可奈何。

> **富翁的遗嘱**
>
> 有一个富翁得了重病，已经无药可救，而唯一的独生子此刻又远在异乡。他知道自己死期将近，但又害怕贪婪的仆人侵占财产，便立下了一份令人不解的遗嘱：“我的儿子仅可从财产中先选择一项，其余的皆送给我的仆人。”富翁死后，仆人便欢欢喜喜地拿着遗嘱去寻找主人的儿子。
>
> 富翁的儿子看完了遗嘱，想了一想，就对仆人说：“我决定选择一样，就是你。”这聪明儿子立刻得到了父亲所有的财产。

（二）相关讨论

1. 听到这个案例，你有什么样的感想？

2. 你曾经有没有或者身边的人有没有这样的变废为宝的例子？如果有，请与大家分享。

提示：其实，即使当时树根给了甲，他也只能把它劈了当柴烧。因为甲和乙相比，甲缺乏一种关键的能力，那就是创新能力。乙特有的创新能力起到了点石成金的作用，使一个常人看来没有多大价值的树根变成了宝贝。

（三）总结

每一件看似不可能的事情摆到面前时，这种“不可能”的心理定势，使每个人都会想到放弃。做了才能成功，但最终的成功不是因为你做了，而取决于你怎样去做。发挥团队智慧，集合团队的创意，一件不可能完成的事情奇迹般地成功了，这就是团队的力量！思维可以指导人们的行动，同时也约束人们的行动。要想成功，唯有敢于超越自己的思维。

四、效果评估 Performance Evaluation

评估：尤金的创造力测试

（一）情境描述

美国心理学家尤金·劳德赛设计了下面的测验题，你只需10分钟左右的时间，就可以测出自己的创造力水平。

注意：回答必须准确、忠实。

答题时，在每一个题后诚实地用“A”表示同意，用“B”表示不清楚，用“C”表示不同意。然后，据题后附表经过统计，得出答案。

1. 我不做盲目的事，也就是我总是有的放矢，用正确的步骤来解决每一个具体问题。
2. 我认为，只提出问题而不想获得答案，无疑是浪费时间。
3. 无论什么事情，要我发生兴趣，总比别人困难。
4. 我认为，合乎逻辑的、循序渐进的方法是解决问题的最好方法。
5. 有时，我在小组里发表的意见似乎使一些人感到厌烦。
6. 我花费大量时间来考虑别人是怎样看待我的。
7. 做自认为是正确的事情，比力求博得别人的赞同要重要得多。
8. 我不尊重那些做事似乎没有把握的人。
9. 我需要的刺激和兴趣比别人多。
10. 我知道如何在考验面前保持自己的内心平静。
11. 我能坚持很长一段时间解决难题。
12. 有时我对事情过于热心。
13. 在特别无事可做时，我倒常常想出好主意。
14. 在解决问题时，我常常单凭直觉来判断“正确”“错误”。
15. 在解决问题时，我分析问题较快，而综合所收集的资料很慢。
16. 有时我打破常规去做我原来并未想到要做的事。
17. 我有收集东西的癖好。
18. 幻想促进了我很多重要计划的提出。
19. 我喜欢客观而又有理性的人。
20. 如果要我在本职工作之外的两种职业中选择，我宁愿当一个实际工作者，也不当探索者。
21. 我能与自己的同事或同行们很好地相处。
22. 我有较高的审美感。
23. 在我的一生中，我一直在追求名利和地位。
24. 我喜欢坚信自己的结论的人。
25. 灵感与获得成功无关。

> 2006年，年仅24岁的尼克熙尔·史云勒斯和西恩·麦克勒斯创办学生富翁网站。在这个网站注册后，你可以把问题贴到网站上，并标注愿意支付的价格，然后等待专家为你解答，或者由网站负责寻找可以答疑的家教。当问题解决后，学生富翁网站从中提取18%的交易额作为佣金。
>
> 现在，网站上平均每次辅导价格为15美元，网站年营业收入高达数百万美元。

26. 争论时，使我感到最高兴的是，原来与我观点不一致的人变成了我的朋友，即使牺牲我原先的观点也在所不惜。

27. 我更大的兴趣在于提出新的建议，而不在于说服别人接受这些建议。

28. 我乐意独自一人整天“深思熟虑”。

29. 我往往避免做那种使我感到低下的工作。

30. 在评价资料时，我觉得资料的来源比其内容更为重要。

31. 我不满意那些不确定的和不可预言的事。

32. 我喜欢一门心思苦干的人。

23. 一个人的自尊比得到他人的敬慕更为重要。

34. 我觉得那些力求完美的人是不明智的。

35. 我宁愿和大家一起努力工作，而不愿意单独工作。

36. 我喜欢那种对别人产生影响的工作。

37. 在生活中，我经常碰到不能用“正确”或“错误”来加以判断的问题。

38. 对我来说，“各得其所”、“各在其位”，是很重要的。

39. 那些使用古怪和不常用词语的作家，纯粹是为了炫耀自己。

40. 许多人之所以感到苦恼，是因为他们把事情看得太认真了。

41. 即便遭到不幸、挫折和反对，我仍然能够对我的工作保持原来的精神状态和热情。

42. 想入非非的人是不切实际的。

43. 我对“我不知道的事”比对“我知道的事”印象更深刻。

44. 我对“这可能是什么”比对“这是什么”更感兴趣。

45. 我经常为自己在无意中说话伤人而闷闷不乐。

46. 即使没有报答，我也乐意为新颖的想法花费大量时间。

47. 我认为，“出主意没什么了不起”这种说法是中肯的。

48. 我不喜欢提出那种显得无知的问题。

49. 一旦任务在身，即使受到挫折，我也要坚决完成。

50. 从下面描述人物性格的形容词中，挑选出10个你认为最能说明你性格的词：

精神饱满的、有说服力的、实事求是的、虚心的、观察力敏锐的、谨慎的、束手束脚的、足智多谋的、自高自大的、有主见的、有献身精神的、有独创性的、性急的、高效的、乐于助人的、坚强的、老练的、有克制力的、热情的、时髦的、自信的、不屈不挠的、有远见的、机灵的、好奇的、有组织力的、铁石心肠的、思路清晰的、脾气温顺的、可预言的、拘泥形式的、不拘礼节的、有理解力的、有朝气的、严于律己的、精干的、讲实惠的、感觉灵敏的、无畏的、严格的、一丝不苟的、谦逊的、复杂的、漫不经心的、柔顺的、创新的、泰然自若的、渴求知识的、实干的、好交际的、善良的、孤独的、不满足的、易动感情的。

> 非经自己努力所得的创新，就不是真正的创新。
>
> ——【日】松下幸之助

（二）评估标准和结果分析

题号	A B C	题号	A B C	题号	A B C	题号	A B C	题号	A B C
1	0 1 2	2	0 1 2	3	4 1 0	4	−2 1 3	5	2 1 0
6	−1 0 3	7	3 0 −1	8	0 1 2	9	3 0 −1	10	1 0 3
11	4 1 0	12	3 0 −1	13	2 1 0	14	4 0 −2	15	−1 0 2
16	2 1 0	17	0 1 2	18	3 0 −1	19	0 1 2	20	0 1 2
21	0 1 2	22	3 0 −1	23	0 1 2	24	−1 0 2	25	0 1 3
26	−1 0 2	27	2 1 0	28	2 0 1	29	0 1 2	30	−2 0 3
31	0 1 2	32	0 1 2	33	3 0 −1	34	−1 0 2	35	0 1 2
36	1 2 3	37	2 1 0	38	0 1 2	39	−1 0 2	40	2 1 0
41	3 1 0	42	1 0 2	43	2 1 0	44	2 1 0	45	−1 0 2
46	3 2 0	47	0 1 2	48	0 1 3	49	3 1 0		

第 50 题得分标准：

1. 下面每个形容词得 2 分：

精神饱满的　观察敏锐的　不屈不挠的　柔顺的

足智多谋的　有主见的　有献身精神的　有独创性的

感觉灵敏的　无畏的　创新的　好奇的

有朝气的　热情的　严于律己的

2. 下面每个形容词得 1 分：

自信的　有远见的　不拘礼节的　一丝不苟的

虚心的　机灵的　坚强的

3. 其余所有词得 0 分。

4. 计算总分，进行评估：

如果你的得分在 110~140 之间，创造力非凡；

如果你的得分在 85~109 之间，创造力很强；

如果你的得分在 58~84 之间，创造力强；

如果你的得分在 30~55 之间，创造力一般；

如果你的得分在 15~29 之间，创造力弱；

如果你的得分在 -21~14 之间，无创造力。

第三章　掌握创新技法

创新技法是建立在认识规律基础上的创新心理、创新思维方法的技巧和手段，是实现创新的中介，是社会快速推出新技术与新产品的一种可用资源。

创新技法的突破是科技发展和社会进步的重要基础和保证，这已为历史所证明。据统计，从1901年诺贝尔奖设立以来，大约有60%~70%的奖项是因科学观念和思路、方法与手段的创新而取得的。在我国建设“创新型国家”的进程中，对创新技法的研究和掌握具有基础性、根本性、科学性和先导性的意义。

创新是科学房屋的生命力。

通过本章的学习，你将能够：

●掌握常见的创新方法原理、实施步骤。

●掌握TRIZ技术主要内容。

●掌握创新过程的阶段和主要特点。

第一节 创新方法

职场在线

共享单车的发展与崛起

共享单车是在我国移动互联网大发展的背景下出现的。2016 年我国手机网民数达到 6.8 亿，智能手机保有量突破 10 亿。同时，移动支付已经成为人们的主要支付方式，2016 年手机网络支付占比突破 70%，这些都是共享单车快速发展的基础。除了最早入局的 ofo 和摩拜单车，整个 2016 年至少有 25 个新企业进入共享单车领域。至 2016 年底，中国共享单车用户数量已达到 1886 万，2017 年用户规模继续保持大幅增长，至 2017 年 5 月，共享单车月活跃用户数接近 7000 万。

在共享单车快速发展的过程中，风险投资起到了巨大的推动作用。ofo 于 2015 年 3 月收到第一笔数百万元天使投资，2016 年起开始扩大融资规模，当年 9 月收到滴滴公司数千万美元投资引发了市场狂热。当 ofo 一个月以后再次进行融资时，参与投资的公司都是中国知名的企业或风险投资机构，融资额更是达到了 1.3 亿美元，估值超过 10 亿美元。摩拜单车与 ofo 的融资历程类似，不到 1 年半的时间内融资 6 次，金额从最初的数百万美元，一路攀升至 2.15 亿美元，估值近 100 亿美元。

共享单车是一种商业模式上的创新，在日渐拥挤的大城市，短距出行一直都是巨大难题，公交、地铁、出租车、私车都无法解决。共享单车的出现将移动互联网和自行车结合了起来，由企业投放车辆，用户只需打开手机应用就能查看附近的车辆，看到有合适的还可以提前预约，不用停车桩，不用办卡，二维码一扫就能开锁，使用完毕停在任意合法非机动车停车点即可，用车成本低到可以忽略，简单方便易用，几乎彻底、完美地解决了城市最后一公里的困扰。

共享单车与普通自行车相比，也有了较大的创新。部分共享单车采用了 GPS 智能锁，用户可以通过手机预约用车，查询骑行轨迹和消耗的卡路里等信息。为了降低损耗和维修成本，有些单车使用了封闭式轴传动取代了传统的链条传动，杜绝了灰尘、降低了噪音、避免了掉链子和意外卷进衣服的尴尬。同样出于降低维修成本的目的，有些企业采用实心内胎加专业凯夫拉防爆层的设计，在免维护的基础上有效降低了骑行过程中的颠簸感。经过这些创新之后，原本已经几十甚至上百年没有太大变化的自行车，完成了科技创新的升级改造。

共享单车，跟打车软件相比，在于它相对来说更创造了一个全新的市场。原来各地市政府也在试图解决最后一公里出行的问题。像上海或者北京这样的城市，现在已经无路可建了。其他大城市，像武汉、深圳，在疯狂地修桥建路，五年之后你也会发现无路可建。这种情况下就要寄希望于公共交通，公共交通就要解决最后一公里出行方便的问题，所以人们想到了自行车这是非常自然的，但将互联网技术、移动支付技术等和自行车结合起来，就是一种创新。

一、能力目标 Competency Goal

黑格尔说："方法是任何事物所不能抗拒的、最高的、无限的力量。"自从人们意识到创新的重要作用后，在生活、学习、工作中不断地探索创新方法，积累创新经验，进行创新活动。如今，创新技法是一个组织能否长期生存的重要依据，是企业长盛不衰的精髓。

> 澳大利亚发生过这样一件事：收获季节里，有人发现一片甘蔗田里的产量提高了50%。经调查发现，这是由于甘蔗栽种前一个月，有一些水泥撒落在这块田地里。科学家们分析后认为，是水泥中的硅酸钙改良了土壤的酸性，而导致甘蔗的增产。这种将结果与原因联系起来的分析方法经常能使我们发现一些新的现象与原理，从而引出发明。由于硅酸钙可以改良土壤的酸性，于是人们研制出了改良酸性土壤的"水泥肥料"。

通过本节的学习，你将能够：

1. 掌握常见的创新技法原理、实施步骤。
2. 在实际学习、生活、工作中运用相关方法解决问题。

（一）设问型方法

1.5W1H 法

5W1H 法是对选定的项目或操作，都要从原因（WHY）、对象（WHAT）、地点（WHERE）、时间（WHEN）、人员（WHO）、方法（HOW）六个方面提出问题进行思考。它们反映的是一个事物的几个方面。从不同的角度来思考问题，往往能够得出比较完善，甚至是意想不到的效果。

（1）WHY（为什么、何因）

为什么要做？是否可省去？为什么要这样做？是否有其他方法更简单？（对 WHERE、WHEN、WHO 合并改变，对 HOW 简化）为什么出现这样的结果？

（2）WHAT（什么，何事）

要做什么？要准备什么？需要协助什么？要预防什么？

（3）WHO（谁、何人）

由谁来做，是一个人还是一个组织？由谁来主管？由谁来监督？由谁来协助？

（4）WHEN（什么时间做、何时）

什么时间开始？什么时间结束？什么时间是关键节点？

（5）WHERE（在哪里、何地）

在什么地方做？协助的工作在什么地方做？从何处开始做？到何处结束？

（6）HOW（怎么做、何法）

工作的流程和方法是什么？如何才能更省力、更快？（考虑前面的 WHEN、WHERE、WHO）过程如何监控？

> 某小学办理新生入学手续时，有两个孩子来报名。他俩长得脸形一样，出生年月日一样，父母姓名也一样。"你们是不是双胞胎？"老师问。"不是！"老师奇怪了，"怎么不是双胞胎呢？那又是什么关系呢？"
>
> 答案：他俩是三胞胎中的两个。

2. 奥斯本检核表法

奥斯本检核表法是能大量开发创新设想的一种简单易行的创新技法，适用于任何类型和任何场合的创新活动，因此冠有“创新技法之母”的美誉。

奥斯本检核表法原有 75 个问题，最终可归纳为 9 个方面（如下表所示）：

序号	检核项目	含义
1	能否他用	现有的事物有无其他的用途，保持不变能否扩大用途，稍加改变有无其他用途？
2	能否借用	能否引入其他的创造性设想？能否模仿别的东西？能否从其他领域、产品、方案中引入新的元素、材料、造型、原理、工艺、思路？
3	能否改变	能否作些改变，如：颜色声音、味道、式样、花色、音响、品种、意义、制造方法？改变后效果如何？
4	能否扩大	可否扩大适用范围？能否增加使用功能？能否添加零部件；能否延长寿命？能否增加长度、厚度、强度、频率、速度、数量、价值？
5	能否缩小	能否体积变小、长度变短、重量变轻、厚度变薄以及拆分或省略某些部分（简单化）？能否浓缩化、省力化、方便化？
6	能否替代	现有事物能否用其他材料、元件、结构、力、设备力、方法、符号、声音等代替？
7	能否调整	现有事物能否变换排列顺序、位置、时间、速度、计划、型号；内部元件可否交换？
8	能否颠倒	现有的事物能否从里外、上下、左右、前后、横竖、主次、正负、因果等相反的角度颠倒过来用？
9	能否组合	能否进行原理组合、材料组合、部件组合、形状组合、功能组合、目的组合？

小案例

能否他用：日本有人通过把理发用的电吹风借来烘干被褥，联想到发明新型被褥烘干机；法国有人借洗衣机的原理，研制了一种便携式洗衣洗碗两用机；有人把拉链的功能用于钱包和衣服上而大获成功。

能否改变：美国的沃特曼对钢笔尖结构作了改革，在笔尖上开了个小孔和小沟，使书写流畅，成了钢笔大王。

奥斯本检核表法的实施步骤如下：

（1）根据创新对象明确需要解决的问题。

（2）根据需要解决的问题，参照表中列出的问题，运用丰富想象力，强制性地一个个核对讨论，写出新设想。

（3）对新设想进行筛选，将最有价值和创新性的设想筛选出来。

3.ECRS 原则

ECRS，即取消（Eliminate）、合并（Combine）、调整顺序（Rearrange）、简化（Simplify），详见下表：

字母	单词	含义
E	Eliminate(取消)	完成了什么？是否必要？为什么？
C	Combine(合并)	如果工作或动作不能取消，则考虑能否与其他工作合并？
R	Rearrange(重排)	对工作的顺序进行重新排列。
S	Simplify(简化)	指工作内容和步骤的简化，亦指动作的简化，能量的节省。

ECRS 原则是一种流程改善的工具，对现有组织，工作流程，操作规程以及工作方法从“取消—合并—重排—简化”四个方面进行持续改进。一般来讲，运用 ECRS 原则能够达到优化流程，减少不必要的浪费，从而带来更高的生产效率。

许多大型超市里，将陈列台和库存区合并在一个区域内，例如水果区，陈列台上摆放的是各类水果，陈列台下则存放的是台上水果的库存，这样的摆放使货物在入库时直接放入台下，然后拿到陈列台上售卖。整个过程取消了商品入库的操作，达到流程简化的效果。

（二）组合型方法

1. 主体附加法

主体附加法是指以某一特定的对象为主体，通过置换或插入其他技术或增加新的附件而形成创新的方法。

实施步骤：

（1）有目的地选定一个主体。

（2）全面分析主体的缺点或提出新的希望和功能。

（3）考虑能否在不变或略变主体的前提下，通过增加附属物以克服或弥补主体的缺陷。

（4）考虑能否利用或借助主体的某种功能，附加一种别的东西使其发挥作用。

> 独辟蹊径才能创造出伟大的业绩，在街道上挤来挤去不会有所作为。
>
> ——【美】布莱克

2. 二元坐标法

二元坐标法就是借用平面直角坐标系在两条数轴上标点（元素），按序轮番地进行两两组合，然后选出有意义的组合物的创新方法。二元坐标法形式简捷而不单调，运用时不受任何限制，适宜于个人或集体的创造活动。实施步骤如下：

（1）列出联想元素。列举联想元素可以随心所欲，无任何限制条件，但联想元素最好取名词、形容词、动词等。

（2）对所列元素进行两两组合。

（3）进行联想和判断。对于每一交叉点的元素作正反两个方面的联想与判断。

（4）从联想图中摘出有意义的联想。如照明日历（带日历的台灯或夜光日历）。

（5）对有意义的联想进行可行性分析。如“会说话”和“锁”组合，

> 我们对于新奇的事物都自自然然地感到兴趣，而对熟悉的事物发生兴趣，却是违反天性的。
>
> ——【美】马克·吐温

可以引申为防盗锁、报警锁、音乐门锁或者声控锁。

小训练

1. 一个人体内有两颗心脏，而且都跳动得很正常。可能吗？

2. 在大洋洲的某个村庄里，所有的人都只有一只右眼。可能吗？

3. 一年中有些月份有30天，有些月份有31天。那么有多少个月有28天？

4. 某地正处于雨季。某天半夜12点下了一场大雨。请问，过72小时后，该地会不会出现太阳？

左侧正文小训练参考答案：

1. 有可能，这个人是孕妇。

2. 可能。世界上没有人有两只右眼。

3. 12个月。每个月都会有28天。

4. 不会。72小时后是半夜。

3. 焦点法

焦点法是以一预定事物为中心、为焦点，依次与罗列的各元素一一组合构成联想点，寻求新产品、新技术、新思想的推广应用和对某一问题的解决途径。

实施步骤：

（1）选择焦点。焦点就是你希望创新的事物，或者是准备推广的思想技术，将共填入一中心圆圈内。

（2）列举与焦点无关的事物或技术。可以从多角度、多方面罗列，尽量避免找与焦点事物相近的东西，甚至可借助购物指南、技术手册等随意摘录。将所选的内容逐一填入环绕焦点四周的小圆圈内。

（3）强行将小心圆与周围的小圆圈连接，得到多种组合方案。

（4）充分想象，对每种组合提出创造性设想。

（5）评价所有的设想方案，筛选出新颖实用的最佳方案。

一个人是否具有创新能力，是“一流人才和三流人才之间的分水岭”。

——【美】普西（哈佛大学校长）

（三）分析列举型方法

1. 缺点列举法

任何一件产品或商品都不可能十全十美。如果不断发现和挖掘事物的缺点，然后用新的技术加以改革，就会创造出许多新的产品来。

缺点列举法的优点是精力集中，节省时间，容易取得显著效果。有时候只要找出原事物的一个缺点并加以改进，就能产生巨大效益。

实施步骤：

（1）对象剖析。依据一定的原则把研究对象分解为若干个子系统，直至完成基本单元的组合。

（2）缺点罗列。逐一列出各基本单元的各种不足之处。

（3）设想开发。针对已罗列出的各种缺点，逐一提出弥补和改进的设想。

（4）设想处理。

2. 希望点列举法

希望点列举法是通过提出种种希望，经过分类、归纳、整理，确定发明目标的创造方法。

从实际操作的角度来看，希望点列举法既适用于对现有事物的提高又适用于在无现成样板的前提下设计新产品，创建新方法等，而且以后一种情况更为有效。

实施步骤：

希望点列举法有个人操作方式和集体操作方式两种。个人操作方式同缺点列举法类似。集体操作时，首先激发和收集人们的希望；其次仔细研究人们的希望，形成希望点，所谓希望点是指创新性强、科学、可行的希望；最后以希望点为依据，创造新产品满足人们的需要。

（四）联想类比型方法

1. 类比法

类比法就是根据事物在某些方面的相似点或相同点，推敲出在其他方面可能存在的相似点或相同点，以此来进行创新的一种逻辑方法。

（1）直接类比法。从自然界或者已有成果中寻找与创新对象相似的东西，将两者彼此模仿或比较，达到触类旁通。

小案例

听诊器其实是一位法国医生在受到孩子们“击木传声”的游戏启发后，通过直接类比发明的。

鲁班发明锯子就是从草割破手指而得到启发的。

农机师看了机枪连射发明了机枪式播种机。

发明飞机的莱特兄弟的名言是“谁要飞行，谁就仿鸟”。

（2）因果类比法。根据两个事物各自属性之间可能存在的相同的因果关系而进行推理的创新方法。例如，羽绒服既保暖又挡风，当人们看到它的优点时，就会根据因果类比，将其应用范围扩大，像羽绒被、羽绒手套、羽绒靠垫等都是这种类比创新法作用的结果。

（3）对称类比法。回归自然，回味生活，你会发现自然界和日常生活中的许多事物都存在着对称现象。比如，在发现负电子时，有人认为根据对称原则，自然界应该还存在着正电子。果然，经过努力，科学家在宇宙射线中发现了正电子。

（4）综合类比法。根据一个对象要素间的多种关系与另一对象综合相似而进行的类比推理，科学研究和工程技术上的物理模拟方法，就是综合类比的具体应用。

2. 移植法

移植法是把某一事物或领域的原理、结构、功能、方法、材料等移植到另一事物或领域中去，用于变革事物的创新方法。其实质是借

不锈钢的发明

英国科学家亨利·布里尔利，在研究一种不易磨损的合金钢用来制造枪炮。他在钢中加入各种金属进行实验，试验了很久没成功，试验留下的废钢铁一大堆。一天在倒废钢铁时，发现有几块钢铁没有锈，他感到很奇怪。捡起来进行分析，发现含碳 0.24%、铬 12.8% 的铬钢，在任何情况下都不易生锈。虽然它太贵、太软不能做枪炮，但用它制造餐具却太合适了。因而获得了不锈钢发明专利，并与别人合伙办了一个餐具厂，轰动欧洲。

用已有的创新成果进行新目标下的再创新，使已有的成果在新的条件下进一步延续、发挥和拓展。

（1）原理移植。原理移植是将某种科学技术原理向新的研究领域类推和外延。例如，磁自从被发现后，科学家就巧妙地将其应用到很多领域，创造了很多的发明。

（2）技术移植。技术移植是进行技术改造、调整产业结构进行创新的一种有效的方法。技术移植的渠道主要有：科研→生产、军工→民用、城市→农村、沿海→内地、国外→国内，等等。

（3）方法移植。现代的企业家纷纷学习兵书《孙子兵法》，将其中的经典战略和奇妙战术用于商战，不断拓宽企业在市场上的规模和提高企业的知名度。

（4）结构移植。是将某种事物的结构形式或特征向另一事物移植，以开发出新产品、发挥新作用的创新方法。比如现在的掌上电脑，就是根据手机来设计的，又轻巧又便捷，实在是精妙的发明。

这个世界变得越来越发达，同时由于发达之后导致很多人感觉无聊，当这个世界变得出奇无聊的时候，有些人就变得出奇聪明，把别人的无聊变成现金，这就是想象力。

——江南春

（五）其他创新方法

1. 仿生学

仿生学是一门新兴的边缘学科，是近些年来从生物科学技术之间发展起来的。通过研究各种生物系统的功能原理作用机制，利用仿生学原理来进行创新的一种方法。比如，人们根据蛙眼的视觉原理，成功研制了电子蛙眼，能准确无误地识别出特定形状的物体。

小思考

在北极繁殖但却要到南极去越冬、每年在两极之间往返一次的北极燕鸥的迁徙距离达5万公里以上，一生的飞行距离达数百万公里以上，其导航系统的大脑却不到20克重，且能数千米高空、数万公里精准定位，而飞机的导航仪器却是一个庞大、复杂而笨重的系统，却常常因为能见度差或雷雨天气而不能起降。

在这个方面我们能否学习一下燕鸥呢？

开始走第一步的人，也许他脚下穿的鞋子就是他最后穿的一双。

——【法】维克多·雨果

2. 观察法

观察法的应用十分广泛而古老。从古到今，在自然科学中，诸如天文、气象、地质等都是靠观察法逐步发展起来的，在中医药应用领域中起着举足轻重的作用。

3. 实验法

实验也是一种应用广泛的创新研究方法。它是在特定条件下，对研究对象进行考察的创新方法。根据研究对象的形状与要求，可分别采用以下试验的方法：利用定性试验去鉴别是与否；用定量试验确定量的关系等。

4. 信息法

随着科学技术的突飞猛进，每天都有大量的新信息通过各种媒介传播，信息已成为人们创造的重要资源。谁在第一时间掌握的信息越多，谁成功的机率就越大。通过收集高质量的信息，可以全面地认识某一创新领域或创造链的发展态势，进而找出创新课题，获得创新成果。

总之，创新方法有很多，可能还有一些创新方法隐藏在知识背后，可能正在等着我们去挖掘呢。

英国细菌学家、生物化学家弗莱明（1881—1955）在做培育葡萄球菌的实验时，偶然发生有器皿中的葡萄球成片死亡，研究发现是青霉孢子在作怪。于是他将目标转向青霉孢子的杀菌研究，最终发明了青霉素。青霉素的发现，使人类找到了一种具有强大杀菌作用的药物，结束了传染病几乎无法治疗的时代，并使人类平均寿命延长了10年以上！

二、案例分析 Case Discussion

案例：百事可乐挑战可口可乐

可口可乐牌子老，给人印象深刻，再加上它有解渴、消乏、提神的功效，故一直雄踞西方饮料业榜首。百事可乐初期成绩平平，在美国国内只属于小规模饮料企业。但他们不甘久居人下，经过精心研制，终于生产出新型饮料，在口感和功效等许多方面与可口可乐不相上下。

要想与可口可乐这种老牌货较量，必须得亮出杀手锏才有可能取胜。为了以小搏大，通过营销手段使公司得到发展，百事可乐煞费苦心。

百事可乐公司借力打力，在美国各地展开了各种形式的促销活动。为了让顾客增强对自己产品的信心，他们让顾客蒙住双眼，比较可口可乐和百事可乐的区别。顾客品尝以后，居然难以区别。

没想到这小小的一招，竟然打乱了可口可乐公司的阵脚。百事可乐神气十足地走入各超级市场和饮食店。这是百事可乐公司在美国国内市场赢得的第一场胜利。但他们并不满足，又不断向国外发展，谋求在全球竞争中取得市场突破。

可口可乐开始反击，公司组织科研人员连夜公关，研制出可口可乐的新型饮料，它一改过去的模式，口感更加浓烈，更注重提神和解渴效果。这一新的饮料的研制成功立刻对百事可乐构成一种新威胁，许多消费者家中又纷纷摆上了可口可乐。

百事可乐公司以不变应万变，广泛发布一幅通栏广告，称："大家知道，某种东西如果是好的就用不着改变它，百事可乐的成就迫使对方出此下策。"不但如此，百事可乐公司还专门召开记者招待会说，可口可乐改变配方，正好证明了百事可乐的胜利。

采用新配方后，可口可乐引起众多老顾客的强烈不满，美国各地成千上万人纷纷来信或来电表示反对，有不少地方的可口可乐爱好者甚至还成立了俱乐部，要求可口可乐公司弃新复旧。在这种情况下，该公司只好决定顺应顾客传统习惯，恢复原来的配方，而百事可乐则努力扩大市场份额。

百事可乐公司成功的关键在于“运作”。“运作”就是智慧谋略，就是方法技巧，就是天时、地利、人和。通过智慧地运作，百事可乐公司找到了发展的支点，捕获了可以利用的商机。敢于“四两拨千斤”，需要智慧，更需要勇气，百事公司正是将创新的方法运用得炉火纯青，终于大获全胜。

三、过程训练 Process Training

活动：用奥斯本检核表法改进玻璃杯

常用的玻璃杯很方便，也很好用，也可以用在很多地方。但它可能还有更多更好的用处我们没有发现，现在就让我们在下列改进的基础上，再增加一些功能和设想。

请把你的新想法和新方案填写在表格的画线处：

序号	检核项目	发散性设想	初选方案
1	能否他用	作灯罩、可信用、当量具、作装饰、作圆规 你的新想法：________________	装饰品 新方案________
2	能否借用	自热杯、磁疗杯、保温杯、电热杯、音乐杯、防爆杯 你的新想法：________________	自热磁疗杯 新方案________
3	能否改变	塔型杯、动物杯、防溢杯、自洁杯、密码杯、幻影杯 你的新想法：________________	自洁幻影杯 新方案________
4	能否扩大	不倒杯、防碎杯、消防杯、过滤杯、多层杯 你的新想法：________________	多层杯 新方案________
5	能否缩小	微型杯、超薄杯、可伸缩杯、扁型杯、勺型杯 你的新想法：________________	伸缩杯 新方案________
6	能否替代	纸杯、一次性杯、竹木制杯、可食用杯、塑料杯 你的新想法：________________	可食用材质杯 新方案________
7	能否调整	系列装饰杯、系列高脚杯、系列口杯、酒杯、咖啡杯 你的新想法：________________	系列高脚杯 新方案________
8	能否颠倒	透明不透明、彩色非彩色、雕花非雕花、有嘴无嘴 你的新想法：________________	透明雕花杯 新方案________
9	能否组合	与温度计组合、与香料组合、与中草药组合、与加热器组合 你的新想法：________________	与中草药组合杯 新方案________

四、效果评估 Performance Evaluation

评估：创造力测试

（一）情境描述

下面是 20 个问题，要求应聘者回答。如符合他的情况，则让他在（　　）里打上“√”，不符合的则打“×”。

1. 听别人说话时，你总能专心倾听。（　　）
2. 完成了上级布置的某项工作，你总有一种兴奋感。（　　）
3. 观察事物向来很精细。（　　）
4. 你在说话以及写文章时经常采用类比的方法。（　　）
5. 你总能全神贯注地读书、书写或者绘画。（　　）
6. 你从来不迷信权威。（　　）
7. 对事物的各种原因喜欢寻根问底。（　　）
8. 平时喜欢学习或琢磨问题。（　　）
9. 经常思考事物的新答案和新结果。（　　）
10. 能够经常从别人的谈话中发现问题。（　　）
11. 从事带有创造性的工作时，经常忘记时间的推移。（　　）
12. 能够主动发现问题以及和问题有关的各种联系。（　　）
13. 总是对周围的事物保持好奇心。（　　）
14. 能够经常预测事情的结果，并正确地验证这一结果。（　　）
15. 总是有些新设想在脑子里涌现。（　　）
16. 有很敏感的观察力和提出问题的能力。（　　）
17. 遇到困难和挫折时从不气馁。（　　）
18. 在工作遇上困难时，常能采用自己独特的方法去解决。（　　）
19. 在问题解决过程中找到新发现时，你总会感到十分兴奋。（　　）
20. 遇到问题，能从多方面、多途径探索解决它的可能性。（　　）

生活不是静止，而是同静止作斗争，是创作，是创造，是对“永恒旧事物”的吸引力的永恒反抗。

（二）评估标准和结果分析

如果 20 道题答案都是打“√”的，则证明创造力很强；如果 16 道题答案是打“√”的，则证明创造力良好；如果有 10~13 题答案是打“√”的，则证明创造力一般；如果低于 10 道题答案是打“√”的，则证明创造力较差。

第二节　矛盾解决

职场在线

TRIZ 利用矛盾矩阵解决问题

问题：常规的扳手拧开生锈的螺母非常困难，还经常损坏螺母。

解决这个问题有三个方案：

1. 提高制造精度，使扳手内侧和螺母侧面较好吻合；

2. 允许扳手的侧面做自我调整，使其与螺母的侧面相符；

3. 使用软一些材料做扳手，以使不损坏螺母。

上述三个方案中的第一个最切实际。但如果制造精度越高，工艺性则越差。

根据前面的分析参照矛盾矩阵表，确定它们之间相应的技术冲突：试图改进的因素参数——No. 31“物体产生的有害因素”、变坏的因素——No. 29“制造精度”。

从矛盾矩阵表可得到四组数据，再将这些数据对照 40 条创造发明原理表，即可得到 4 条推荐的发明原理：

No. 04 不对称、No. 17 变维、No. 34 抛弃和再生、No. 26 复制。

对 No. 04 和 No. 17 两条发明原理进行深入分析表明：如果扳手工作面与螺母侧面能多点接触，而不只是棱角单点接触，问题就可以得到解决。

该设计于 1995 年在美国获得了专利，METRINCH 公司基于这项技术开发出系列扳手，获得了巨大利润。

TRIZ 理论具有鲜明的特点和优势。它成功地揭示了创造发明的内在规律和原理，着力于澄清和强调系统中存在的矛盾，而不是逃避矛盾，其目标是完全解决矛盾，获得最终的理想解，而不是采取折衷或者妥协的做法，而且它是基于技术的发展演化规律研究整个设计与开发过程，而不再是随机的行为。

一、能力目标 Competency Goal

创新是发展的动力和源泉，是战胜挑战、走出困境的唯一法则。创新并不是闭门造车，也不是没有方向地乱跑，用现成的技法来帮助创新，正是我们人类能持续创新的秘密所在。创新技法是创新者把创造性思维与创造经验、成果相结合而总结出来的具有普遍规律的智慧结晶。创新发明问题的本质就是现有事物与我们的期望发了矛盾和冲突，所以解决这个矛盾和冲突就是创新发明的关键点。TRIZ 理论就是帮我们解决这个矛盾的行之有效的方法。

通过本节的学习，你将能够：

1. 掌握 TRIZ 技术主要内容。
2. 了解如何运用 TRIZ 技术解决创新发明的矛盾冲突。

TRIZ 是俄文 теории решения изобрет-ательских задач的英文发音 Teoriya Resheniya Izobreatatelskikh Zadatch 的缩写，其英文全称是 Theory of the Solution of Inventive Problems，即发明问题解决理论。

TRIZ 由一位前苏联学者阿齐舒勒（G. S. Altshuller，1926-1998）和他的同事于 1946 年最先提出，最初是从 20 万份专利中取出符合要求的 4 万份作为各种发明问题的最有效的解。他们从这些最有效的解中抽象出了 TRIZ 解决发明问题的基本方法，这些方法又可以普遍适用于新出现的发明问题，协助人们获得这些发明问题的最有效的解。现在，国际上已经对超过 250 万项出色的专利进行过研究，并大大充实了 TRIZ 的理论和方法体系。

如今，TRIZ 正成为许多现代企业创新的工具，它可以轻易解决那些看似不可能解决的问题并形成专利，提升企业的核心竞争力。

> 阿齐舒勒总是考虑这样一个问题：当人们进行发明创造、解决技术难题时，是否有可遵循的科学方法和法则，从而能迅速地实现新的发明创造或解决技术难题呢？答案是肯定的！阿齐舒勒穷其毕生的精力致力于 TRIZ 理论的研究和完善。在他的领导下，前苏联的研究机构、大学、企业组成了 TRIZ 的研究团体，分析了世界近 250 万份高水平的发明专利，总结出各种技术发展进化遵循的规律模式，以及解决各种技术矛盾和物理矛盾的创新原理和法则，建立一个由解决技术，实现创新开发的各种方法、算法组成的综合理论体系，并综合多学科领域的原理和法则，建立起 TRIZ 理论体系。

（一）TRIZ 理论主要内容

创新从最通俗的意义上讲就是创造性地发现问题和创造性地解决问题的过程，TRIZ 理论的强大作用正在于它为人们创造性地发现问题和解决问题提供了系统的理论和方法工具。

现代 TRIZ 理论体系主要包括以下几个方面的内容：

1. 创新思维方法与问题分析方法

TRIZ 理论中提供了如何系统分析问题的科学方法，如多屏幕法等；而对于复杂问题的分析，则包含了科学的问题分析建模方法，如物—场分析法，它可以帮助快速确认核心问题，发现根本矛盾所在。

2. 技术系统进化法则

针对技术系统进化演变规律，在大量专利分析的基础上 TRIZ 理论总结提炼出八个基本进化法则。利用这些进化法则，可以分析确认当前产品的技术状态，并预测未来发展趋势，开发富有竞争力的新产品。

3. 技术矛盾解决原理

不同的发明创造往往遵循共同的规律。TRIZ 理论将这些共同的规律归纳成40个创新原理，针对具体的技术矛盾，可以基于这些创新原理、结合工程实际寻求具体的解决方案。

4. 创新问题标准解法

针对具体问题的物—场模型的不同特征，分别对应有标准的模型处理方法，包括模型的修整、转换、物质与场的添加等等。

5. 发明问题解决算法

主要针对问题情境复杂，矛盾及其相关部件不明确的技术系统。它是一个对初始问题进行一系列变形及再定义等非计算性的逻辑过程，实现对问题逐步深入的分析，问题转化，直至问题的解决。

6. 基于物理、化学、几何学等工程学原理而构建的知识库

基于物理、化学、几何学等领域的数百万项发明专利的分析结果而构建的知识库可以为技术创新提供丰富的方案来源。

研究发明问题给阿齐舒勒带来了莫名其妙的牢狱之灾，他被投进莫斯科监狱。但他拒绝签署认罪书而被连轴审讯，整夜审讯，白天也不允许睡觉，阿齐舒勒明白如果这样下去他将生存无望。他将问题确定为：我怎么才能同时即睡又不睡呢？这项任务看起来很难完成。他被允许的最大的休息是在椅子上睁着眼。这意味着：要想睡觉，他的眼睛必须同时又睁着又闭着，这就容易了。他从烟盒上撕下两片纸，用烧过的火柴头在每片纸上画一个黑眼珠。他的同囚室友将两片“纸眼珠”蘸上口水粘在他闭着的眼睛上。然后他就坐着，冲着牢房门的窥视孔，安然入睡。这样他天天都能睡觉。以致他的审讯者很奇怪，为什么每天夜里审讯他时他还那么精神。

（二）TRIZ 解决问题的过程

发明问题解决理论的核心是技术进化原理。按这一原理，技术系统一直处于进化之中，解决冲突是其进化的推动力。进化速度随技术系统一般冲突的解决而降低，使其产生突变的唯一方法是解决阻碍其进化的深层次冲突。

阿齐舒勒依据世界上著名的发明，研究了消除冲突的方法，他提出了消除冲突的发明原理，建立了消除冲突的基于知识的逻辑方法，这些方法包括发明原理（Inventive Principles）、发明问题解决算法（ARIZ，Algorithm for Inventive Problem Solving）及标准解（TRIZ Standard Techniques）。

在利用 TRIZ 解决问题的过程中，设计者首先将待设计产品表达成 TRIZ 问题，然后利用 TRIZ 工具，如发明原理、标准解等，求出该 TRIZ 问题的普适解或称模拟解（Analogous solution），最后再把该解转化为本领域的解或特解。

（三）创新问题求解的工具和方法

基于以上前提，TRIZ 提出了具体求解创新问题的工具和方法：矛盾矩阵和 40 项创新原则。

TRIZ 之父阿齐舒勒从 4 万个发明专利中发现只有 39 个参数（见

下表 1）可以形成技术矛盾，把它们分别放置于一张表的行和列，行代表需要改进的参数，列代表同时引起恶化的参数，行和列的每个交叉点就是一对参数冲突，这样构成了 39 × 39 的矛盾矩阵。为了解决这些矛盾，Altshuller 总结了 40 项创新原则（见下表 2），对每个矛盾分别给出了几项创新原则。研究人员只需看清矛盾，直接选用相关原则就可找到解决问题的办法。

表 1　39 项技术参数

01. 运动物体的重量	14. 强度	27. 可靠性
02. 静止物体的重量	15. 运动物体作用时间	28. 测试精度
03. 运动物体的长度	16. 静止物体作用时间	29. 制造精度
04. 静止物体的长度	17. 温度	30. 物体外部有害因素作用的敏感性
05. 运动物体的面积	18. 光照度	31. 物体产生的有害因素
06. 静止物体的面积	19. 运动物体的能量	32. 可制造性
07. 运动物体的体积	20. 静止物体的能量	33. 可操作性
08. 静止物体的体积	21. 功率	34. 可维修性
09. 速度	22. 能量损失	35. 适应性及多用性
10. 力	23. 物质损失	36. 装置的复杂性
11. 应力或压力	24. 信息损失	37. 监控与测试的困难程度
12. 形状	25. 时间损失	38. 自动化程度
13. 结构的稳定性	26. 物质或事物的数量	39. 生产率

表 2　40 项创新原则

01. 分割原则	21. 跃过原则
02. 拆出原则	22. 变害为利原则
03. 局部性质原则	23. 反向联系原则
04. 不对称原则	24. “中介”原则
05. 组合原则	25. 自我服务原则
06. 多功能原则	26. 复制原则
07. “玛特廖什卡”原则	27. 用廉价的不持久性代替昂贵的持久性原则
08. 重量补偿原则	28. 代替力学原理原则
09. 预先反作用原则	29. 利用气动和液压结构的原则
10. 预先作用原则	30. 利用软壳和薄膜原则
11. “预先放枕头”原则	31. 利用多孔材料原则
12. 等势原则	32. 改变颜色原则
13. “相反”原则	33. 一致原则
14. 球形原则	34. 部分剔除和再生原则
15. 动态原则	35. 改变物体聚合态原则
16. 局部作用或过量作用原则	36. 相变原则
17. 向另一维度过渡的原则	37. 利用热膨胀原则
18. 机械振动原则	38. 利用强氧化剂原则
19. 周期作用原则	39. 采用惰性介质原则
20. 连续有益作用原则	40. 利用混合材料原则

小案例

一条马路要穿过校园，问题是怎样迫使司机们全程都低速行驶呢？

经讨论得出两个方案：把这段马路全都画上“斑马”线，或者把该地段道路改造成波浪形（Z 字形）曲折道路。第一个办法花费很少，但是成效很差，第二个办法代价昂贵，但却相对牢靠。

当然，最好的办法就是把两个方案的优点结合起来，使它们的缺点都消失，你有什么好办法？

运用TRIZ这种神奇的方法让我们来解决校园街道的问题，就使问题变得很简单了：在普通道路上画上扭曲的斑马线，使它看起来就像波浪路面上的斑马线一样，司机们大脑中的条件反射精确地产生着作用，达到了价格上和效果上的最优结合。

正在怀疑

哲学家笛卡尔坐在桌前沉思，他的学生认为他睡着了，欲唤醒他。当学生发现老师不曾有半点睡意的时候，一时糊涂了，就问："老师，你没有睡觉，坐在那儿干什么？""正在怀疑。"笛卡尔回答。笛卡尔告诫他的学生，我们头脑中原有的知识和观念有些是靠不住的，值得怀疑。一个哲学家必须时时处处把思考调整到"正在怀疑"的状态。

（四）40项创新原则部分示例

1. 分割原则

分割，我们从表面字义上就可以感觉分割的意思，就是把一个物体分割成两个相对独立的部分。再深入一层，就是把物体分割成可组合的多个部分——例如组合家具。

分割可以分成3种情况：

（1）把一个物体分成相互独立的部分，例如火车的车厢，可随意按要求组成不同长度的火车。

（2）将物体分成容易组装和拆卸的部分，如组合家具。

（3）增加物体被分割的程度，如百叶窗。

分割可以降低系统的规模和粒度，增加系统的灵活性，弹性和可维护性；同时使得社会化生产，流水化作业成为可能。但分割也有其弊，可能会增加系统的复杂性，降低了系统的坚固性，带来额外的设计。

小案例

可调节百叶窗

人们使用的传统的幕布窗帘只能拉上或拉开，因此光线要么太强要么太弱。于是，人们利用TRIZ的1号创新原理：分割原理，"提高系统的可分性，以实现系统的改造"，发明了可调节的百叶窗，只要调节百叶窗叶片的角度，就可以控制外界射入的光线的强弱。

2. 不对称原则

如果对称的形状无法满足系统功能要求，将对称的形状改为非对称；对于非对称的系统，则提高非对称的程度。

例如电气的插头，为了避免接错，插头做成了三角形形状；USB接口为避免插反，也采用了不对称的设计。

3. 组合/合并原则

组合原理包括：

（1）在空间上，将相同的物体或相关操作加以组合；

（2）在时间上，将相同或相关的操作加以合并。

电脑的主机就是一个组合的例子。主机里面一个非常重要的部件就是主板电路板（PCB 板），它是有成百上千个芯片和集成电路构成的，而每个集成电路和芯片又是由成百上千个元器件构成。这样，成千上万个元器件构成了一个庞大的电路系统，这个电路系统又支撑、配合着电脑的其他部件一起完成各种操作。

4. 嵌套原则

嵌套就是：

（1）将第一个物体嵌入第二个物体，然后将这两个物体一起嵌入第三个物体……比如（一组）量杯（匙）

（2）让物体穿过另一物体的空腔。比如：伸展天线、伸缩变焦镜头。

最典型的物品除了俄罗斯套娃之外，还有电视天线，照相机的长焦距镜头，自拍杆等等。

光导纤维或称光纤是上世纪最重要的嵌套工程，我们大家都是受益者。把一根玻璃圆柱和一根玻璃管嵌套起来，使它们没有间隙，当光线从它们的端面以特定角度入射时就会发生全反射。换句话说，这两层玻璃的界面就像镜面一样，使光线从这个端面传到另一端面。这还不是光纤，把这个嵌套组合加热到软化点，拉伸，拉到很细很细，就成了光纤。光纤目前是有线传输的重要载体。

沉舟侧畔千帆过，病树前头万木春。
——【唐】刘禹锡

小案例

20 世纪、21 世纪是电的时代。电的普及应用在很大程度上得益于一种重要的嵌套：金属导线与绝缘套管的嵌套，即绝缘导线，俗称电线。多根绝缘导线与外保护层的嵌套又组成了电缆。想想吧，如果没有电线或电缆，我们的世界会是什么样子？首先，因为只有金属裸线，输电线路走地下是不可能了，电线杆会密如蛛网。然后，工厂的机床、配电柜要比现在大许多，为的是裸线之间保持安全距离。在家居中，电熨斗、电吹风、电水壶拖着金属裸线谁还敢用？幸亏这一切都没发生——全是嵌套的贡献。

你能等 100 年得到启发，或者你能用 TRIZ 原则在 15 分钟内解决问题。TRIZ 这个强而有力的工具消除在不同性能测量之间的冲突所引起对妥协和交换的需要，为创新带来了可执行的方法论。
——【前苏联】阿齐舒勒

5. 周期作用原则

（1）从连续作用过渡到周期作用（脉冲）；

（2）如果作用已经是周期的，则改变周期性；

（3）利用脉冲的间歇完成其他作用。

例如汽车上的雨刷器，完成的就是重复作用，这就是运用了周期作用原则；再例如医院使用的呼吸机，利用人的呼气期和吸气期周期性地帮助病人呼吸。

小案例

周期作用还有一个常见例子就是汽车的防抱死技术（ABS），本来刹车是一个连续的过程：一脚踩下去，直至停车，但是在刹车初期，轮胎尚能按照预期增大摩擦力，但随着摩擦力的增加，轮胎橡胶急剧发热，发生变形，导致摩擦力迅速降低，这就不能达到我们的预期；防抱死系统是把刹车过程分成若干个“点刹”，当某一个瞬间轮胎开始变热，轮胎就开始转过一个角度，把变热的点放过去，让一段新的冷橡胶摩擦地面……这样就解决了轮胎高温变形摩擦力下降的问题。

（五）TRIZ 矛盾矩阵表

矛盾矩阵表见本书附录。

矛盾矩阵表用来解决技术矛盾，即不同参数之间有矛盾。

竖着的列，都是想要改善的参数；横着的行，都是不想被恶化的参数。在竖着的列，找出你想要改善的参数；再在横着的行，找到你不想要它被恶化的参数，两行（列）相交的那个格子，就是处理这对矛盾时，以往用得最多的解决原理。

> 下载 TRIZ 矛盾矩阵表请点击 CVCC 项目全国核心能力认证网 www.cvcc.net.cn，链接地址如下：
> http://www.cvcc.net.cn/lecture/show/id/137.shtml

举例说明：我想让桌子变大（越大越能多放东西），但是桌子越大就越重（对承载的压力较大），这是“静止物体的尺寸”和“静止物体的重量”之间的矛盾，是一对技术矛盾。用矛盾矩阵表时，先从竖着的列，找到“静止物体的尺寸”（编号 4），再从横着的行，找到“静止物体的重量”（编号 2），两两交叉的格子，有 35、28、40、29 这几个数字，是 40 个发明原理中的编号，分别是原理 35 物理或化学参数改变原理、28 机械系统替代原理、40 复合材料原理、29 气压和液压结构原理。

这样看，你是不是有了眉目了啊？

TRIZ 的原理、算法也不局限于任何特定的应用领域。它是指导人们创造性解决问题并提供科学的方法、法则，可以广泛应用于各个领域创造性地解决问题。如今，它已在全世界得到了广泛应用。

二、案例分析 Case Discussion

> 开始走第一步的人，也许他脚下穿的鞋子就是他最后穿的一双。
> ——【法】雨果

案例一：TRIZ 算法解决问题实例

摩擦焊接是连接两块金属的最简单的方法，将一块金属固定并将另一块对着它旋转。只要两块金属之间还有空隙就什么也不会发生，但当两块金属接触时接触部分就会产生很高的热量，金属开始熔化，再加以一定的压力两块金属就能够焊在一起。一家工厂要用每节 10 米的铸铁管建成一条通道，这些铸铁管要通过摩擦焊接的方法连接起来。但要想使这么大的铁管旋转起来需要建造非常大的机器，并要经过几个车间。

解决该问题的过程如下：

最小问题：对已有设备不作大的改变而实现铸铁管的摩擦焊接。

系统矛盾：管子要旋转以便焊接，管子又不应该旋转以免使用大型设备。

问题模型：改变现有系统中的某个构成要素，在保证不旋转待焊接管子的前提下实现摩擦焊接。

对立领域和资源分析：对立领域为管子的旋转，而容易改变的要素是两根管子的接触部分。

理想解：只旋转管子的接触部分。

物理矛盾：管子的整体性限制了只旋转管子的接触部分。

物理矛盾的去除及问题的解决对策：用一个短的管子插在两个长管之间，旋转短的管子，同时将管子压在一起直到焊好为止。

TRIZ 算法具有优秀的易操作性、系统性、实用性以及易流程化等特性，尤其对于那些问题情境复杂、矛盾不明显的非标准发明问题，它显得更加有效和可行。在经历了不断完善和发展的过程后，目前 ARIZ 已成为发明问题解决理论 TRIZ 的重要支撑和高级工具。

伟大的思想家亚里士多德认为物体落下的速度和重量成比例。1900 年后意大利科学家伽利略并不因为亚里士多德说过了什么就轻易相信，他透过实验，推翻了亚里士多德的观点，建立了自由落体定律：一切物体如果不受空气的阻力，在同一地点自由落体运动中的加速度都相同。伽利略有如此的创新精神，发现了物理学中的自由落体定律、惯性定律，并发现了抛体运动规律、摆振运动规律等。

案例二：BMW 外形设计

在欧洲那些最初为行人和马车修建的城市里，虽然燃料费用已经颇高，然而交通仍然非常拥挤。为改善此种状况，政府通过加税提高大型汽车在城市里的费用，以鼓励小型汽车的生产。

目前市场上无甚特色的小型汽车，在某种意义上，还不能成为有钱人身份、地位的象征。以生产大型豪华私人轿车为主的德国宝马和奔驰公司，准备联合开发出一种名牌智能化的小型汽车，使其在汽车市场上独领风骚。

如开发出的系列新款迷你形汽车，在城市中使用非常方便：可以增加道路的使用空间，减轻空气污染，缓解交通拥挤，容易停车，而且可以为人们提供价格更为经济、性能更为有效的新型汽车。

问题描述：车身较长，在碰撞中有一个大的变形空间，可以吸收能量，缓解交通事故对人的冲击力，减轻对乘车者的人身伤害。但此种汽车体积较大，比较笨拙，而且在一定程度上造成交通拥挤。而迷你形汽车因为车身较短，不具备这种变形缓冲功能。系统存在的技术矛盾是迷你形汽车车身短与在交通事故中防撞性能降低的矛盾。

解决思路和关键步骤：

本实例应用 TRIZ 理论来解决问题。根据本实例的技术特性矛盾为：

运动物体尺寸（Area of moving object）——物体的线性尺寸，

此例中为长度变短;

能量的消耗(Loss of energy)。

得出相应的创新原则:

TRIZ 第15条创新原则——Dynamicity(动态性)与 TRIZ 第17条创新原则——Shift to a new dimension(一维变多维)。

1. 应用第15条创新原则可以得到如下解决方案:

第15条创新原则为“动态性”,提高运动目标的面积参数(Improve the “area of moving object” parameter)。

迷你型汽车的引擎被设计得位于车身下面,以增加引擎和乘客分隔空间的大小。与客车相比,提升了位于碰撞影响区域上面的乘客空间。其动力装置是一台600cc涡轮控制的3汽缸发动机——完全电控的发动机系统,没有机械连杆与油门或变速杆连接。这种装置激活6速自动变速箱,变速箱可以在若干模式下运作,从完全自动到手工触摸转移,不必使用离合器。

1907年,卢瑟福为了验证导师的原子模型,建议研究生观察镭发射出的高速 α 粒子穿过薄的金属箔片后的偏转情况,结果出人意料。卢瑟福以 α 粒子实验为事实根据,发挥思维的力量建立起类似太阳系结构的原子有核模型,开创了原子能时代。

2. 应用第17条创新原则可以得到如下解决方案:

第17条创新原则为“一维变多维”,将物体一维直线运动变为二维平面运动。迷你形汽车的动力机车安装在滑翔架上,碰撞时车身沿斜面运动,减轻碰撞时的冲击力,并增强了其抵抗外力变形的能力。

凡事有经必有权,有法必有化。

——【清】石涛《苦瓜和尚画语录》

与奔驰公司开发的一种概念车 F300 Life Jet 作比较发现,虽然微小,这种智能型汽车似乎极其宽敞。乘车者坐在在前后纵向排列的两个座位里,前面两个车轮由铰链连接,车身坐落在此悬浮臂上,像摩托车一样,经由一种倾角控制系统控制转向端活动,并且车身前部可以斜靠进入边角。

结论:迷你型汽车本身并没有使用特殊材料来吸收能量,仅仅做了结构上的创新,其抵抗外力变形的能力便可堪与一辆普通轿车相媲美。本实例遵循 TRIZ 理论的基本原则:没有增加新的材料而实现了其预期功能。

三、过程训练 Process Training

活动一:按照 TRIZ 技术设计新信封

(一)学习设计过程

1. 应用背景

文具店出售信封,不同大小和格式的信件或文档有与之相匹配的信封。大页面的文件可用比其稍大些的信封封装以便拆开。人们往往认为撕开胶粘的信封是很快捷方便的,但是,这种方法通常会把信封内的文件撕坏或使信封开口变粗糙。

当然，如果借助某种辅助工具如剪刀且在剪开前抖动信封，就可既不损坏文件又获得好看的开口。但是，该方法给用户带来了不便。因此，设计一种能又快又可靠地拆开的信封很有必要。

新的设计方案使拆信简单方便，为用户节约了时间，在不损坏文件的同时获得美观的信封开口。

2. 问题描述

怎样用最少的时间安全快捷地取出信封内的文件或资料。

3. 解决思路和关键步骤

本例可以使用 TRIZ 矛盾矩阵和原理来分析，解决问题。

4. 技术矛盾

（1）节约拆信时间与降低拆信的可靠性之间的矛盾，该矛盾中使系统提高的技术特性为时间浪费随之使系统恶化的技术特性为可靠性；

（2）改善拆信的可靠性与恶化拆信方便性之间的矛盾，该矛盾中使系统增强的技术特性为可靠性而随之使系统削弱的技术特性为操作性；

（3）减少信件信息丢失与增加拆信时间之间的矛盾，该矛盾中使系统提高的技术特性为信息浪费随之使系统恶化的技术特性为时间浪费。

针对技术矛盾（1）得到如下创新原理：

（1）10 号原理：预置动作；

（2）30 号原理：利用软壳或薄膜；

（3）4 号原理：非对称性。

在上述三个原理中，重点考虑前两个原理。

10 号原理建议：预置必要的动作或机能；在适当时机或方便的位置加入所需动作或机能。

30 号原理建议：利用软壳或薄膜取代通常的结构；用柔性膜片或薄膜把物体和环境隔离。

根据 10 号和 30 号原理建议的信封设计是通过封装前于封盖下放置拆封线或拆封条来实现。

同样，根据技术矛盾解决矩阵，相应于技术矛盾（2）有：

（1）17 号原理：转换成新的维数；

（2）40 号原理：复合材料；

相应于技术矛盾（3）有：24 号原理——中介物

17 号原理有如下建议：利用多层构造的复合物；使物体倾斜或侧向放置；利用特定表面的反面。

24 号原理有如下建议：利用中介物实现某一动作；使物体与另一容易去除的物体暂时相连。

根据 17 号和 24 号原理的建议设计了新信封。该方案把中介物或其他媒介物在封信前置入封盖和面板之间，这样，便可简单地通过拉中介物或其他媒介物的一端很方便地打开信封并拿到信封内的文件且获得美观而整齐的信封开口。

成就一番伟业的唯一途径就是热爱自己的事业。如果你还没能找到让自己热爱的事业，继续寻找，不要放弃。跟随自己的心，总有一天你会找到的。

（二）训练活动

根据上述新的信封的设计创新过程和步骤，你或你的团队一起设计一个新文具盒或者其他你认为有实用价值的东西。

活动二：如何歼灭敌人获得装备

（一）问题描述

现代战争中，由于科技的发展，各种装备车辆的装甲越来越厚，性能也越来越好，如坦克、装甲运兵车、突击战车等等。士兵们就像躲在一个个的乌龟壳子里，如何提高武器性能威力来打破这些壳子呢？

1. 问题的最终目的是：消灭敌人，获得胜利。

2. 理想解是：敌人全部消灭，而且缴获敌人所有装备。

3. 达到理想解的障碍是：敌人躲在厚厚的装甲里，不露面。

4. 出现这种障碍的结果是：一是有的武器威力不足以打破装甲，而是打破装甲后就得不到敌人的装备。

5. 不出现这种障碍的条件是：武器可以无视装甲（透过装甲且不损坏装甲）而击毙或使敌人晕倒。

6. 创造这些条件存在的可用资源是：人本身与装甲的不同性：人很脆弱，特别是神经系统等。

> 创造力是每一个人都有可能发展的一种能力。把创造力限制在少数科学家、文学家和艺术家的多产创作上是一种陈腐的观念。……创造性是每一个人作为人类的一员都具有的天赋潜能，它和心理健康的发展密切相关，在心理健康发展的条件下，人人都可以表现出创造性。

（二）理想解

发明一种武器，该武器可以无视装甲、穿透装甲摧毁人的神经系统或则暂时使人的神经系统紊乱，同时该武器不会毁坏装甲。（如声波攻击武器，脑电波攻击武器等）。

（三）训练活动

根据上述问题描述，还原 TRIZ 解决该问题的步骤。

四、效果评估 Performance Evaluation

评估：TRIZ 能力等级评估

（一）能力等级描述

TRIZ 理论创始人阿齐舒勒按照 TRIZ 难易程度将发明分为五个等级，并深入分析和研究不同等级发明的各自特点，开发出面向不同等级的科学创新方法和工具。TRIZ 理论定义的五个发明等级按照创新程度从低到高依次如下：

第 1 级：最小型发明。指那种在产品的单独组件中进行了少量的变更，但这些变更不会影响产品系统的整体结构。该类发明并不需要任何相邻领域的专门技术或知识。特定专业领域的任何专家，依靠个人专业知识基本上都能做到该类创新。例如以厚度隔离减少热损失，以大卡车改善运输成本效率等。据统计，大约有 32% 的发明专利属于第一级发明。

第 2 级：小型发明。此时产品系统中的某个组件发生部分变化，改变的参数约数十个，即以定性方式改善产品。创新过程中利用本行业知识，通过与同类系统的类比即可找到创新方案，如中空的斧头柄可以储藏钉子等。约有 45%的发明专利属于此等级。

第 3 级：中型发明。产品系统中的几个组件可能会出现全面变化，其中大概要有上百个变量加以改善，它需利用领域外的知识，但不需要借鉴其他学科的知识。此类的发明如原子笔、登山自行车、计算机鼠标等。约有 18%的发明专利属于第三等级。

第 4 级：大型发明。指创造新的事物，需要数千个甚至数万个变量加以改善的情境，它一般需引用新的科学知识而非利用科技信息，该类发明需要综合其它学科领域知识的启发方可找到解决方案。大约有 4%的发明专利属于第四级发明，如内燃机、集成电路、个人电脑等。

第 5 级：最高级，也是特大型发明。主要指那些科学发现，一般是先有新的发现，建立新的知识，然后才有广泛的运用。大约有 1%的发明专利属于第五级发明。如蒸汽发动机，飞机、激光等。

平时我们遇到的绝大多数发明都属于第 1、2 和 3 级。虽然高等级发明对于推动技术文明进步具有重大意义，但是这一级的发明数量相当稀少，而较低等级的发明则会起到不断完善技术的作用。

人类社会处处是创造之地，天天是创造之时，人人是创造之人。

——陶行之

（二）评估标准和结果分析

在学习本节内容后，请参照阿齐舒勒设定的等级，看看自己有没有第 1 级或第 2 级的能力。

如果是解决第 1 和第 2 级的简单发明问题，可采用解决技术矛盾的创新原理和解决发明问题的标准解法。

如果是解决第 3 和第 4 级的发明问题，就要用解决发明问题的标准解法和发明问题解决算法。

如果是解决非常复杂的第 5 级的发明问题，则可采用发明问题解决算法，它提供了特定的算法步骤，能够帮助我们实现由复杂模糊的问题情境向明确的发明问题的转变。

发明和创新看起来很困难，很遥远，但其实大部分发明都是那些较低层次的创新，只要我们充分发挥自己的创新潜能，掌握科学的创新原理和方法，每个人都可以拥有自己的发明创造。在华为，很多新入职的年轻人都有几项专利或发明。如果你有兴趣，多学多练，假以时日，你也会成为一位创新高手。

第三节　创新过程

职场在线

“复兴号”：见证中国高铁的历史与未来

“你最想带回国的生活方式是？高铁！出行方便，而且快捷！”对于高铁，来自尼泊尔的那比娜“一往情深”，由于尼泊尔地形特殊，容易发生交通事故，这位外国姑娘很想把中国高铁带回家。

的确，爱上中国高铁的外国人不在少数。最近，来自“一带一路”沿线的20国青年，评选出了他们心中的“中国新四大发明”，中国高铁高居榜首，成了外国青年最想带回家的“中国特产”。高铁作为中国制造走向世界的新名片，自从2009年实施“走出去”战略以来，凭借其技术领先、品质过硬、服务优质，建立起联通世界的大动脉。

如今中国高铁又传来佳音。2017年6月25日，中国高铁家族添了新成员。复兴号动车组，由中国铁路总公司牵头组织研制、具有完全自主知识产权、达到世界先进水平的中国标准动车组闪亮登场。

由此，中国高铁进入了一个崭新的发展时期。

那么，以前的“和谐号”已然有了很多成就，为何要制造“复兴号”？而迎面而来的“复兴号”与先前又有何不同呢？

中国铁道科学研究院首席工程师、研究员赵红卫曾介绍到，与“和谐号”基于一定软件开发平台来完成网络系统软件的设计不同，“复兴号”采用的是自主的列车网络控制系统，这是自己打造的研发平台、实验平台和制造平台。

与“和谐号”相比，“复兴号”寿命更长，能耗更低，容量更大，舒适度更高，警惕性更强。设计寿命提高了10年，车体断面增加、空间增大，按时速400公里试验运行，列车运行阻力下降7.5%以上，人均百公里能耗降低17%，车内噪声下降1~3分贝，座位间距更宽敞，车厢内无线网络全覆盖，智能化感知系统……“复兴号”改进和完善了列车性能，对高铁的中国标准有了更好的诠释。

据中国铁路总公司资料显示，2004年后，我国研制生产的“和谐”系列电力机车，成为目前中国普速铁路客货运输的主要牵引机型。2007年，CRH动车组列车投入运营，开启了中国铁路的高速牵引时代。到现在，2017年6月，以“复兴号”命名的中国标准动车组亮相，标志着中国铁路技术装备达到了“领跑世界”的先进水平。

从改革开放以来，铁路从运输能力严重不足，“一票难求、一车难求”的“夕阳产业”，发展到如今的几千公里的路程能够“朝发夕至”，不能不说是一项伟大的发展与创新。

在这项伟大的成就背后，凝聚了多少铁路研究成员的心血，从最初火车的“舶来品”、“混血儿”到如今“复兴号”的完全自主研发，离开创新是完不成这项艰巨的任务的。

一、能力目标 Competency Goal

创新是由创新思维的过程所决定的，在这期间伴随着创新工具和创新方法的运用，而结果仅仅是过程的产物。我们研究创新的过程，是因为把过程看得比结果更为重要。

> 我们会出奇不意地推出一些新招出来，我承认这样风险会比较大。但是，如果不给用户带来新的价值、和人家做的东西一样的话，我们也不可能取得新的成功，也不可能创造新的历史。
> ——吴鹰

通过本节的学习，你将能够：

1. 了解创新活动的基本过程。
2. 掌握创新过程的阶段和要求。

创新过程是指人们通过创造性活动，发现了新的矛盾事实，寻求到了新的相互关系，研究出了新的有价值的事物，产生出了新的鲜为人知的观念，一句话，有创见地解决问题。

（一）创新的“四阶段理论”

创新的四阶段理论是一种影响最大、传播最广，而且具有较大实用性的过程理论，由英国心理学家沃勒斯提出。该过程理论认为创新的发展分四个阶段：准备期、酝酿期、明朗期和验证期。

1. 准备期

准备期是准备和提出问题阶段。一切创新是从发现问题、提出问题开始的。问题的本质是现有状况与理想状况的差距。通过对知识和经验进行积累和整理，搜集必要的事实和资料，了解自己提出问题的社会价值，能满足社会的何种需要及价值前景，力求使问题概念化、形象化和具有可行性。

小知识

创造性的学习方法

不断激发和锻炼自己的想象力。

善于发现事物之间的联系，能够追本溯源。

编制学习提纲，浓缩学习内容，连点成线，架构学习网络。

发散思维，拓展思路，横联纵串，立体思考。

通过比较和辩证思考来系统学习。

不断总结已学到的知识，丰富自己的经验。

以专题讨论、头脑风暴等方法进行智力激励。

善于从自然界或现有成果中找到创新点，通过模拟来创新。

2. 酝酿期

酝酿期也称沉思和多方思维发散阶段。在酝酿期要对收集的资料、信息进行加工处理，探索解决问题的关键，因此常常需要耗费很长时间，花费巨大精力。

延长酝酿时间的原因主要有以下几个方面：

（1）各种因素之间的联系难以明确；

（2）假设误入歧途而又积重难返；

（3）对假设犹豫不决下不了决心；

（4）形成顽固的思维定势难以突破；

（5）个人现有的知识和能力所限制。

为使酝酿过程更加深刻和广泛，还应注意把思考的范围从熟悉的领域，扩大到表面上看起来没有什么联系的其他专业领域，特别是常被自己忽视的领域。创造性思维的酝酿期通常是漫长的，艰巨的，但唯有坚持下去，才有希望。

想出新办法的人在他的办法没有成功以前，人家总说他是异想天开。

——【美】马克·吐温

3. 明朗期

明朗期即顿悟或突破期，寻找到了解决办法。明朗期很短促。人们通常所说的“脱颖而出”“豁然开朗”等都是描述这种状态的。这一阶段的心理状态是高度兴奋甚至感到惊愕，像阿基米德那样，因在入浴时获得灵感而裸身狂奔，欣喜呼喊：“我发现了！我发现了！”虽不多见，但完全可以理解。

4. 验证期

验证期是评价阶段，是完善和充分论证阶段。验证期是把明朗期获得的结果加以整理、完善和论证，并且进一步得到充实。创新思维所取得的突破，假如不经过这个阶段，创新成果就不可能真正取得。论证一是理论上验证，二是放到实践中检验。验证期的心理状态较平静，但需耐心、周密、慎重，不急于求成和不急功近利是很关键的。

小故事

二战后期，希特勒的部队全线溃败，退到柏林。苏军打算进行突然袭击。在准备袭击的那个晚上，苏军本想利用黑夜作掩护，但未料到，那夜星光闪烁，这就很难做到高度隐秘地进行突袭。当时的苏军将领朱可夫元帅想到，既然利用黑夜的目的是为了不让德军发现，那么把140台大型探照灯同时射向德军阵地，也能达到同样的目的，因为极强的灯光让德军根本睁不开眼。由于灵活的变动，苏军最终取得胜利。

该例子具体体现了创新主体根据实际具体情况，灵活地进行创新实践。

创新的阶段不是固定不变的。创新也不能一劳永逸地解决一切问题，而是一个不断完善，不断发展的过程。所以，人类应审时度势，顺应事物发展的趋势，遵循创新规律，开展创新实践。

（二）创新过程的要求

创新过程不是一个固定的程序，它由于创新对象不同，表现形式也不尽相同。创新是探索未知的活动，很少或没有多少可供参考的前人经验和现成公式，但在创新过程中，仍有一些基本特点值得把握。

1. 需要长期的准备性劳动

创新过程往往十分曲折，缺乏必要准备的人，难以到达理想的终点。我们应具备良好的心理、丰富的知识、健康的身体等条件。创新的思想不是在真空中产生，而是来自艰苦的工作、学习和实践。如果你希望在某项工作中能有所创新，你就需要全身心地投入到这项工作中，对其关键的问题和环节作深入的了解，亦即对这项工作进行批判的思考：研究这个问题，通过与他人讨论来搜集各种各样的观点，总结出你自己在这个领域的经验。

2. 需要集中全部的注意力

最大限度地集中注意力，保持思索问题的最佳状态，这是创新过程的关键。俗话说："一心不能二用。"每个人的精力是有限的，创新是极为艰难的高智力、高强度的劳动，更需要全身心的投入，凝聚全部力量，集中到一点上去突破。

3. 需要摆脱习惯思维的束缚

受经验和环境的影响，一个人常常容易形成一种思维定势，这种思维定势不打破，就会束缚创新过程中所遇问题的有效解决。创新过程有时也会遇到这个问题。有的问题怎么思考也脱不开原有的框子。这时，一种有效的办法是把问题暂时搁置起来，使自己松弛下来，或转而思考其他问题，或与他人讨论交换意见，这样有助于摆脱习惯思维，有助于打破思维定势，使问题得到解决。

4. 需要借助直觉、灵感和想象

可以肯定地说，直觉、灵感和想象在创新过程中具有特殊重要地位。一个缺乏直觉、灵感和想象的人，不会取得重大的创新成果。例如一个成功的企业家，在相当多的时候，必须在信息资料不足、时间紧迫情况下进行决策。在这种情况下，依靠逻辑思维方法往往难以胜任，往往需要依靠非逻辑思维来实现，特别是直觉、灵感和想象，需要企业家根据自己的经验来洞察事物，把握事物的本质，预料事物的前景，抓住时机，果断决策。

> 作出重大发明创造的年轻人，大多是敢于向千年不变的戒规、定律挑战的人，他们做出了大师们认为不可能的事情来，让世人大吃一惊。
>
> ——【法】费尔马

小技巧

产生好主意的步骤

清晰界定你的问题。

界定你认为理想的结果并使之有形化。

收集所有的材料，不论是特殊的还是一般的。

打破思维的固有模式。

不要将自己禁锢在单个领域，要敢于走出去。

运用身体的所有器官去感知。

尝试对事物进行各种各样的组合。

暂时搁置问题。

学会放松，可以听听音乐或外出旅游。

将问题带进睡眠，说不定会迸发出灵感。

终于想到了很好的主意。

为了确定其是否可行，还需要去验证它。

（三）创新过程的基本动力

1. 目标动力

适度的目标对于创新活动能够产生强大的推动力量。目标动力，特别是近期目标动力，还可以对人们的思维活动产生“聚焦”的作用，也就是把人们所储备的知识、所潜藏的能力充分调动起来，集中起来，朝向某一特定方向，深钻细究，形成一种突破性的力量。

小问题：在荒无人迹的河边停着一只小船，这只小船只能容纳一个人。有两个人同时来到河边，两个人都乘这只船过了河。请问：他们是怎样过河的？

答案：两人分别处在河的两岸，先是一个渡过河来，然后另一个渡过去。

2. 环境动力

环境动力的某种表现就是创新氛围和榜样的力量，它们往往能引导和促使人走上创造性的道路。尤其是不可小看创新氛围的力量，它会使人消除因强制性地从事某一工作而不可避免地产生的被动感、消极性等，使人总是处于一种高昂的积极性、主动性的状态之中，这样就可以调动和激发起他的创造能力来。值得指出的是一个保持适度压力的环境，有利与推动人的创新活动。

3. 激励动力

金钱、实物等物质刺激和荣誉、地位、获得知识、成就感等精神刺激都会产生创新的动力，称为激励动力。创新活动的过程实际上也是一个不断自我激励的过程，但激励动力是否必定产生相应的努力行为，则要取决于导致预期目标的可能性有多大。

4. 竞争动力

竞争动力使竞赛双方处于“临战状态”，每一项新记录都是一个创造，从而极大地调动了创新的活力。竞争动力还能刺激人的思维能力高效率运转，促使人的注意力集中、精神焕发、情绪饱满，产生激情和进取心，并能增强人的智力效能，这些都是极为有利于开展创新活动的。

如果没有创新，世界将只剩下重复和例行公事。

5. 情感动力

情感动力是指一种催人奋进、不断进取的精神力量，它使人具有强烈的创造欲望，对于创新活动有着巨大的推动作用。乐观而舒畅的心境，可以提高学习和工作的效率，促使人的积极性、主动性、创造性地发挥；积极而健康的激情能够使人产生创造性冲动，能够调动起身心的巨大潜力，并激励人们去克服艰险、攻克难关。

6. 方法动力

方法动力是指掌握了一套创造方法，取得了初步的成功后，就更想创造。目前，世界上的创造方法已有300多种，各国对创造方法的称呼也不相同。在美国称为“创造力工程”，在日本称为“创造工学”或“发想法”，在德国称为“主意发现法”，在前苏联称为“创造力技术”，在中国称为“创造技法”。美国通用电气公司长期坚持“创造力工程”的培训，他们所得出的结论是：“那些通过创造力工程训练的学生，发明创造和获得专利的速度，平均几乎要比未经训练的人高出3倍。”

二、案例分析 Case Discussion

案例一：苹果的创新过程

苹果的高级工程经理Michael Loop曾经在2008年SXSW大会透露了苹果内部的严格产品创新的流程和设计理念。

首先，苹果在设计产品时都按照“礼品”的标准来做，一种让所有的人都盼望着打开的感觉。

苹果创新的核心就是从这样一种礼物的概念向外延伸，所谓用伟大的想法包装伟大的想法：苹果Max OS X就是在它轻便、美丽的硬件设计里的礼品，硬件又是在苹果完美的外形设计里的礼品，整个电脑又是在苹果像博物馆一样的商店里的礼品。最后，所有的这一切都是乔布斯每年精彩、戏剧性的演讲中的礼物。

其次，苹果认为，精确到像素的样品设计非常重要。每个苹果内部的设计师都要将软件的每一个界面和特征设计精确到像素，才能让高级经理来评判。这样，每次高级经理看到都是一个完整产品的样子，得到批准的东西最后看起来就会和最后产品一样而不会走形。

再次，从十到三，再到一。考虑到每个样品的设计都要精确到像素，苹果要求任何样品都要先有十个不同的设计，从中会确定三个改进完善，最后选择一个为最终的产品。这样的方法的好处是最大限度地给创新留出了空间，让设计人员自由的去选择任何和过去不同的设计，同时又让他们知道90%的工作可能是不被采用的。

还有，就是每周两次匹配的设计会议。每周，工程师和设计人员都要在一起开两个不同的会议。一个是“头脑风暴会议”，大家把各种疯狂的想法说出，完全不受限制，不管是新产品特性还是对已有产品的改进，大家都畅所欲言。另一个会议是“生产会议”，与头脑风暴截然相反，这个会议要把选定的疯狂想法尽可能细化，怎么做，为什么这么做。这两种会议在整个产品研发的过程中就是这样反复切换着。

最后，就是定期的样品展示会。有句经典的话：“顾客不是要买钻头，顾客要买的是洞”，工程师和产品经理不了解：顾客要买的其实不是某个产品，而是他们需要运用一个产品来完成某件任务或解决某个问题。苹果会定期让工程师把自己根据用户需求及刚才描述的过程反

> 只有先声夺人，出奇制胜，不断创造新的体制、新的产品、新的市场和压倒竞争对手的新形势，企业才能立于不败之地。
> ——黄汉清

复筛选后设计出最好的样品，给高管层展示。

这样一个产品创新研发的过程，体现了苹果追求完美的特点。而完美主义者，恰恰是乔布斯对自己的评价。

案例二：惠普的创新过程

惠普公司新业务项目总监Andrew Bolwell深谙创新过程的每一步，在惠普公司工作长达22年，他的工作就是要促成技术创新与业务模式创新的完美结合，再把新产品推向市场。

“创新既是艺术也是科学”，Bolwell说道，“一开始你就要选择正确的人一起工作。正确的人是富有激情的，他们会问很多问题，诸如‘为什么这个不能这么做？’他们尽可能地推动技术的发展，并且寻找新的事物。他们会注意观察周围的事物：人们面临的问题有哪些？然后再去找出相应的解决方案。创新是他们的DNA。这就是他们所做的，是他们每天起床后都会做的事情。”

但是在惠普，创新不仅仅是找到正确的“那个人”，而是一整个团队。“他们拥有共同的事业和同样的激情。这是一个包含上百万个细小步骤的过程，是一个克服重重关卡、跨越一系列里程碑的过程。”

“创新不是把所有鸡蛋放在一个篮子里，也不是一开始就花掉所有的钱”，Bolwell解释道。相反地，你要从一个想法开始，有时你需要不断地重复。你跟随着一个线索和进程调整前进的方向。从这个意义上来说，Bolwell指出，“创新需要一种信念，那就是：创新是一个需要不断重复的过程。”

“你没有办法提供一个完全成熟的业务计划。这个市场究竟有多大？你没法知道。你只有通过整个过程去了解，但是你必须不断地重复。”Bolwell建议可以从以下几个问题开始思考：

你正在解决的问题是什么？

你打算如何解决这个问题？

你认为有多少人面临这个问题？

他们愿意付多少钱解决这个问题？

“然后，为所有面临同样问题的人创建一个市场。你就开始进入到了孵化模式中。”

当问到有关“错误”的话题时，Bolwell说：“错误是这个过程的一部分。发现什么是不可以的和发现怎样做是正确的，二者具有同样的价值。创新文化中有很大一部分是这样一种感觉：你可以承担风险，并且有能力承担风险。”

> 如果不练习，我们就不可能学会一种技能，或更好地掌握一种技能。除此之外，别无捷径可循。创造这种技能，同样需要练习。

以MagCloud为例，惠普公司的初衷是：让打印能够像web一样更加动态，让人们能够把他们需要的内容编辑成一个定制化打印的杂志。然后，一个看似简单的问题就浮现出来：如果任何人都可以出版一本杂志，那又会是怎样的局面呢？这就衍生出一个很大的市场。

作为反复锤炼过程的一部分，惠普的研究人员创建了一个开放平台，然后观察客户和合作伙伴如何在原有的想法上进行创新。在没有实际推出 MagCloud 之前，惠普无法想象出所有的应用案例，也无法预测它能否成功。但是，惠普相信自己的团队，并且允许创新过程中的不断重复。

创新在字典中的定义是，“介绍一些新东西的行为。”这表示创新的过程是有所不同的，它不是遵循一套已经设定好的指示，相反，它是一种在不断地重复中学习、前进的过程。

三、过程训练 Process Training

活动一：玩具公司

（一）规则和程序

参与人数：5~7 人一组

时间：30 分钟

场地：室内

道具：纸、笔

1. 每 5~7 人一组，告诉他们现在他们就是一家玩具公司，他们的任务就是设计出一个新的玩具，可以是任何类型、针对任何年龄段，唯一的一点要求就是要有新意。

2. 给他们 10 分钟时间，然后让每一个组选出一名组长，对他们设计的玩具进行一个详尽的介绍，内容应该包括：名称、针对人群、卖点、广告、预算等等。

3. 在每个组都做完自己的介绍之后，让大家评判出最好的组，即以最少的成本作出了最好的创意。另外也可以颁发一些单项奖，例如最炫的名字、最动人的广告创意、花样最多的玩具等等。

（二）相关讨论

1. 什么样的创意会让你觉得眼前一亮？怎样才能想出这些好创意？

2. 时间的限制对你们想出好的创意是否有影响？

3. 好提案是不是只要有好创意就行？如果不是，还需要什么东西？

（三）总结

1. 从一个产品的设计开发到营销推广都需要好的创意作为灵魂，没有创意的物品或广告是不会有人欣赏的，寻找创意的方法有很多，头脑风暴、自然联想的方法是最为常用的，因为它可以打破思维的局限性，自由地让想象力驰骋，从而获得好的构思。

创新型人才特征

对周围的事物充满了好奇。

对意外发生的事情感到格外兴奋。

愿意冒险并能够承担风险和责任。

具有独立判断能力和高度的坚韧性。

不畏艰险，能够坚定不移地贯彻自己的方针。

坚持走自己的路，不害怕他人的反对和讥讽。

善于构思一些奇思妙想。

敢于挑战现状和权威，并能接受挑战。

有较强的学习能力，能够不断地学习。

能从事物的表象中看到潜在的规律。

能接受其他人难以接受的新鲜事物。

既有疯狂的一面，也有理智的一面。

2. 对于一件产品来说，创意并不是唯一重要的，好的构想、好的理念还需要实际条件来支持，会受到实现条件的约束，比如本游戏中时间的约束，预算的约束。怎样在限定的范围内寻求利益最大化的解，是我们每一个工作人员应该考虑的重要一步。

3. 在集体合作的过程中，合理的分工和妥善的计划是成功的关键，比如上面的游戏如果能合理加工，一些人管创意，一些人搞预算，就一定能事半功倍，在预定的时间内更好地完成任务。

活动二：应答自如

在巨大压力的情况下，人们往往会面对大脑短路的情况，但是同时这种头脑风暴的办法也会让大家的创造性得到良好的训练。

（一）规则和程序

1. 每 4 个人组成一个组，在组内任意确定组员的发言顺序，两个组构成一个大组进行游戏。

2. 让小组确定的第一个志愿者出来，对着另一个组喊出任何经过他脑子的词，比如：姐姐、鸭子、蓝天等等任何词。

3. 另一个小组的第一个志愿者必须对这些词进行回应，比如：哥哥、小鸡、白云等。

4. 志愿者必须持续地喊，直到他不能想出任何词为止，一旦你发现自己在说“哦，嗯，哦……”你就必须宣告失败，回到座位上，换你们小组的下一位上。

5. 哪个小组能坚持到最后，哪个小组算获胜。

（二）相关讨论

这种给大脑巨大压力的做法对于你思考问题是否有帮助？

（三）总结

1. 本游戏的关键是要学员在一个快速、紧张的氛围下进行，一旦有人回答速度变慢，开始有“嗯，哦”出现，立即宣布他被淘汰了，判其离场，这样才能保证游戏的成功。

2. 你会发现在大脑短路的同时，你可能会有了一些以前连想都没想过的想法，说不定就是这些想法可以帮助你更好地解决问题，所以这个游戏可以用于需要成员发挥想象力的热身运动，让大脑迅速活跃起来。

> 对于一个艺术家来说，如果能够打破常规，完全自由进行创作，其成绩往往会是惊人的。
>
> ——【美】卓别林

四、效果评估 Performance Evaluation

评估：创新能力测试

（一）情境描述

下面的每道问题，如果符合你的情况，请你在括号里打“√”，不符合的则打“×”。

1. 你平时说话、写文章时总喜欢用比喻的方法。
2. 你在做事、观察事物和听别人说话时，能专心致志。
3. 你能全神贯注地做自己喜欢的事情。
4. 你并不认为权威或有成就者的某些观点一定正确。
5. 当你终于解决了一道难题或完成了一项任务时，总有种兴奋感。
6. 喜欢寻找各种事物存在的各种原因。
7. 观察事物时，向来都很认真，能够注意到细节方面。
8. 能够从别人的谈话中发现问题的所在。
9. 在进行带有创造性的活动时（如写作文、画画、做手工等），常常废寝忘食。
10. 能主动发现一些别人不在意的问题，并发现与问题有关的各种联系。
11. 平时都是在学习或琢磨问题中度过的。
12. 好奇心比较强烈。
13. 如果对某一问题有了新发现时，总是感到异常兴奋。
14. 通常情况下，对事物能预测其结果，并能通过自己的研究得出结果。
15. 平常遇到困难和挫折时，表现得都很顽强。
16. 经常思考事物的不同于原来的新答案和新结果。
17. 有较强的洞察力，能够一针见血地指出关键问题。
18. 在解题或研究课题时，总喜欢在解题方法上求新、求异。
19. 遇到问题时能从多个角度、多个方面探索解决，而不是固定在一种思路上或局限在某一方面。
20. 脑子里总是能够涌现一些新的想法，即使在游玩时也常能产生新的设想。

> 人的思想是了不起的，只要专注于某一项事业，那就一定会做出使自己感到吃惊的成绩来。
>
> ——【美】马克·吐温

（二）评估标准和结果分析

记分方法：打“√”得1分，打“×”得“0”分。

结果分析：

得分为20分，说明你的创新能力很强。

得分在16~19分之间，说明你具备了较强的创新能力。

得分在10~15分之间，说明你的创新能力一般，应该加强培训。

得分小于10分，说明你的创新能力较差，必须加强培训。

第四章　提升创新能力

创新能力是人类突破旧认识、旧事物，探索和创造有价值的新知识、新事物的能力。它涉及一个人的多种能力，如认识能力、观察能力、判断能力、分析能力、想象能力、学习能力、信息处理能力、解决问题能力等，是一个人综合能力的具体体现。

创新其实是一个发现问题、构思创意和解决问题的过程。提升创新能力必须重视创新过程的三个方面。

天天是创造之时，处处是创造之地，人人是创造之人。
——陶行之

通过本章的学习，你将能够：

- 掌握提升发现问题的能力。
- 了解创意产生的原因，掌握创意的流程。
- 了解并掌握解决问题的方法与程序。

第一节 发现问题

职场在线

贝尔发明电话

亚历山大·格雷厄姆·贝尔是发明电话的人，1847 年生于英格兰，年轻时跟父亲从事聋哑人教学工作，曾梦想制造一种让聋哑人用眼睛看到声音的机器。

1873 年，成为美国波士顿大学教授的贝尔，开始研究在同一线路上传送许多电报的装置——多工电报，并萌发了利用电流把人的说话声传向远方的念头使远隔千山万水的人能如同面对面的交谈。于是，贝尔开始了电话的研究，那是 1875 年 6 月 2 日，贝尔和他的助手华生分别在两个房间里试验多工电报机，一个偶然发生的事故启发了贝尔。华生房间里的电报机上有一个弹簧粘到磁铁上了，华生拉开弹簧时，弹簧发生了振动。与此同时，贝尔惊奇地发现自己房间里电报机上的弹簧颤动起来，还发出了声音，是电流把振动从一个房间传到另一个房间。贝尔的思路顿时大开，他由此想到：如果人对着一块铁片说话，声音将引起铁片振动；若在铁片后面放上一块电磁铁的话，铁片的振动势必在电磁铁线圈中产生时大时小的电流。这个波动电流沿电线传向远处，远处的类似装置上不就会发生同样的振动，发出同样的声音吗？这样，声音就沿电线传到远方去了。这不就是梦寐以求的电话吗！

贝尔和华生按新的设想制成了电话机。在一次实验中，一滴硫酸溅到贝尔的腿上，疼得他直叫喊：“华生先生，我需要你，请到我这里来！”这句话，由电话机经电线传到华生的耳朵里，电话成功了！

1876 年 3 月 7 日，贝尔成为电话发明的专利人。贝尔一生获得过 18 种专利，与他人合作获得 12 种专利。他设想将电话线埋入地下，或悬架在空中，用它连接到住宅、乡村、工厂这样，任何地方都能直接通电话。

跟大多数专业的科学家发明家不同，贝尔的本职工作是一位教师，而且还是一位教授聋哑人语的特殊教师。聋哑人语是贝尔家族所发明的一种特殊语种，用于教授聋哑人。但他发现，仅仅这个还不够，如何帮到更多的聋哑的孩子们，对发音天生敏感的贝尔，一直都想着利用电流传递语音，来帮助这些聋哑的孩子们。发现了这一问题和需求之后，他就萌发了利用电流把人的说话声传向远方的念头，使远隔千山万水的人能如同面对面的交谈。

所以，发现问题是一切创新的起点。

一、能力目标 Competency Goal

问题是所有创新的起点。我们与问题紧密相连，我们每一个人都生活在问题之中，生活中从来都不缺乏问题，而是缺乏发现问题的眼睛和能力。

善于发现问题是科学精神的重要表现。人类科技进行的历史表明：科学发现和技术发明都是始于问题的发现，都是出自带着发现的问题进行观察、思考。只有问题才能激发人们的好奇心，从而激发人们科学探索和技术研究的兴趣。

通过本节的学习，你将能够：

1. 学习和了解相关培养观察能力的方法。
2. 了解信息处理能力和学习能力对创新重要性。

小故事

20世纪初，在剑桥大学，维特根斯坦是大哲学家穆尔的学生。有一天大哲学家罗素问穆尔："谁是你最好的学生？" 穆尔豪不犹豫地回答："维特根斯坦。" "为什么？" "因为在我的所有学生中，只有他一个人在上我的课时老是流露出迷茫的神色，老是有一大堆问题。" 后来，维特根斯坦的名气超过了罗素。有一次，有人问维特根斯坦："罗素为什么落伍了？" 他回答说："因为他没有问题了。"

有了问题，思维才有方向，才有动力；有了问题，才有主动探究的愿望。心理学研究表明，意识到问题的存在是思维的起点，没有问题的思维是肤浅的思维、被动的思维。

> 提出一个问题往往比解决一个问题更重要，因为解决一个问题也许仅是一个数学上或是实验上的技能而已，而提出新的问题、新的可能性，从新的角度去看旧的问题，却需要有创造性的想象力，而且标志着科学的真正进步。
>
> ——【美】爱因斯坦

（一）培养观察能力

观察能力是创新能力的基础。我们从外界获取的信息，80%都是通过观察获得的。学会观察，才会记忆和思考，我们只有在生活中多听、多看，才会掌握更多的知识，积累更多的经验，找到事物的内在联系，才能顺利发挥自己的创新能力去解决问题。培养观察能力要讲究科学的方法，下面介绍几种常用的观察方法。

小训练

请观察蜘蛛的结网过程及其特点。

请观察农历每月的月初至月末的月亮圆缺及其位置的变化。

请观察你家或你工作单位附近的马路从早上7点至8点、11点至12点车流的变化。

请连续一星期观察和测量太阳照射的角度并加以记录。

1. 细节观察法

在日常生活中注意观察一些细节的东西。比如，排队的时候站在你前面那个人穿了什么衣服？公共汽车上的售票员有什么特征？这些训练都会使你的观察力越来越敏锐。

小故事

有位医学院教授在上课的第一天对学生说："当医生，最要紧的就是胆大心细！"

说完，便将一只手指伸进桌子上一只盛满尿液的杯子里，接着再把手指放进自己的嘴中吮吸。学生们惊异地看着教授，没想到，教授随后将那只杯子递给一个学生，让每个学生照着他的做法来做。

学生们忍着呕吐，像教授一样把手指伸进尿液，然后塞进嘴里。

教授看着学生的狼狈样子很得意，最后他微笑着说："哈哈，不错，不错，你们每个人都够胆大的。"

不一会儿，教授又神色郑重地说："只可惜你们看得不够细心，没有注意我探入尿杯的是食指，放进嘴里的却是中指啊！"

2. 客观观察法

客观观察法就是在观察时不停留于事物的现象层面，坚持客观原则，结合现象加以分析然后才下结论的观察方法。因为，在很多时候，事物的现象与其本质并非总是相吻合的。

正如毛泽东所说："没有调查就没有发言权"，你要对某个事物下结论，你就要对它进行观察和调查，否则就不应该轻易下结论。

正确观察事物的要求

要尽可能调动多种感官参与观察，要用眼看，用耳听，用鼻闻，用手摸，用脑记。

预先制定观察计划，明确观察步骤，了解和熟悉所观察的对象。

对观察对象进行多角度、全方位的观察，要全神贯注地关注每一个细节。

观察的同时要勤于记录，之后根据记录的内容认真总结。

小寓言

人有亡斧者，意其邻人之子。视其行步，窃斧也；视其颜色，窃斧也；听其言语，窃斧也；动作态度，无为而不窃斧者也。

俄而掘其沟而得其斧，他日，复见其邻之子，其行动、颜色、动作皆无似窃斧者也。——《列子·说符》

上面这则寓言说明，当我们以成见去观察世界时，必然歪曲事物的原貌。准确的判断来源于对客观事实真实的观察，而不是主观的臆想。

3. 多角度观察法

多角度的观察法就是对观察对象从不同的视角或角度进行观察的

方法。事物的特性是众多的，不同角度和不同视角，看到的事物都是不一样的。学会从多角度来观察同一个问题有利于全面分析一个问题。

小故事

达·芬奇小时候在欧洲的艺术中心佛罗伦萨师从著名的画家和雕塑家费罗基俄。第一天，老师让达·芬奇画蛋，横着画，竖着画，正面画，反面画。达·芬奇很快就厌倦了，但老师却一直让他画蛋，画了一天又一天。

达·芬奇想："画蛋有什么技巧呢？"于是向老师提出了疑问。

费罗基俄说："要做一个伟大的画家，就要有扎实的基本功。画蛋就是锻炼你的基本功啊。你看，1000个蛋中没有2个蛋是完全一样的。同一个蛋，从不同的角度看，它的形态也不一样。通过画蛋，你就能提高你的观察能力，就能发现每个蛋之间的微小的差别，就能锻炼你的手、眼的协调，做到得心应手。"

达·芬奇听后觉得很有道理，从此他更加认真地学习画蛋，天天对着蛋画，努力将各种绘画技巧融于其中。3年以后，达·芬奇的手仿佛有了感觉，想画什么就画什么，画什么就像什么。

4. 分析观察法

观察事物不分析，得到的结果也不牢固。分析观察法需要借助一定的思维，不仅要观察细致，努力找出那些反映特点、规律和本质内容的外在表现，而且要对观察当中的问题进行分析，力图找出其间的关联。

科学家都擅长在观察中分析，其实，只要你多留心，多提出问题，你也可以很好地运用分析观察法的。

19世纪30年代，美国发明家莫尔发明了有线电报，但发报产生的信号在传递时会逐渐衰减，无法传递到远方。有一次他乘马车远行，发现马车每到一个驿站都要换马，他立即想到如果把信号想象成马，那不就是要建立起信号的驿站吗？于是人们在有线电报的传输线路上建立了若干个信号放大站。有线电报于是成了无线电发明之前的人们日常使用的通信工具。

小故事

小时候的牛顿，特别喜欢观察事物，而且非常喜欢研究事物的本质。

有一天夜晚，牛顿仰望天空看着那些眨着眼睛的大大小小的星星。心里想："这星星月亮为什么能挂在天空上呢？刻卜勒说，星星、月亮都在天空转动着，那它们为什么不相撞呢？"

这时，刮起了大风，狂风旋卷着沙石，人们都躲进了屋子里。牛顿却冲出屋子，像个疯子似地顶着大风，独自在街上行走。一会儿随风前进；一会儿逆风行走。

牛顿的头发被大风吹得乱蓬蓬的，浑身被雨淋得都湿透了。他在干什么？

原来，牛顿很想知道究竟有多么大的风力才能把东西吹跑？他要实地观察顺风与逆风的速度差，到底有着何种本质的差别。

5. 观察日记法

观察日记法就是在观察过程中记录观察的结果，并加入自己的分析。观察积累就是指把观察到的现象和结果记录下来，养成积累观察资料的好习惯。它不但能通过对材料的系统化组织提高观察分析思考力，还能通过积累习惯的培养形成良好的观察自觉性，还能丰富想象和思维。

小故事

达尔文从小就对动植物感兴趣，并喜欢观察，还对自己搜集的标本做一些简单记录，有的还附有简单插图。

有一天，舅舅看了达尔文的摘记后，对他说："只做摘记不够，你要把自己当作一个画家，但不是用颜色和线条，而是用文字。当你描述一种花，一种蝴蝶，一种苔藓的时候，你必须使别人能够根据你的描述立刻辨认出这种东西来。你必须进一步提高你的文字表达能力，要像莎士比亚那样用文字描绘世界、叙述历史、打动人心。"

听了舅舅的话，达尔文专门准备了一个记事本，在以后的观察中每次都把观察结果认真地记录下来，并加入了自己的想法。

20 年后，他根据多年来的观察记录写出了《进化论》。

一切推理都必须从观察与实验中得来。
——【意】伽利略

6. 质疑观察法

质疑观察法就是从某一观察的现象、线索中的疑问之处入手，进行探索性的观察，分析找出问题的原因，发现解决问题的办法。质疑观察法与分析观察法的不同是，分析观察法是边观察边分析，努力全面细致地观察事物的各个方面；而质疑观察是先产生问题，再去观察，在观察中去解决问题。

小故事

有一次，英国科学家亨特去公园看鹿，看着每个鹿都有漂亮的鹿角，亨特突然对鹿角发生了兴趣。他摸了摸鹿角，发现鹿角是热的。为什么鹿角是热的呢？亨特很好奇，他仔细观察了一下，发现鹿角里布满血管。

亨特想，如果将鹿角的侧外颈动脉系住一段时间，会怎么样呢？

于是，他回家做了实验。他把一个鹿角的侧外颈动脉系住后，发现鹿角顿时冷了下来，在一段时间内不再生长了。

过了几天，鹿角又变暖了。亨特发现并不是系带松动了，而是附近的血管扩张了，输送了充足的血液。于是亨特发现了侧支循环及其扩张的可能性。

在这个发现的指引下，进而产生了外科学上亨特氏手术法。

（二）训练信息处理能力

今天，如果不能及时收集和甄别信息，不能快捷传达和展示信息，不能有效利用和创新信息，无异于睁眼瞎，必困无疑，必败无疑。处理信息的能力成为个人竞争、企业制胜、社会发展的十分重要的能力。

汉朝时的宰相丙吉，有次出游，看到街头一群人打架，又发现田头的耕牛渴得走不动。然而，他没理睬群殴事件，却极度重视耕牛口渴事情。

为什么？他说，打群架，治安官吏处理就行了，不会很严重；而耕牛很渴，说明在播种时节气候异常，可能导致颗粒无收。汉朝是农业社会，农事如果不好，势必影响到老百姓的生活。丙吉问牛而不问人，说明他抓住了问题的要害。

小测验

下面是一个投资顾问公司的市场人员收集到的6条正确信息，仔细阅读以后请提出一个投资建议：

1. 美国居民最常吃的食物是牛肉；
2. 墨西哥刚刚爆发了一种罕见的畜牧类瘟疫；
3. 此瘟疫在畜牧类动物（如猪、牛、羊）中传播非常快，全世界都还没有方法成功地控制这种瘟疫的快速传播；
4. 德州是美国最主要的牛肉产地，占全国牛肉产量的一半，且有大量库存；
5. 德州与墨西哥接壤；
6. 美国法律明文禁止疫区食品不能外运。

这是根据美国大商人亚默尔的一个真实的成功案例编制的一个信息创造性整合的测验。

正确的答案是：以最快的速度在德州大量收购牛肉，外运到其他州储存起来。几个月以后，当墨西哥的畜牧瘟疫传到德州、德州牛肉禁止外运、导致牛肉价格暴涨的时候再出售。

1. 获取信息

我们日益感受到信息的重要性，以最快捷的方式掌握最新、最大量的信息已成为在信息时代和市场经济环境中取胜的关键所在。但在解决问题过程中，已知的远远不如你想象的那么多。所以，我们必须明白：

（1）明确并我们所需的信息方向和大致范围。

（2）通过阅读、查找互联网和与有关的组织或人沟通来获取信息。

（3）掌握不同信息类型的用途，如文本、图表、数字、非语言信息等。

2. 归纳整理

信息的处理就是对获取的各种信息进行加工、分析、综合、归类、过滤，从中获取有用的情况、数据，进而提炼出新的思想、理论，用于指导工作实践的全过程。在这里，你必须能够：

（1）按用途对信息进行分类。

（2）能辨别信息的真伪。

（3）用一定的格式对信息进行编辑并保存。

3. 使用和传递

收集来的有用的信息，你还必须能够使用并传递，这才达到了信息处理的要求，让信息产生它固有的价值，不然，这些信息就是一些死的资料，不能产生附加值。所以，你必须：

（1）以规范的方式来展示信息。

（2）用合适的方式来传递信息。

> 联合利华引进了一条香皂包装生产线，结果发现有个缺陷：常常会有盒子里没装入香皂。他们请了一个学自动化的博士设计一个方案来分拣空的香皂盒。博士组织了一个十几人的科研攻关小组，综合采用了机械、微电子、自动化、X射线探测等技术，花了几十万元，解决了问题。每当生产线上有空香皂盒通过，两旁的探测器会检测到，并且驱动一只机械手把空皂盒推走。
>
> 中国南方有个小企业也买了同样的生产线，老板发现这个问题后找了个小工来说“你给我把这个搞定。如果弄不好，你滚蛋！”小工果然想出了办法：他在生产线旁边放了台风扇，空皂盒自然会被吹走。

（三）提升学习能力

学习能力是从学习中获得知识、经验并将其转化成一种工作能量的能力。在知识经济时代，资讯瞬息万变，知识总量迅速扩张，知识老化也越来越快，一个人在学校所学的知识可能仅占其一生所需知识的10%左右，而其余90%的知识需要在工作中通过学习来获取。可见，要想在瞬息万变的时代取得一定的成功，就必须不断地学习，以开放的心态树立与时俱进的终身学习观，只有这样，才能发现问题，适应外界变化的需要，取得比竞争对手更多的优势和机会。

要发现问题，要创新出新的、好的方法。就不能守旧，要学习最新的和最好的知识和经验，并快速消化和应用。

小知识

美国管理大师彼得·圣吉确定了五项“学习修炼”：

1. 自我超越：拓展个人技能以创建我们预想的组织。

2. 心智模式：反省、理解、澄清、发掘出内心世界，理解心智模式和人们决策、行为的关系。

3. 共同愿景：在组织内，全体成员对组织前景及实现路径达成共识。

4. 团队学习：使用学习和思考技巧，培养团队成长及学习能力。团队整体学习和知识创造的技能大于团队成员个人所有技能的总和。

5. 系统思考：组织内外存在的力量以及组织与组织的相互关系构成组织系统，系统思考要求对这些塑造组织系统的力量进行思考分析。

二、案例分析 Case Discussion

案例一：自动驾驶与智慧公路

提到物联网，我们的第一反应总是家庭场景，像是利用手机或智能音箱操控电灯开关和空调温度。家庭场景确实是一个适合技术快速落地的低成本场景，但很难发挥出物联网的真正作用。但如果把家庭场景扩大到社区场景，在楼梯、电梯、照明、供暖等设施中加入物联网技术，效率显然会提升得更多。大多数情况下，应用物联网技术的场景体量越大、接入对象越丰富，就可以提高更多的效率。加入了AI技术的智慧物联网（以下简称AoT）获取多种对象的历史数据，加入更多的传感器，通过机器学习的数据分析能力让它们实现一种高效率的共同协调。

所以，当我们放开想象，体量最庞大的AoT场景会在哪里？

最近被频繁提起的智慧公路或许就是答案。

自动驾驶只是智慧公路的“将就”

自动驾驶的终极目的是让人们更快、更方便地到达目的地，把全国的公路都做成自动传送式的履带自然是一种理想的方式，但这样的成本是不可想象的。于是我们有了自动驾驶汽车。

但理想的AoT驾驶方式是，每一辆汽车之间都有车辆网装置，了解对方下一步行动是什么，减少出现剐蹭的出现。交通标志、信号灯、过路等设施都通过信号发送实现自动化运行。道路甚至可以通过改变温度、形态来对应天气变化……这一切光靠自动驾驶汽车是实现不了的。

在智能公路的公认定义中，除了智行（智慧行驶）和智感（智慧感应），还需要“智控”和“智决”。即把道路的管控建立在车流、天气等因素的数据之上，结合机器学习形成自动决策。

比如在恶劣天气时自动变化速度限制，根据过往节日车流量信息在节日开始前就向车主发送躲避拥堵信息，随着情况变化加入潮汐车道、启用应急车道等等。在美国有一个名为Solar Roadway的众筹项目，提出把公路路面更换成智能太阳能面板，平时储存能源为电动汽车充电，在路面上展现行车信息，在下雪时甚至可以通过地面温度融化积雪。

虽然听起来过于科幻，但目前这个项目已经完成了众筹，在建成后会成为美国66号公路中的一段。

或许在不久的未来，我们的公路也会被赋予生命，时刻感知着路上行驶的车辆、外部的温度和风向，甚至可以预知每一个路口的车流量和每一辆车的转向制动。车辆监控也不再依赖于效果有限的摄像头，整条道路就是巨大的监控体系。交通事故的概率会大大下降，我们也不会再浪费那么多时间在路上。

哥伦布发现新大陆后，人们纷纷向他祝贺，也有不少人不以为然。他们说：这件事很简单，任何一个人都可以做到。有一次集会，他们又这样嘲笑他，他不动声色地拿出一只鸡蛋，说道：“在座诸位，谁能把这只鸡蛋在桌子上立起来？”没有一个人敢响应。他说：“我立给你们看。”言毕把鸡蛋使劲往桌子上一插，鸡蛋碰到桌子后破了，牢牢地立在桌子上。众人恍然大悟，说道：“这很简单。”哥伦布气愤地说：“一件事情做成之后，你们当然知道它简单。但是事先你们怎么没想到要这样去做呢？”

针对许多大城市出现的拥堵路况的问题，解决的办法需要依靠科技来实现，将先进技术应用到普通生活中的想法，是一种创新，但这种创新的实现需要很多的人为之付出辛勤的汗水，但实现之时，会有更多的人受惠于此。

唯一能持久的竞争优势是胜过竞争对手的学习能力。
——【荷】阿里·德·盖亚斯（Arie de Geus）

案例二：一滴焊接剂与石油大王

有一位青年在美国某石油公司工作，他所做的工作连小孩都能胜任，就是巡视并确认石油罐盖有没有自动焊接好。

石油罐在输送带上移动至旋转台上，焊接剂便自动滴下，沿着盖子回转一周，作业就算结束。他每天如此，反复好几百次地注视着这种作业，枯燥无味，厌烦极了。他想创业，可又无其他本事。他发现罐子旋转一次，焊接剂滴落39滴，焊接工作便结束了。他想，在这一连串的工作中，有没有什么可以改善的地方呢？一天，他突然想到：如果能将焊接剂减少一两滴，是不是能节省点成本？

于是，他经过一番研究，终于研制出37滴型焊接机。但是，利用这种机器焊接出来的石油罐，偶尔会漏油，并不理想。但他不灰心，又研制出“38滴型”焊接机。这次的发明非常完美，公司对他的评价很高。不久便生产出这种机器，改用新的焊接方式。虽然节省的只是一滴焊接剂，但“一滴”却给公司带来了每年5亿美元的新利润。

这位青年，就是后来掌握全美制油业95％实权的石油大王——约翰·D. 洛克菲勒。

节约需要创新，除了要杜绝“长明灯、长流水”等日常消费中的显性浪费行为外，还必须通过创新来消灭生产过程中的隐性浪费。只要用创新的精神和精益求精的态度，重新审视、研究生产过程中的每一道工序、经营过程中的每一个环节，就会发现其中潜藏着的巨大节约空间。

三、过程训练 Process Training

学历代表过去，财力代表现在，学习能力代表将来。

活动一：产品创新开发

（一）规则和程序

1. 以台灯为原型，运用核检表法，进行创新产品开发。

2. 联系实际，逐条进行核检，不要有遗漏。

3. 在核检每项内容时，要尽可能地发挥自己的想象力和联想力，产生更多的创造性设想。

4. 核检方式可根据需要，一人核检也可以，集体核检也可以。集体核检可以互相激励，产生头脑风暴，更有希望创新。

序号	核检问题	创新思路	创新产品
1	能否他用		
2	能否借用		
3	能否改变		
4	能否扩大		
5	能否缩小		
6	能否替代		
7	能否调整		
8	能否颠倒		
9	能否组合		

（二）相关讨论

各组对新设想进行筛选，将最有价值和创新性的设想筛选出来。组与组之间进行比较，是否能产生新的设想？

活动二：阅读并讨论

（一）规则和程序

阅读以下材料并组织相关讨论。

模仿创新不同于机械复制，在模仿的过程中，需对原始创新技术进行进一步完善和开发，对首创者已开辟的市场空间作进一步拓展和扩充。通过发现新的技术突破口，后来居上。1972 年英国企业 EMI 向市场推出第一台医用 CT。1976 年又开发出快速扫描 CT。EMI 的产品特点是技术水平高，但产品结构复杂，售后服务跟不上。在北美的医院中，病人做扫描的时间对购买决策有重要影响。从这一点出发，美国通用电器公司和德国西门子公司迅速开发出结构简单、可靠性强、扫描速度快的 CT 产品，并加强售后服务，从而赢得了市场。而技术水平很高的 EMI 公司医药事业部出现了亏损，最后于 1979 年被 Thorn 集团收购。

（二）相关讨论

1. 请结合实际情况分析模仿创新在技术创新中的作用。
2. 请分析 EMI 公司的医用 CT 产品为何失败？

四、效果评估 Performance Evaluation

评估：观察力评估

（一）情境描述

选择最适合你的一项，然后把所对应的分数相加起来。

1. 进入某个单位时，你：		
注意用具的准确位置	观察墙上挂着什么	注意桌椅的摆放
2. 与人相遇时，你：		
悄悄地从头到脚打量他一番	只看他的脸	只注意他脸上的个别部位
3. 你从自己看过的风景中记住了：		
色调	天空	当时浮现在你心里的感受
4. 早晨醒来后，你：		
马上就想起应该做什么	思考昨天都发生了什么事	想起梦见了什么
5. 当你坐上公共汽车时，你：		
与离你最近的人搭话	看看谁站在旁边	谁也不看
6. 在大街上，你：		
观察行人	观察来往的车辆	观察房的正面
7. 当你看橱窗时，你：		
注意观察每一件东西	也要看看此时不需要的东西	只关心可能对自己有用的东西
8. 如果你在家里需要找物品，你：		
聚焦集中在物品可能放的地方	到处寻找	请别人帮忙找
9. 看到你的亲戚、朋友过去的照片，你：		
尽量了解照片上都是谁	激动	觉得可笑
10. 假如有人建议你去参加你不会的游戏，你：		
试图学会玩并且想赢	借口过一段时间再玩而拒绝	直言你不玩
11. 你在公园里等一个人，于是你：		
仔细观察旁边的人	看报纸	想某事
12. 在满天繁星的夜晚，你：		
努力观察星座	只是一味地看天空	什么也不看
13. 你放下正在读的书时，总是：		
用铅笔标出读到什么地方	放个书签	相信自己的记忆力
14. 你记住领导的：		
外貌	姓名	什么也没记住
15. 你在摆好的餐桌前：		

（续表）

看看人们是否都到齐了	看看椅子是否放在合适位置	赞扬它的精美之处
A（10）	B（5分）	C（3分）

（二）评估标准和结果分析

分数大于100分：很有观察力。对于身边的事物，你会非常细心地留意，同时，你也能分析自己和自己的行为，如此知人入微，你可以逐步做到极其准确地评价别人。只是，很多时候，做人不能太拘泥于细节。

分数大于75分：有相当敏锐的观察能力。很多时候，你会精确地发现某些细节背后的联系，对你培养自己对事物的判断力非常有好处。但是，你需要注意的是，很多时候，你对别人的评价会带有偏见。

分数大于45分：能够观察到很多表象，但对别人隐藏在外貌、行为方式背后的东西通常采取不关心的态度。

分数小于45分：基本上，可以认为你不喜欢关注周围的人，不管是他们的行为还是他们的内心。要提防社交生活的某些可能障碍。

任何研究工作都应有所创新。创新的基础，一是新概念的指导，二是新方法的突破。

——王鸿祯

第二节　构思创意

职场在线

未来想象

未来智能生活有什么样的可能？2017 年 10 月 9 日至 19 日，NEXT IDEA 腾讯创新大赛在深圳启动以“NEXT IDEAx 未来想象”为主题的科技艺术跨界全国巡展。

NEXT IDEA 腾讯创新大赛是 2012 年由腾讯发起的关注艺术与科技领域的青年创新人才计划。通过集合优势业务以及各个领域的顶尖合作伙伴，挖掘、启发、培养并孵化年轻人的创意，推动全球青年的创新力和创造力。

此次创新大赛以“未来想象”为主题，有意让青年群体更多关注与人类未来息息相关的领域，尤其是未来智能生活方面。值得留意的是，这次大赛还携手史蒂芬·威廉·霍金共同呼吁全球青年关注未来社会命题，如人类未来的智能生活如何发展、人工智能是否对人类的生存安全造成影响等。

据了解，入围的 5 个优秀作品包括：红色星球扎染机——通过数字计算进行智能染色的扎染机器；变形侠——根据环境变化和任务需求进行自我重组的探索机器人；Pulu care 小方智能药盒——集语音功能、提醒功能、区分多种药物功能为一体的智能机器人；咻鼻儿智能检测仪——分析食物化学物质释放的气体浓度来快速判断食物能否食用的检测仪；“一念即达”智能轮椅——通过搜集脑电信号和眨眼肌电信号，能让使用者轻松控制速度和方向的高科技轮椅。

“我们在评审过程中最看重的是年轻人的想象力和创意力。”大赛组委会的专家接受采访时解释，今年作品的一大特点就是“人情味”和跨界创新，从社会痛点出发，解决社会问题。这些创意的解决方案，分别代表了设计者对不同领域的社会问题的思考，借助科技的力量实际解决生活问题，展现了当代年轻人对社会议题的关注。

在深圳现场，名为“一念即达智能轮椅”的获奖作品颇受关注。主创者介绍，这款轮椅是大脑功能正常的残疾人士和行动不便的老年人的福音，他们只需要坐在轮椅上，就可以根据眨眼的频率改变自身的转向，轮椅通过搜集脑电信号和眨眼肌电信号，能让他们轻松改变轮椅的速度，让生活更自在。

业内人士分析，随着人工智能和物联网技术的演进，未来智能家庭生活已经来到我们身边。本次跨界大赛在展示学生选手的未来畅想之余，也鼓励年轻人持续关注现代科技的发展与进步。

未来携手科技同行，智能化以我们可以预见的速度扑面而来，而智能化的进展是为了改变生活，让生活更轻松，上述案例中的发明和创造无一不是针对生活中存在的问题而设计的，发现问题，然后解决问题，是创新的最终目的所在。

一、能力目标 Competency Goal

每一次成功的背后，都有“另辟蹊径”的创意，它是解决问题的“加速器”。如今，创意在社会生活，尤其是市场经济中的地位显得愈加突出，遍布经济领域里的每一个角落，成为一个人取得成功的重要因素。

通过本节的学习，你将能够：

1. 了解创意的流程。
2. 了解创意准备等相关内容。

创意就是具有新颖性和创造性的想法。美国广告大师李奥·贝纳提出：“创意的核心是运用有关的、可信的、品调高的方式，与以前无关的事物之间建立一种新的有意义的关系的艺术。”

创意的内容包括两个方面：第一，创意是能够产生创造性社会后果或成果的思维过程。第二，创意思维就是思维本身和思维结果均具有创造特点的思维。

爱因斯坦说：“我想到这样一个问题：假如一个人以光速跟着光跑，那他就处在一个不随时间而改变的波场之中。看来不会有这样的事。这是与狭义相对论有关的第一个简单的思想实验。狭义相对论这一发现绝不是按逻辑想出来的，尽管最后的结果与逻辑有关。”追着光跑，尽管不存在于现实中，但完全可以在头脑中加以想象。

小案例

在美国有这样一位家庭主妇，她的先生常上夜班，深夜回来后她总要煮点速食面给她先生吃，但是吃后要洗碗却十分麻烦。后来这位主妇琢磨出一个懒办法：她把煮好的速食面分装几个盛果汁的纸杯里给丈夫吃，吃后一丢，好不省事。没想到，妻子有懒办法，丈夫也很善于发现。“好啊，这可以赚钱呀！”丈夫在深夜里对着妻子的“杰作”大叫起来。“纸杯装面”被丈夫联想到更重要的意义上去了。如在纸杯装面的杯口上蒙一层塑料纸，不就成为吃方便面可以不洗碗的新商品了吗？他果真申请得到这项专利权。转眼之间，商家就买走了这项专利，只是把纸杯改成纸碗，这样，吃了不用洗碗的方便面就问世了。

（一）创意流程

创意的流程可以分为准备、整合、酝酿、启发和检验五个步骤。

1. 准备

我们先要了解和明确此次创意的真正目的，为接下来的工作找准方向，使每一步的工作变得有效。同时，要为产生创意建立所需的信息资料，围绕创意的方向和目的去寻找。

2. 整合

对收集的大量而庞杂的信息进行整理，并对高度相关的信息资料进行保存，分析研究这些资料，寻找创意的切入点。

3. 酝酿

创意阶段需要“沉思”，这其实是创意处在酝酿状态的具体表现。创意酝酿阶段，有时创作者暂时离开了困扰他的问题，把注意力转移到别的地方，比如散步、淋浴、听音乐等等。这样的转移是带着淡淡的问题意识去放松，撇开原先思考的定势限制。

4. 启发

酝酿成熟后，豁然开朗，进入解决问题阶段。进入这一阶段的重要标志是创意想法的不期而至，有时，可能是一个渐悟的过程，而有时可能顿悟突然涌现，一个闪念，突然产生直觉，或者高峰体验未约而至，赶快进行记录，并不断对前面想法进行修正，逐渐发展成创意雏形。

顿悟，佛教用语，是指顿然领悟。当人们对问题百思不得其解，突然看出问题情境中的各种关系并产生了突然的颖悟和理解。有如“踏破铁鞋无觅处，得来全不费功夫”。其特点是突发性、独特性、不稳定性、情绪性。

小思考

从明朝末年开始，中国科学技术就落后于西方国家，原因在哪里？

5. 检验

检验是评估论证、发展完善创意的阶段，前一阶段生成的创意雏形虽然隐约闪露着智慧光芒，但也往往带有一些不尽合理的成分。这一阶段是运用理论知识、思维逻辑、理性客观心态来检验论证其合理性和可行性，并在验证基础上对创意加以修改、发展、完善，直至形成较成熟的创意构想。

（二）吸收素材

创意就是通过旧元素组合新概念。创意产生之前，我们的大脑要有尽量大的容纳度，你要多方吸收各方信息，同时还要可能多吸收与你创意相关的素材。同时，你还要开动脑筋，把这些素材当成干粮，用你的活跃的思维好好地咀嚼一番，这样才能让已被吸收的素材被充分利用，为创意的生成做好充分准备。同时，你要用你独特的思维触角，检视你所收集的不同领域素材，感受它们，你要寻找事物之间的关联性，所有事物都能以一种灵巧的方式组合成新的综合体，就像玩积木一样。

以产品设计为例，与创意相关的素材是指那些与你设计的产品概念、颜色、型号、美观度、用户体验、目标受众等正相关的信息，并深入寻找设计的产品与消费者之间某种特殊体验关系。

小资料

创意人的15种特征：勤奋努力的精神、充满激情与热情、广泛的兴趣爱好、珍视与渴望自由、永不满足的追求、挑战权威、幽默豁达的性情、强烈的好奇心、挑战和冒险精神、充满自信、审美能力、高度的专注力、无限的想象力、深刻的抽象能力、坚韧不拔的意志。

（三）创意准备

思想的火花稍纵即逝，抓住优秀思维的一个秘诀就是：要时刻准备着迎接闪现的创意，要让自己的思想之门对它们敞开，提供足够的空间让它们展现和完善。创意的准备，就是具备技能或创意思维的人能够在别人未想未行之前先迈出一步。

1. 选择最佳时段思考

我们每个人身体都有一个生理时钟，一般人是在早上七八点钟时精神最好。每个人生理时钟循环时程不同，由于每个人在精神最旺时工作效率最高，也是创意最容易产生的时刻。

你会发现你在何种场合或环境下最喜欢思考，有的人在旅游中常有创意，有人在慢跑中思索事情，有的人在开会中特别有创意，周遭环境或情境也是激发创意的引信之一。

2. 去除没有创意的习惯

许多的习惯是传统因素演变过来的，过去的历史因素或许已经消失了，所以我们要挑战传统，找出更能符合现实状况的创意及措施。

3. 信赖直觉

“直觉是我们的未来之门。”它着眼于未来而不是针对过去。直觉的好处在于，它的出现要比逻辑思维快得多，因此，我们就有机会作出某个重要决定。真正的直觉来自于潜意识，它能够产生最佳的第一印象。它甚至能够分清轻重缓急，通过潜意识来排定不同问题的处理顺序。

（四）检验创意

创意要循着准确的方向进行，首先你的创意得是“对的”，接下去才能判断你的创意是否是“好的”。一个再好的创意，如果方向错了，那就等于后面的工作全都白费。因此，有了想法，要分析这个想法是否符合要求，方向是否准确，再去执行。

渐悟，佛教用语。意思是渐次修行，心明累尽，方能达到无我正觉境界，指修行、思考过程中必须分为许多阶次，只有长期的甚而累世的努力才能达到理解与领悟。

好的创意是“创新 + 可执行性”。一个好的想法，如果脱离现实，没有可行性，也不算是好的创意。所以在创意构想阶段，就要考虑到想法是否具有可执行性。

你要把刚诞生的那个不成熟的小创意放逐到冷酷的现实世界中去让它经受考验。你可能会发现它似乎不如先前那样非凡独特和具有魅力，你要进行一系列的工作对创意进行修正，让它更具可行性和可操作性。你应该让你的朋友和同行们对你的创意提出坦诚的和有建设性的意见和建议。这时，你有可能会发现，它会激励理解它的人产生更多的想法，帮助它变得更加完备，从而激发出更多可能性。

二、案例分析 Case Discussion

诺贝尔医学奖获得者豪斯菲尔德发明的CT扫描仪是通过把X射线照相装置同计算机结合在一起实施的。而这两项技术本身都是成熟的技术，并无什么原理上的突破。但合成一体后，便可诊断出脑内疾病及体内癌变，这一特殊功能是原来两项技术单独使用时所没有的，因而是一项重大发明。

案例一：广告语Just Do It的诞生

这不是一个温情的故事。

耐克公司委托W+K（Wieden & Kennedy）广告公司设计一句能扩大品牌影响力的广告词，当时接受这项任务的就是Dan Wieden。

一位名叫Gary Gilmore的美国人因在犹他州抢劫和谋杀了两条性命，35岁的他被判监禁，他在印第安纳州的监狱里度过了一段漫长的时期。出狱之后，他重蹈覆辙，1977年，再度抢劫和谋杀了两名普通人，虽然两位受害者在抢劫中都采取了合作态度，但仍然被残忍地枪杀。凶手被判死刑。行刑之前，行刑者问他有何遗言，他回应道：动手吧（Let’s do it）。

“我清楚地记得，那晚看到这个杀人事件的时候我很震惊。不过我很喜欢他临死前说的这句话，尤其是当中的‘do it’两个单词，这很潇洒，并且很符合体育精神。”Wieden如此解释。随后，为了加强这句广告词的感染力和语气，他在前面加上了“just”，意思是“只管去做”。

“之所以表达出这种洒脱的感觉，我是想让女性因此受到鼓舞，无所顾虑地投入到健康的体育运动当中，无论是竞技层面还是普通的健身，都不仅仅是男人的事儿。”Wieden补充了广告语的意味。

好的创意表达者总是对生活中的事物具备强烈的好奇心，他们博览群书、通晓古今，并广泛涉猎自己钻研领域或相关领域的信息。所以创意有赖于素材的吸取。如果Dan Wieden不了解这个杀人案例，或者对这个事件不敏感，就不可能有耐克经典的广告语了。

案例二：比尔·盖茨的狂想

在前PC时代，个人电脑的发展主要是以硬件为主，PC机所使用的软件均出自电脑爱好者之手，这些软件的源代码是开放的，属于非商业性的共享资源。

然而，一个叫比尔·盖茨的程序员以知识产权保护的理由将软件商业化，并将他的Basic程序的使用权标了价，这对当时的电脑爱好者来说简直是令人啼笑皆非的疯子行为。

然而，正是比尔·盖茨创立了这一新的游戏规则，促进了软件行业的巨大发展，改变了软件在PC行业中从属于硬件的地位，把软件变成了硬件的核心和灵魂，把两者的地位彻底颠倒了过来。

盖茨依靠这个自创的游戏规则和微软公司多年的努力，制定和掌握着PC机操作平台的技术标准，并同相关企业结成联盟，牢牢把握着客户资源，成为PC时代最大的赢家。人人认为不可能的疯狂想法，把“微波而软弱”的微软打造成了巨大而强壮的科技帝国。

敢于向传统规则挑战，打破常规，创立自己的领先规则，使跟从者都按照自己创立的规则“玩游戏”，则必将占有绝对垄断的优势和先机。

三、过程训练 Process Training

美国哈佛大学校长普西曾经深刻地指出，一个人是否具有创新能力，是“一流人才和三流人才之间的分水岭。”

活动一：字词重组

（一）规则和程序

下面圆环中有10个汉字，这10个汉字可以按顺时针和逆时针顺序去读。你能在10分钟之内用这10个字作一首诗吗？

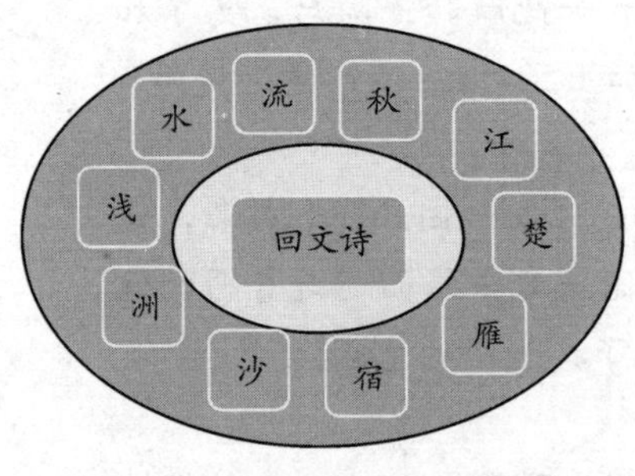

（二）参考答案

明末清初，浙江才女吴绛雪写过《春》《夏》《秋》《冬》四首回文诗。上面圆环中的字便是从她的诗作《秋》中摘录出来的。其原诗是：

秋江楚雁宿沙洲，雁宿沙洲浅水流；
流水浅洲沙宿雁，洲沙宿雁楚江秋。
本题没有固定答案，你也可以构想自己的诗，如：
秋江楚雁宿，沙洲浅水流；
流水浅洲沙，宿雁楚江秋。

活动二：走方块

（一）规则和程序

人数：16 人以上。

时间：5~15 分钟，取决于参加人数的多少。

场地：不限。

用具：每人一块边长为 30 厘米的正方形木板之余，还需富余一块。

步骤：

1. 把所有木板都放到地上，呈一条直线排列，彼此间距 30 厘米。

2. 把整个团队分成人数相等的两组。

3. 两组组员分别从这排方形木块的左右两边站起，每人站在一块木板上，两组相对而立。最后，中间只剩下一块木板。

4.16 名组员，每组 8 人，中间一块闲置木板。每个人占一个方块，方块中的箭头代表各个组员应该面对的方向，所以，整个小组面向同一个方向。

5. 两组将分别从这排方块的这一边走到另一边。

6. 不允许组员转身，可以向后看，但身体必须朝着游戏开始时的方向。每次各组只能有一人转身，也就是说允许转身时，每组只能有一人转向。

7. 组员可以移到自己面前的空木板上。

8. 组员也可以超越对手移到他们前面的方块上，但是不能后退。

9. 组员不能超越和你面向相同方向的人，你只能看到他们的后脑勺，就是不能超越他们。也不允许一次穿越两个对手，到达前面的方块上。

10. 如果有人发现自己到了无路可走的地步，所有组员必须回到起始位置，重新开始游戏。

> 居里夫人从沥青矿中提炼出铀后，发现剩下的沥青矿中仍然有放射线放出。有放射线，说明就有放射性元素。所以她继续提炼，果然发现了新的放射性元素——镭。居里夫人在这里就是凭借逻辑思维获得了新的正确认识。

（二）相关讨论

1. 谁是团队的领导？他是如何引领团队的？

2. 团队领导在管理模式上有何创新？

3. 这个游戏对于现实的管理有着怎样的借鉴作用？

四、效果评估 Performance Evaluation

评估：威廉斯创造力倾向测量表

（一）情境描述

这是一份帮助你了解自己创造力的练习。每一题都要做，不要花太多时间去想。所有题目都没有“正确答案”，凭你读完每一句的第一印象作答。虽然没有时间限制，但尽可能地争取以最快的速度完成。

1. 在学校里，我喜欢试着对事物或问题作猜测，即使不一定都猜对也无所谓。
2. 我喜欢仔细观察我没有见过的东西，以了解详细的情形。
3. 我喜欢变化多端和富有想象力的故事。
4. 画图时我喜欢临摹别人的作品。
5. 我喜欢利用报纸、旧日历等废物来做成各种好玩的东西。
6. 我喜欢幻想一些我想知道或想做的事。
7. 如果事情不能一次完成，我会继续尝试，直到成功为止。
8. 做功课时我喜欢参考各种不同的资料，以得到多方面的了解。
9. 我喜欢用相同的方法做事情，不喜欢去找其他新的方法。
10. 我喜欢探究事情的真假。
11. 我喜欢做许多新鲜的事情。
12. 我不喜欢交新朋友。
13. 我喜欢想一些不会在我身上发生的事。
14. 我想象有一天能成为艺术家、音乐家或诗人。
15. 我会因为一些令人兴奋的念头而忘记了其他的事。
16. 我宁愿生活在太空站，也不喜欢住在地球上。
17. 我认为所有的问题都有固定答案。
18. 我喜欢与众不同的事情。
19. 我常想知道别人在想什么。
20. 我喜欢故事或电视节目所描写的事。
21. 我喜欢和朋友在一起，和他们分享我的想法。
22. 如果最后一本书的最后一页被撕掉了，我就自己编造一个结果。
23. 我长大后，想做一些别人从没想过的事情。
24. 尝试新的游戏和活动，是一件有趣的事。
25. 我不喜欢受太多的规则限制。
26. 我喜欢解决问题，即使没有正确的答案也没有关系。
27. 有许多事情我都很想亲自去尝试。
28. 我喜欢唱没有人知道的新歌。
29. 我不喜欢在班上同学面前发表意见。

> **伯纳姆三问法**
>
> 美国人伯纳姆针对创新中的问题提出了著名的“三问”，也就是在进行新的方法、方案、设计、创意、规划、产品和科技成果创造时：
>
> 能不能取消？
>
> 能不能合并？
>
> 能不能用简单的东西代替？
>
> 这“三问”不仅对美国的科技革命，而且对颠覆美国人的思维方式也起到了极大的推动作用。

30. 当我读小说或看电视时，我喜欢把自己想成故事中的人物。
31. 我喜欢幻想 200 年前人类生活的情形。
32. 我常想自己编一首新歌。
33. 我喜欢翻箱倒柜，看看有些什么东西在里面。
34. 画图时，我喜欢改变各种东西的颜色和形状。
35. 我不敢确定我对事物的看法都是对的。
36. 对于一件事物先猜猜看，再看是否猜对了，这种方法很有趣。
37. 玩猜谜之类的游戏很有趣，因为我想知道结果如何。
38. 我对机器很感兴趣，想知道里面是什么样子，它是怎么转动的。
39. 我喜欢可以拆开来玩的玩具。
40. 我喜欢想一些新点子，即使用不着也无所谓。
41. 一篇好的文章应该包含许多不同的意见或观点。
42. 为将来可能发生的问题找答案，是一件令人兴奋的事。
43. 我喜欢尝试新的事物，目的只是为了想知道会有什么结果。
44. 玩游戏时，我通常有兴趣参加，而不在乎输赢。
45. 我喜欢想一些别人常常谈过的事情。
46. 当看到一张陌生人照片时，我喜欢去猜想他是个怎样的人。
47. 我喜欢翻阅书籍和杂志，但只想大致了解一下。
48. 我不喜欢探寻事物发生的各种原因。
49. 我喜欢问一些别人没有想到的问题。
50. 无论在家还是在学校，我总是喜欢做许多有趣的事情。

容易产生创意的时间

坐马桶、乘公交车时、上班出勤时、从事体力劳动时、上教堂时、约会时、运动时、参加一项无聊的会议（或训练）时、洗澡时、半睡半醒时、半夜醒来时、搓麻将等消遣时。

（二）评估标准和结果分析

本量表共有 50 题，包括冒险性、好奇性、想象力、挑战性四项。其中：正面题目完全符合 3 分，部分符合 2 分，完全不符合 1 分；反面题目完全符合 1 分，部分符合 2 分，完全不符合 3 分。

1. 冒险性题目有：

（1）正面题目：1、5、21、24、25、28、36、43、44

（2）反面题目：29、35

2. 好奇性题目有：

（1）正面题目：2、8、11、19、27、32、34、37、38、39、47、49

（2）反面题目：12、48

3. 想象力题目有：

（1）正面题目：6、13、14、16、20、22、23、30、31、32、40、46

（2）反面题目：45

4. 挑战性题目有：

（1）正面题目：3、7、10、15、18、26、41、42、50

（2）反面题目：4、9、17

计算您的累积得分，得分高说明创造能力强；反之，说明创造能力差。

创新是一汽发展的精髓，容忍创新失败，全力支持创新的人们实现梦想。

——徐建一

第三节 解决问题

职场在线

微信的诞生

2010年10月，一款能实现免费短信聊天功能的应用软件Kik上线15天就收获了100万用户而引起业内关注，对它关注的还有腾讯广州研发部总经理张小龙。

一天晚上，他在研究Kik类的软件时，产生了一个想法：移动互联网将来会有一个新的即时消息传递软件IM，很可能会对QQ造成很大威胁。随后，他向腾讯CEO马化腾写了封邮件，建议腾讯做这一块的东西。马化腾很快回复了邮件表示对这个建议的认同。张小龙随后向马化腾建议广州研发部来承担这个项目的开发。“反正是研究性的，没有人知道未来会怎么样，”张小龙回忆说，“整个过程起点就是一两个小时，突然搭错了一根神经，写了这个邮件，就开始了。”

微信1.0版本很多的点是纯粹的短信交互。2.0版本则跨度比较大，对团队提出了不小的挑战。当时米聊已先行一步推出语音对讲功能，用户反响强烈，而Talkbox英文版也在国内拥有一批高端“粉丝”。张小龙认为这个地方一定有很好的机会，当机立断决定在微信中加入语音功能。微信2.0的iOS版发布之后，用户增长量开始攀升，但量并不是很大。安卓版发布以后，用户量开始快速增长。语音版使微信成为一个有一定影响力的产品，也使微信在竞争中占据了相对有利的位置。

“对于微信而言，有三个重要的增加点，”张小龙说，“语音是一个，附近的人是最大的一个增加点，摇一摇也是一个增加点。”查看附近的人功能出来之后，微信新增好友数和用户数第一次迎来爆发性增长。

2011年12月20日，微信推出3.5版本，一个最重要的功能是加入了二维码，方便用户通过扫描或在其他平台上发布二维码名片，拓展微信好友。同时，微信也推出了名为WeChat的英文版。2012年4月25日微信在港、澳、台三地均登上社交类的榜首。

微信的诞生是源于腾讯的工作人员对市场的敏锐，但微信走到今天，与腾讯的团队人员的创新精神是分不开的，小程序、语音、摇一摇、视频、红包等等功能不断刷新人们的眼球，不断地解决了人们渴望的一些问题。尽管微信在开发过程中有其他软件或者拥有类似功能，但微信把这些功能集中到一起并进行了创新才有了我们现在看见的微信版本。

牛顿发现了万有引力，爱迪生发明了电灯，特斯拉设计了现代交流电系统并发明了无线电，乔布斯团队设计了苹果手机，马云创立了阿里巴巴，这些都是高大上的成果，为我们的科学和生活带来了便利。我们很可能认为创新高不可攀，遥不可及，但事实上，很多创新可能只是来自于对生活的观察，只要善于观察并勤于动脑，人人皆可以创新。

一、能力目标 Competency Goal

创新始于问题的发现、提出、创意的出现，终于问题的解决。创新要把研究和解决问题作为创新的出发点和落脚点，只有创意得到实施、问题等到解决，才能实现创新的价值。问题的解决有流程、有方法。只有掌握了解决问题的流程与方法，创新的成果更容易出现。

通过本节的学习，你将能够：

1. 掌握解决问题的流程。
2. 学会如何解决问题。

（一）描述问题

当问题出现后，要对问题的属性、影响、规模、现状及解决问题所需的时间和资源全面了解，并直接或对照以往经验对问题进行描述，对解决问题的价值和意义进行评估，然后决定是回避这个问题还是要解决它，并预期要达成的目标。

现实工作中的有些问题是静态的、固定的，而有些问题是动态的，常常随着时间的推移和环境的变迁而不断改变。

1. 描述问题的原则

描述问题有三大原则：去掉主观形容词、克服心理倾向性、剔除结论性语言。

2. 描述问题的要求

描述问题有三大要求：即准确、清晰和简明扼要。

（1）准确：抓住问题的本质之所在，说明问题的主要特征。

（2）清晰：把问题的意思和逻辑完整、明白地表达出来，清楚列示问题涉及的各方面信息。

（3）简明扼要：语言简练，要描述关键点。

> 有利于问题解决的 10 种方法：
> 1. 增加相关领域的知识。
> 2. 使问题解决中的一些成分自动化。
> 3. 制定比较系统的计划。
> 4. 作出推论。
> 5. 建立子目标。
> 6. 逆向工作。
> 7. 寻找矛盾点。
> 8. 寻找当前问题与过去相关问题的联系点。
> 9. 发现问题的多种表征。
> 10. 多多练习。

（二）分析问题并提出解决方案

1. 找出问题的原因

要解决问题，首先要能发现问题的存在，对问题作出准确的界定。这就需要创新主体具有敏锐的洞察力，能意识到“有所不同”的存在，弄清楚问题到底是什么，并努力找出产生问题的原因是什么。大多数情况下，问题都是由许许多多的原因构成的。在查找问题的原因时，毫无遗漏地搜集出问题产生的所有的原因，并在此基础上，寻找出根本的原因，才是我们在查找原因时需要关注的。

只有探究关键问题产生的原因所在，从根本上采取对策，关键问题才能得到解决，否则将永远处于问题状态。如果你的组织或个人工作中曾多次出现相同的问题，那就说明是在没有找准根本原因的情况下采取了不是十分准确的对策。我们有许多分析原因的方法可供参考，如YY分析法、逻辑树分析法（因果分析法）、帕累托分析法、比较分析法，当然还有其他的一些分析法，如关系图表、SWOT分析、列举法、归纳法、推理法等等都是很好用的工具。下图是逻辑树分析法的展示，非常清晰地解构了问题的层级：

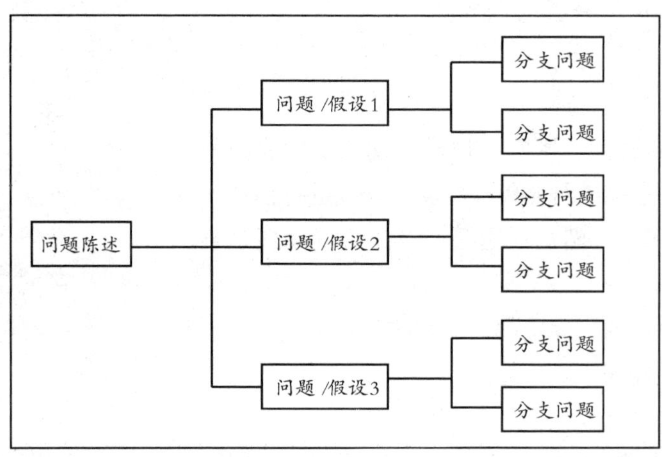

> **逻辑树分析法要点**
>
> 1. 将问题分成几个部分，使解决问题的工作可以分成智力上能够解决的几个部分。不同部分可按轻重缓急区分。
>
> 2. 保证问题获得完整的解决，工作责任能分派到个人。将问题的各个部分解决好，即已解决整个问题。所分问题的各个部分各不相同，而且包括了各个方面（没有重叠或遗漏）
>
> 3. 使项目小组共同了解解决问题的框架。

2. 寻找与问题相关的信息

描述问题之后，要收集并整理与问题有关的有用的信息和数据。可从如下几个方面来做工作：检查资料完整性、分析来源、交叉核对、核实记录描述的清晰性、排除或改正错误、确认符合资料收集的统一格式、考察影响问题各因素间的关系。

3. 思考对策并提出方案

如果已经把握导致关键问题出现的原因，下一步就要研究如何将其排除。研究对策的关键是需要收集所有可能解决这一问题的对策（也可以说使其“发散”）。

设计解决方案包括行动线路，它应当尽可能密切地满足你的标准。这有可能反过来抑制观点的形成。最佳办法是，一旦你已经探究了所有的可能性以后，就尽可能多地创造能实现你目标的观点，并按照这些标准检测它们。

对问题的分析应当已经为你提供了大量的信息和可实施的观点。

我们可以持续地询问自己对情况发展的观点，因为你对解决方法的研究将帮助你探究所有的可能性。例如：

我真的需要实现这一目标吗？

我能用不同的目标来替换吗？

我能以不同的方式实现这一目标吗？

推迟尝试实现这一目标是否有任何好处？

是否有其他人能更加有效地实现这一目标？

这真的是障碍吗？

在处理这一障碍时是否还有更加有效的方法？

我是否能消除这一障碍的诱因？

我是否能用这一障碍使之成为我的优势？

识别问题并找出问题的原因后，要以多种方式揭示问题的性质、细节和特点，并对同类问题进行比较，核查影响问题的可变因素，从不同角度提出认识问题的观点，继而利用多种方式提出解决问题的办法，并比较可能解决问题办法的可操作性和可行性，并预防风险。

4. 确定解决方案

在提出多种解决问题方案后，要对多种方案进行可靠性和可操作性评估，确定解决问题的最佳方案，并判断和阐明你做出的选择的合理性。

> **工作计划的做法**
>
> 提早：不要等待数据、关键数量或任何其他因素。
>
> 经常：随着反复仔细分析数据而修改、补充或改善工作计划。
>
> 具体：具体分析，寻找具体来源。
>
> 综合：同项目小组成员一起检测，尝试其他假设。
>
> 里程碑：有序地工作，使用80/20方法按时交付。

小案例

杰弗逊纪念大厦维修方案的取消

美国华盛顿广场有名的杰弗逊纪念大厦，因年深日久，墙面出现裂纹。为能保护好这幢大厦，有关专家进行了专门研讨。最初大家认为损害建筑物表面的元凶是侵蚀的酸雨。专家们进一步研究，却发现：

对墙体侵蚀最直接的原因，是每天冲洗墙壁所含的清洁剂对建筑物有酸蚀作用。

每天为什么要冲洗墙壁呢？是因为墙壁上每天都有大量的鸟粪。

为什么会有那么多鸟粪呢？因为大厦周围聚集了很多燕子。

为什么会有那么多燕子呢？因为墙上有很多燕子爱吃的蜘蛛。

为什么会有那么多蜘蛛呢？因为大厦四周有蜘蛛喜欢吃的飞虫。

为什么有这么多飞虫？因为飞虫在这里繁殖特别快。

而飞虫在这里繁殖特别快的原因，是这里的尘埃最适宜飞虫繁殖。

为什么这里最适宜飞虫繁殖？因为开着的窗，阳光充足，大量飞虫聚集在此，超常繁殖……

由此发现解决的办法很简单，只要关上整幢大厦的窗帘。此前专家们设计的一套套复杂而又详尽的维护方案也就成了一纸空文。

很多时候，看起来的复杂无比的问题，只要找到了产生的真正原因，解决起来其实很简单。在对问题进行分析时，有很多成熟的方法和技巧可供我们学习，如鱼骨图分析法就是一种发现问题、分析问题原因的有效方法，这种分析方法画成图就像鱼的骨架。另外，还有快速比较分析法、YY 提问技巧法、简化法等。

（三）实施解决方案并进行效果评估

当我们制定了详细的实施方案后，就要将方案付诸实施。虽然有很多方案很详尽，但真正去实施时就会发现还有很多在分析问题阶段没有发现的要素和困难。

1. 实施方案

创新是百分之一的思考和百分之九十九的行动。创新的成功和问题的解决在很大程度上取决于方案的实施，所以我们要通过行动来实现创新，要学会利用专业知识，确定可能利用的资源，保持工作进度，并从相关人员如专家、上级主管和影响这个问题解决的其他人员那里获得信息和反馈。在这一环节要注意如下因素：

（1）将解决方案化解为便于管理、可监控的具体步骤。

（2）让所有解决方案影响到的人员参与到实施过程中并确保所有人员清楚各自的工作内容。

（3）在关键环节上投入最大的精力。

> **黄金分割**
>
> 古希腊人发现了一种表现美的方法：黄金分割。黄金分割又称黄金律，是指事物各部分间一定的数学比例关系，即将整体一分为二，较大部分与较小部分之比等于整体与较大部分之比，其比值为 1 ：0.618 或 1.618 ：1，即长段为全段的 0.618。0.618 被公认为最具有审美意义的比例数字。上述比例是最能引起人的美感的比例，因此被称为黄金分割。

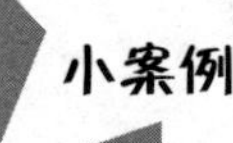

小案例

堡垒问题

一个独裁者住在一个牢固的堡垒中统治全国。这个堡垒位于国家中央，四周都是农场和村庄。一位将军在边境发动起义，计划要攻下堡垒，解放全国。如果整个军队同时进攻，就会取得胜利。但是，在每个方向的道路上都埋了地雷，只有小部分人可以通过雷区，大规模的武装力量经过时会引爆地雷，使攻击行动失败。将军应该如何成功夺取城堡？

解决办法：将兵力分散，从各个角度攻入，这样避免了地雷爆炸，也保证有足够的攻城力量。

2. 效果评估

考察一个问题是否得到真正解决，就要对问题解决之后的结果进行评估和反思，继而在此基础上总结经验，提出改进的意见和办法。其目的就是检查问题到底解决得怎么样。

结果检查表：

问题解决的目标是什么	结果评估				
	满意	较满意	一般	较差	很差
问题解决的结果是否达到了预期目标					
问题解决的过程是否具有创新性					
问题解决过程中的成本控制如何					
问题解决中的团队合作情况如何					
问题解决后的改进措施					
对该问题解决的总体鉴定意见： 鉴定评估人： 日期：20　　年　　月　　日					

二、案例分析 Case Discussion

案例一：爱迪生治痛风

爱迪生的一生，从孩提时代直至终老，都没有停止问“为什么”。他虽然没有将自己所问的问题都求出答案来，然而他所得出来的答案却是多得惊人。例如：有一天，他在路上碰见一个朋友，看见他手指关节肿了。

“你的手指为什么肿了？”爱迪生问。

“我还不晓得确切的原因是什么。”

“为什么你不晓得？医生晓得吗？”

“每个医生说的都不同，不过多半的医生以为是痛风症。”

“什么是痛风症呢？”

“他们告诉我说这是尿酸淤积在骨节里。”

“既然如此，他们为什么不从你骨节中取出尿酸来呢？”

“他们不晓得如何取。”病者回答。

“为什么他们会不晓得如何取法呢？”爱迪生生气地问道。

“因为尿酸是不能溶解的。”

“我不相信。”这位闻名世界的发明家说道。

> 畅销的产品并非无中生有，而是发掘身旁的物品，加以改良而成；只要你比别人发现得早，变化得巧，便能成为巨富。
>
> ——【日本】藤田田（日本麦当劳的创始人和经营者）

爱迪生回到实验室里，立刻开始试验看尿酸到底是否能溶解。他排好一列试管，每只试管内都灌入四分之一管不同的化学液体。每种液体中都放入数粒尿酸结晶。两天之后，他看见有两种液体中的尿酸结晶已经溶解掉了。于是，这位发明家有了新的发现，这个发现也很快地传播出去，现在这两种液体中的一种在医治痛风症中普遍得到应用。

“我不相信！”，正是这种不服输的信念让爱迪生获得了成功。

猴子与香蕉

有6只猴子关在一个实验室里，头顶上挂着一些香蕉，但香蕉都连着一个水龙头，猴子看到香蕉，很开心去拉香蕉，结果被水淋的一塌糊涂，然后6只猴子知道香蕉不能碰了。

然后换一只新猴子进去，就有5只老猴子一只新猴子，新来的猴子看到香蕉自然很想吃，但5只老猴子知道碰香蕉会被水淋，都制止它，过了一段时间，新来的猴子也不再问，也不去碰香蕉。然后再换一只新猴子，就这样，最开始的6只猴子被全部换出来，新进去的6只猴子也不会去碰香蕉。

案例二：汽车为什么无法启动?

通用汽车公司黑海汽车制造厂总裁收到一封关于汽车的抱怨信：

这是第二次给你写信，我不会怪你没有答复我提出的问题，因为这个问题实在是太荒诞，但它的确是事实。我家一向有一个晚餐后吃冰激凌的传统。因为有很多种冰激凌，故全家举手表决吃哪一种，然后，我就开车去商店购买。

最近我买了一辆新的黑海牌车，从此以后，去商店就出现了一个问题。你知道，每次我从商店买完香子兰冰激凌回家，汽车就起动不了。但我买其他种类的冰激凌，车起动得很好。

无论这个问题有多愚蠢，但我还是想让你知道我对这个问题非常关注：是什么使得我买香子兰冰激凌时，汽车起动不了，而买其他冰激凌，车就容易起动?

黑海厂总裁对这封信感到迷惑不解，但还是派了一位工程师去查看。使工程师很惊讶的是，在一个整洁的居民区，一个受过良好教育、修养很好的男子接待了他。这位男子安排工程师在晚饭后开始工作。晚上他们跳上汽车去冰激凌店，也是买香子兰冰激凌，返回时，车起动不了。

工程师又连续去了3个晚上。第一个晚上，车主买巧克力冰激凌，车起动了；第二个晚上，买的草莓冰激凌，车也能起动；第三个晚上，买的香子兰冰激凌，车起动不了。工程师绝不相信这部车对香子兰冰激凌过敏。于是他加倍工作以求解决问题。

每次他都作记录，写下各种数据，像日期、所用的汽油类型、汽车往返的时间等等。在这几天里，他发现了点线索：车主买香子兰冰激凌所花的时间比买其他冰激凌所花的时间要短。这是为什么呢？答案就在冰激凌店的货架上。香子兰冰激凌很受欢迎，故分箱摆在货架前面，很易取到。而其他冰激凌都摆在货架后面分格里，这就需要花较长的时间去找才能得到。

经分析，上述问题变成了：为什么车停很短时间，就起动不了？工程师进一步找到了问题的答案，即不是因为香子兰冰激凌，而是因为汽锁使汽车起动不了。每天晚上买其他冰激凌就需要额外一段时间，而这段时间可使汽车充分地冷却以便起动。而当车主买完香子兰冰激凌时，汽车引擎还很热，所产生的汽锁耗散不掉，因而汽车起动不了。

三、过程训练 Process Training

活动：产褥热问题分析

（一）问题背景

1845年，维也纳某医院，第一产科。这里笼罩着一种恐惧、悲惨的气氛，产妇和家属们这周已经是第三次看到神父摇着铃走进病房，这意味着又有一位产妇死了。这些产妇都是患上当时最可怕的产褥热死去的，当时还没有任何可以对付这种疾病的办法。现在有钱的人都想方设法转到第二产科，据说那边的情况一直很正常。

医生办公室里，第一产科的医生心事重重，他们手里拿着刚送来的报告，上面写着两年中第一产科的产妇死亡率高达22%，而同期第二产科的死亡率仅为1.3%。

面对产妇的高死亡率，第一产科的医生必须要找到问题的原因。对于这个问题来说，找到原因也就找到了解决方案。第一产科的负责人西迈尔维斯医生开始思考可能的原因，并对这些原因逐一检验。

优秀员工，是最擅长解决问题的员工。只有勇敢面对问题，才能激发我们潜藏的力量，唤醒我们麻痹的问题解决智慧。面对问题的最好办法就是：对问题负责，勇敢面对问题，开动脑筋解决问题。

（二）问题分析

分析一：当时一种普遍的说法认为，产褥热是由于“疫气”的影响。这是一种遍布于整个地区的一种大气和土地的变化，导致产妇出现产褥热。根据这个解释，离大地越近的产妇应该更多地受到“疫气”的影响。但是，这仍然不能解释为什么第一产科和第二产科的产褥热死亡率相差这么多。于是西迈尔维斯否定了“疫气”说。

分析二：西迈尔维斯认为，问题的关键在于寻找第一产科和第二产科的差异。有人提出这些原因：第一产科的病房更为拥挤；第一产科的实习生比较多；临终前进行圣事的神父经过第一产科时对病人产生恐惧的影响；第一产科采用仰卧分娩而第二产科采用侧卧分娩等等。西迈尔维斯针对这些解释一一进行了检验。通过观察，他发现第一产科确实比第二产科更为拥挤；降低第一产科的实习医生数量也没有使死亡率下降；让神父绕过病房也没有好转；改变第一产科的分娩方式依然没有效果。

分析三：有一天，他的同事与学生一起进行尸体解剖时，不小心被解剖刀划破受伤，不幸发病去世。西迈尔维斯注意到这位同事的症状和发病过程与产褥热的病人一样，他由此推断，产褥热和尸体解剖有关。他再次分析第一产科医生的工作程序，发现包括他自己在内的医生从解剖死于产褥热病人的病理解剖房出来后，有的直接给别的产妇作检查。

西迈尔维斯估计是医生传播了病源，于是下令要求所有的医生和学生在进入病床检查前都必须用漂白粉溶液洗手。就是这么一个简单的措施，竟然使得第一产科的死亡率很快降到 1.3%，问题就解决了。

牛顿保守的晚年

牛顿的一生有许多伟大发现：力学三定律、万有引力、光学环、光微粒说等等。然而晚年的他却陷入了亚里士多德和柏拉图学说的范畴而不能自拔，花了十年时间研究上帝的存在，结果自然毫无所得。由此看来，即使是一个伟大的学者，一旦落入陈旧的范畴，就不会有新的成就。

（三）小组讨论

1. 西迈尔维斯医生是采用什么分析法来分析高死亡率的发生的？

2. 为什么看似很难的问题解决起来却如此简单？

四、效果评估 Performance Evaluation

评估：解决问题能力测试

（一）情境描述

下面是 10 个单项选择题，请在每一个题目的备选答案中选择一个符合你的答案。

1. 你书房的书被水管漏水浸坏了：

A. 你非常不快，不停地抱怨。

B. 你想借此不交物业费，并写了批评信。

C. 你自己擦洗、清理、烤晒图书，并修理水管。

2. 在节假日里，你和爱人总会为去看望谁的父母发生争执：

A. 你认为最好的办法就是谁的父母都不去看望，以减少麻烦。

B. 订个计划，这次看望爱人的父母，下次看望你的父母，轮流看望。

C. 决定在重要的节假日里，和你的家人团聚，而在其他节假日里与爱人的家人共度。

管理是一种实践，其本质不在于“知”而在于“行”；其验证不在于逻辑，而在于成果；其唯一权威就是成就。

——【美】彼得·德鲁克

3. 如果某个朋友要结婚了，如果你去参加婚礼，你当然得送红包，这时：

A. 事先对对方说你有事不能参加，事实上你并没有什么事情，你只是为了不送红包。

B. 对那些你认为重要的朋友，比如可以给你带来生意上的帮助的人，你才愿意参加其婚礼并送红包。

C. 你不送红包，但经常收集一些小的或比较奇特的礼物来应付朋友结婚这类事情。

4. 当你感觉身体不舒服时：

A. 你会拖延着不去就诊，认为慢慢会好的。

B. 自己诊断一下，去药房买药。

C. 把这种情况及时告诉家人，然后去医院检查。

5. 生活中的各种压力使你和家人变得容易发怒时：

A. 你会想法向朋友倾诉。

B. 你设法避免和家人争吵。

C. 你和家人一起讨论，研究解决的办法。

6. 你的亲友在事故中受了重伤，你得知消息时：

A. 失声痛哭，不知该如何是好。

B. 叫来医生，要求服镇静剂来度过以后的几小时。

C. 抑制自己的感情，因为你还要告诉其他亲友。

7. 你的能力得到承认，并得到了承担一份重要工作的机会：

A. 你会放弃这个机会，因为这项工作的要求太高。

B. 你怀疑自己能否承担起这项工作。

C. 你仔细分析这项工作的要求，做好准备设法把它做好。

8. 一位好朋友将要结婚了，在你看来，他们的结合不会幸福：

A. 你会认真地规劝那位朋友，请他慎重考虑。

B. 努力说服你自己，让自己相信时间还允许朋友改变计划。

C. 你不着急，因为你相信一切都会好起来。

9. 当你和别人发生纠纷，不得不去法庭诉讼时：

A. 你会因为焦虑和不安而失眠。

B. 你不去想这件事，出庭时再设法应付。

C. 你把这件事看得很平常。

10. 当你和邻居发生争执，却没有争出结果时：

A. 你借酒浇愁，想把这件不快的事忘掉。

B. 请教律师如何与邻居打官司。

C. 外出散步或消遣，以平息心中的愤怒。

> 能用他人智慧去完成自己工作的人是伟大的。
>
> ——【美】旦恩·皮阿特

（二）评估标准和结果分析

以上题目计分方法是：选择 A 计 1 分，B 计 2 分，C 计 3 分。

如果总得分在 15 分以下，则说明你解决问题的能力较差；如果总得分在 15~25 分之间，则说明你解决问题能力一般，有时稍有迟疑；如果总得分在 25 分以上，则说明你解决问题的能力很强。

第五章 寻找创业机会

励志点亮人生梦想，创业改变命运轨迹。

一个充满机会和挑战的时代扑面而来。展望未来，科技进步和经济发展将使世界变小，时间变短。创新让我们对未来生活充满期待，创业使我们对自身能力重新审视。每一位有识之士都期望做出一番大的事业，掌握自己的命运，创造出属于自己的一份事业。

创业是一个不断试错的过程，引导创业者贯穿于创业过程始终的是他们对用户的关注，他们总是满足用户的任何需求。

——【美】杰西卡·利文斯顿

创业既能开创崭新的事业，还能让我们获得全新的技能，有振奋人心的创业过程，还有可能让人看到成功后的辉煌！

创业是建立在能力和机会的基础上的资源重组与开发。对创业者或投资者来说，学会快速估算某种机会是否存在商业潜力，以及决定在这种机会上花费多少时间和精力是一项极其重要的技能。

在创业时期，真正的商业机会有时候比团队的智慧、才能或资源更加重要。

通过本章的学习，你将能够：

●把握创业环境的现状及趋势。

●学会分析创业环境，针对可选择的商业机会搜集创业信息。

●掌握选择创业项目的技能和方法。

第一节 分析环境

职场在线

阿里巴巴的诞生

上世纪 90 年代，马云为了把自己的生活变得更加美好，开始他人生的四次创业。

1992 年，他第一次创业，创办海博翻译社。种种原因导致海博翻译社破产、倒闭。

1995 年，他创办了一家互联网公司——中国黄页。由于国内还没有互联网氛围，加上杭州电信入股并占 70% 股份，小股东的他在公司无决策权，最终，马云以低价出卖股份而退出。

1997 年，他应邀赴北京开始第三次创业，建立国富通技术。但他的期望却和老板的决策背道而驰，由于双方意见不合，只能一拍两散。

1999 年，他创办了阿里巴巴。经历过 3 次痛苦失败，也正好印证了那句“失败乃是成功之母”名言，失败为他累积了丰富的经历和经验。尽管只有 50 万创业资金，但马云首先花了 1 万美元从一个加拿大人手里购买了阿里巴巴的域名。他们没有租写字楼，就在马云家里办公，最多的时候一个房间里坐了 35 个人。他们每天 16~18 个小时，野兽一般在马云家里疯狂工作，日夜不停地设计网页，讨论构思，困了就席地而卧。马云不断地鼓动员工：“发令枪一响，你可不能有时间去看对手是怎么跑的，你只有一路狂奔”，“最大的失败是放弃，最大的敌人是自己，最大的对手是时间”。

阿拉巴巴就这样诞生了。

按照中国人民大学的调研报告，在 2017 年，阿里零售生态总共创造了 3681 万个就业机会，为大学生、农民工、弱势群体创造了公平、包容的就业环境，成为传统就业的有益补充。这种贡献，没有任何一家企业能达到这样的高度。我们很可能看到的是马云今日的成就，但更应该看到他之前长期的投入和坚持。如果你不能长期坚持自己的信念，不可能达成最后的辉煌。

创业与环境有关。20 世纪 90 年代初还没有阿里巴巴生存的任何环境，但如果你现在这个行业极度成熟的时代再投入类似的电子商务公司，你一点机会都没有，回报可能是 100% 的亏损。如果你想创业，你必须充分了解，你将要进入的行业与产业环境的密切关系。

马云曾誓言要帮助 1 亿人就业，能否实现，我们将拭目以待。这里，我们要套用两句广告词：

Nothing is impossible.（一切皆有可能——阿迪达斯）

Just do it.（想做就做——耐克）

一、能力目标 Competency Goal

创业之路能否走得顺，企业能否做大做强，除了创业者的能力之外，还有创业环境及其影响也起着非常重要的作用。创业环境在时间、空间和内容上都直接制约着创业者的各种活动。

通过本节的学习，你将能够：

1. 把握创业环境的现状及趋势。
2. 了解创业环境评价的一般标准。

（一）创业需要合适的环境

创业环境是指创业者周围的境况，围绕着创业企业生存和发展变化，对其产生影响或制约创业企业发展的一系列外部因素及其所组成的有机整体。

小知识

2018 年 3 月 16 日，国家工商总局局长张茅在北京为第 1 亿户市场主体颁发营业执照。这 1 亿商事主体中，企业超过了 3100 万户。

企业多，但寿命短。美国每年注册公司超过 100 万家。一年后，这些新创立公司至少 40% 宣告破产。5 年之内，超过 80%——即 80 多万家宣告结业。

更坏的消息是：熬过第一个 5 年的小企业，还有超过 80% 的公司很难顺利度过第二个 5 年。

根据不同的分类，创业环境可以分为外部环境、内部环境，政策环境、法律环境、经济环境，行业环境、社区环境，等等。

1. 宏观环境

市场开放程度、国际地位、信誉和工作效率、金融市场的有效性、劳动力市场的完善、法律制度的健全以及技术的进步等宏观环境因素对创业者的投资兴业起着较大的诱导和促进作用，对创业企业的生存和发展产生重要影响。

2. 地区环境

不同地区对不同的企业、行业和产业都有不同的支持力度，在这一地区可能失败，但在另外一个地区则完全有可能成功。如果你的市场是针对本地区的，那你的产品和服务是不是精准符合本地的消费能力？

3. 行业环境

选择行业一定要慎重再慎重，必须关注两个问题：一是行业内的

创业前请思考

我想要什么样的生活？

若以循序渐进为基础，我希望我的生活会是怎么样的？

如果我十分了解自己的生活，我会如何评价它？

我希望自己以一种什么样的面貌出现在其他人面前——我的家人、朋友、合作伙伴、顾客、员工以及社区中的人？

我想要别人如何看待我？

从现在开始，两年后我做什么？10 年和 20 年后呢？我的生活何时会走到尽头？

在我一生中，有什么是我特别想学的——我学习的动机是为了满足精神追求，或者保持良好的身体状况，还是得到物质财富，技术以及知识中的一种？关于人际关系，我想学习什么？

我需要花多少钱才能做到我希望做的事情？何时我会需要这笔钱？

——【美】杰西卡·利文斯顿

竞争程度及变化程度。二是行业所处的生命周期。如果行业内竞争已十分激烈，进入壁垒高或已处于夕阳阶段的行业，创业企业成功的概率就不高，即使成功也十分艰难。

（二）创业环境体现

创业环境条件应该包括以下方面：

> 创业是一种思考、推理和行动的方法，是在经历机会的困扰、整体地看问题和进行平衡领导的能力。

1. 政府政策

这包括对创业活动和创业企业成长的规定、就业的规定、环境和安全的规定、企业组织形式的规定、税收的规定等，还包括政策的执行情况、落实情况和实施上的效率情况等。

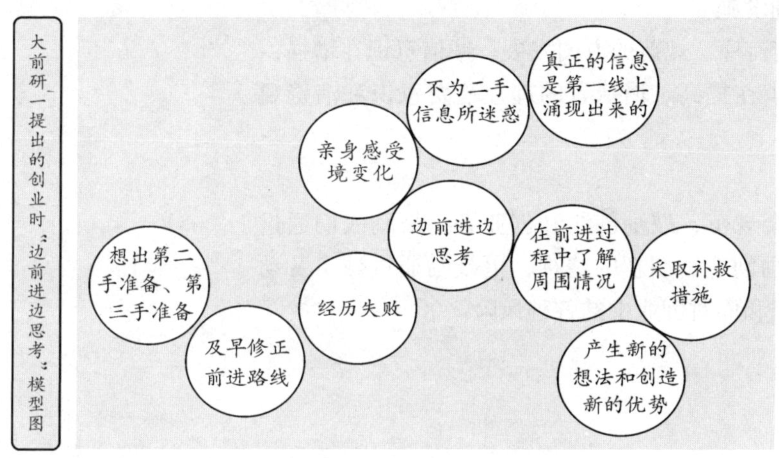

大前研一提出的创业时"边前进边思考"模型图

2. 政府项目

提供项目支持是政府政策的具体化。这种支持，既包括提供资金和项目，也包括提供服务支持和建立扶植创业企业的相关组织和机构，以及通过这些组织和机构举办和开发的大量创业项目。

3. 金融支持

创业的金融支持最主要的来源是私人权益资本、自有资金、亲戚朋友投资或其他的私人股权投资形式。

4. 教育与培训

教育培训是创业活动得以开展的必要条件，也是创业者将潜在的商机变为现实商机的基础。

5. 研究开发转移

研发成果的转移过程是否顺利，不仅表明我国商业化的步伐，而且表明创业研发和研发后转化为生产力的效率和水平，更反映出创业者是否能抓住商业机会。

6. 切入时机

中国的市场正处于市场增长率高、市场变化率高的阶段，对创业企业来说，是个难得的机遇。创业企业进入成本相对较低。

小训练

构想一个有创意的创业计划，平时的训练必不可少，你要在任何时间、任何地点训练思考方法：

1. 养成构想创业创意的习惯；
2. 站在客户的立场考虑问题；
3. 与你的家人、朋友或合作伙伴一起进行这种练习。

7. 商务环境和有形基础设施

我国整体环境正在朝着有序、规范的方向发展。诚信意识在增强，硬件环境在改善，服务意识在提高。消费者的理性消费意识和消费观念有了明显变化。

8. 文化和社会规范

我国目前的文化和社会规范，鼓励创业和创业者，鼓励人们通过个人努力取得成功，也鼓励创造和创新的精神，更鼓励通过诚实劳动致富，让创业者勇敢地承担和面对创业中的各种风险。

小思考

大多数创业者要都经历一段漫长的兴奋—郁闷—兴奋—郁闷的此起彼伏的日子，也会面对很多机会，但细细琢磨下来这些机会有时只是水中月、镜中花。如何坚定自己钢铁般乃至不撞南墙不回头的意志，和个人秉性很有关系。

创业需要跨越的障碍

1. 你要能承受繁重的工作。在创业开始的一段时间内，可能没有什么工作，但半年后公司可能就进入繁忙时期，周末都无法休息。这种状况会一直持续到事业走上正轨之前。

2. 收入得不到保障。因为创业不像在企业工作有稳定的收入。即使你有稳定的积蓄但也可能有花光的一天。

3. 你的家人和亲友也有可能反对你创业。

——【日】大前研一

（三）创业环境特点

1. 法律、政策、社会环境持续改善

我国目前私营经济发展的法律环境逐步具备，创业门槛不断降低，资本市场日趋健全和活跃，创业载体和创业服务机构发展加快，创业者的后顾之忧将会越来越少。

2. 创业扶持政策不断推出

为了促进创业，国家和地方各级政府纷纷出台了相关政策，给予创业者更多的支持。例如，人力资源和社会保障部已经在全国百家创业试点城市搭建创业平台，通过开展免费创业培训、强化创业指导、优化创业环境、培育创业文化、进行创业激励等途径进行重点扶持。

3. 提供了广阔的发展空间

知识经济时代最根本的变化是资金让位于知识，知识成为最宝贵的资源、最重要的资本，这为受过良好教育并具有相当的专业知识的人才提供了无穷的机会。其次，第三产业投资少、见效快，十分适合普通大众创业，成为我国一个极具魅力的投资领域，可以为创业者提供大显身手的舞台。

小思考

如果这个事业取得成功，一定会有竞争对手进入同一个领域，在这之前，如何争取时间，获得时间差是我们需要考虑的问题，当然拼命工作也是其中的一个方法。另外，还要思考如何保持、强化自己公司的优势以及怎样建立和别的企业的关系以实现优势互补。

（四）创业环境分析

1.PEST 分析法

PEST 分析法是战略外部环境分析的基本工具，它通过对政治、经济、社会和技术四个方面的因素分析，从总体上把握宏观环境，并评价这些因素对企业战略目标和战略制定的影响。

P 是政治（Political System），是指对组织经营活动具有实际与潜在影响的政治力量和有关的法律、法规等因素。

E 是经济（Economic），是指一个国家的经济制度、经济结构、产业布局、资源状况、经济发展水平以及未来的经济走势等。

S 是社会（Social），是指组织所在社会中成员的民族特征、文化传统、价值观念、宗教信仰、教育水平以及风俗习惯等因素。

T 是技术（Technological），不仅仅包括那些引起革命性变化的发明，还包括与企业生产有关的新技术、新工艺、新材料的出现和发展趋势以及应用前景。

小知识

心理学家关于人的性格有这样一个判断：

占总人口 5% ~ 10% 的人不愿意遵循已有的规则，他们喜欢打破常规，按自己的意志去解释新事物，甚至创造新的规则。他们喜欢站在团队的前端，喜欢指挥别人，不喜欢被指挥，不适合组织行动，或者说对组织行动没有兴趣，这样的人适合创业。

占总人口 40% 的人喜欢遵守既定的规则，完成自己被赋予的责任。这种人在有一定规则的组织环境中能将上级委派的工作完成得很好，比较适合做公司职员、政府官员、警察等。

除了上述两种人外，还有喜欢钻研的人，他们适合做学者或研究者，如果是拥有卓越沟通能力的和谈判能力的人则适合做记者和政治家。

一个新的互联网时代即将到来。这将是一个鼓励分享、平台崛起的时代。靠单一产品赢得用户的时代已经过去、渠道为王的传统思维不再吃香。在新的时代，如果还背着这些包袱，那就等于给波音787装了一个拖拉机的马达，想飞也飞不起来。如何铸造一个供更多合作伙伴共同创造、供用户自由选择的平台，才是互联网新时代从业者需要思考的问题。决定能否成功、有多大成功的，是自己发现需求、主动创造分享平台的能力。

——马化腾

2.SWOT 分析法

SWOT 分析法又称为态势分析法，它是由旧金山大学的管理学教授海因茨·韦里克于 20 世纪 80 年代初提出来的，是一种能够较客观而准确地分析和研究个体或者企业的现实情况的方法。

SWOT 四个英文字母分别代表：优势（Strength）、劣势（Weakness）、机会（Opportunity）、威胁（Threat）。从整体上看，SWOT 可以分为两部分：第一部分为 SW，主要用来分析内部条件；第二部分为 OT，主要用来分析外部条件。利用这种方法可以从中找出对个体（企业）有利的、值得发扬的因素，以及对个体（企业）不利的、要避开的东西，发现存在的问题，找出解决办法，并明确以后的发展方向。

（五）创业经验环境

如果大家都遵守相似的经验，由此而形成的无形、约定俗成的经验氛围就是经验环境。

硅谷创投教父、Paypal 创始人彼得·蒂尔（Peter Thiel）在他的创业商业哲学著作《从 0 到 1》（Zero to One）给广大创业者提出了如下四点商业经验，虽然，主要针对的是科技企业，但其原则可以延伸到其他行业中：

1. 循序渐进

不能沉溺在宏大的愿景中，否则会使泡沫膨胀。自称可以成大事的人都不可信，因为心存改变世界之雄心的人通常要更加谦逊。小幅地循序渐进地成长是案例前进的唯一道路。

2. 保持精简和灵活性

所有公司都必须留出一定的时间，不要事事都严格计划。你不知道你的事业会变成什么样，事先规划通常既死板又不现实。相反，你应该做些尝试。

3. 在改进中竞争

不要贸然创造一个新市场。以现成的客户作为出发点创业才更有保障。成功者已经创造出被认可的产品，在此基础上加以引进，才是可取之道。

4. 专注于产品而非营销

如果你的产品需要广告或营销人员去推销，就说明你的产品还不够好：科技应用于商业应该主打产品开发，龙凤呈祥不是分销。在泡沫年代打广告显然都是浪费，唯一持久的成长是爆发式成长。

> **TICKLE 的创业故事**
>
> TICKLE 网站是美国流量最靠前的趣味测试网站。其创始人詹姆斯·科里尔说：“公司刚成立时，我们想改变整个世界。我们在网站上提供了各种测试，想帮助人们解决生活中的问题，包括焦虑测试、父母角色测试、关系测试和沟通测试。结果没有一个人来做我们的测试。后来改为——让我们做个测试，看你属于哪个品种的狗狗。结果这个测试上线 8 天，就有 100 万人争先恐后地上网来测试。”

二、案例分析 Case Discussion

案例一：藤田田建议孙正义——关注未来

孙正义16岁时，进入加州大学伯克利分校就读，主修经济。这一年，日本麦当劳董事长藤田田的《犹太人经商法》出版，孙正义被深深打动。他从美国打跨国长途电话给藤田田的助理说："我是一个学生，希望藤田田可否抽空见一见我？"他回忆说，打了得有上百个电话，至少也得有60多个。助理说，估计他是不会见一个学生的。孙正义就对这名助理说："把我的原话告诉藤田田先生，你不需要和我对话，你就忙你的去吧，无论你做什么，你不要自己做决定，让他来做这个决定。"然后他就从美国直接飞东京。因为电话非常昂贵，再打下去，就会比一张国际机票还要贵。孙正义说："我只想看到他的脸，只要三分钟就好。"

孙正义如愿见到了藤田田，面对面聊了15分钟。孙正义向他请教该做些什么生意，藤田田说：不要看过去的工业，要关注未来的工业，计算机应该是你要进军的行业，如果我是你，我就——"

然后孙正义心里就在感叹：哇哦！太棒了！事实上，孙正义后来也是完全按照藤田田的建议去做的。

两年后18岁的孙正义，在校园内贩卖从日本引进一种电子游戏获利，大学期间，他还搞出一种语言翻译器原型机的专利给夏普公司，很快就赚得他的第一个100万美元。

而后，他一发不可收拾，1981年，24岁的孙正义成立软件银行，后来的故事大家非常熟悉。

孙正义

孙正义一切的成功故事，都源于他16岁时，企业家藤田田给他的建议和忠告。个人创业与环境紧密相关，天才的主意和创见，也需要在大环境中落地，顺应潮流和趋势，进而茁壮成长。我们小人物创业时，往往钻在小环境中出不来，藤田田作为一名伟大的企业家，他对世界经济整体大环境的分析非常中肯而精准，他对未来机会的判断和预测饱含着对资讯的深度所把控和理解。如果你不太了解产业和行业环境，向成功的企业家去咨询和学习也是一种短平快的方法。行家里手的资讯和忠告，胜过你没有方向的长期摸索。

> 如果你想挣大钱，你可以将资金投给那些有潜力的公司，这样你就能坐收渔利。如果你对现在的公司不满，那你可以选择跳槽。如果你对创业工作很好奇，那你可以在与风险业务相关的公司就职，实现目的的方法有很多，不是只有创业一种。当你有一种强烈的欲望，想要做一番现在的公司无法完成的事业，或想让自己正在思考的事业生根发芽，那么你可以选择风险创业。
>
> ——【日】大前研一

案例二：中国互联网创新创业的四次浪潮

阿里研究院认为，互联网作为一种全新的基础性技术，在中国先后激发了三次大规模的创新创业浪潮，并且正在酝酿着新的第四次浪潮。

第一次浪潮——商业化

2000年以前，门户网站大批出现，成为第一次浪潮标志性的服务形态。早期的门户网站通过人工编辑的方式为主，快速推出了各类资讯和专题，让网民快速而直观地感受到了互联网带来的便利和丰富。其中，中华网、新浪、网易和搜狐等一批门户网站通过提供丰富的资讯和应用，实现了快速发展。

第二次浪潮——生态化

第二次浪潮以平台的广泛应用的出现为标志，中国诞生出了以BAT

（百度、阿里巴巴、腾讯）为代表的世界级互联网平台企业，并激发了以网商为代表的数以千万记的中小企业展开新的创新创业浪潮。

第三次浪潮——“互联网 +”

“互联网 +”的兴起依赖于信息技术取得的持续突破。2015年10月，美国股市传递出惊人的市场信号。由于云计算业务成长迅速，亚马逊、微软等公司股价飙升，而传统的 IT 公司股价呈现断崖式下跌。云计算以低成本、高灵活性和强计算能力，支撑了各行业的创新创业企业，并持续释放出“通用目的技术”的巨大威力。中国国内以阿里云为代表的云计算服务企业，也获得了业界的普遍认可。

“互联网 +”浪潮下，在中国一批高成长、高估值的“独角兽”企业成长起来。如小米、顺丰、蚂蚁金服、滴滴、摩拜和 ofo、58 同城、饿了吗等，它们为创新创业者树立了良好榜样。

正在酝酿的第四次浪潮——智慧化

人工智能的布道者库兹韦尔曾预言，按照目前的发展态势，2045年人类将迎来“计算机智能超越人类智慧”的一个奇点。虽然很多人将信将疑，但人类已在这一方面取得了一次又一次的进步。

如今，互联网时代第四次创新创业浪潮的画卷已经展开，必将为我们呈现焕然一新的局面。

每次浪潮都会涌现出大批优秀企业，这些企业无一不是抓住了潮流的发展趋势，在众多的企业中脱颖而出。创业过程中，理应顺应趋势，抓住社会痛点，坚持创新，才能发展壮大。

所以，小米的创始人雷军曾引用过的一句话很是贴切：“只要站在风口，猪也能飞起来。”

我们跑到雅达利公司跟人家说：“嗨，我们有一个惊人的创意，可能会用到你们的某些零件，怎么样，你们打算为我们投资吗？如果不行，我们也可以把这创意送给你们。我们只是想把它变为现实。只要付我们薪水，我们就为你们工作。”他们说：“不！”我们只好又去了惠普公司，结果人家说：“嗨，我们没法雇用你们，你们这些人大学还没有毕业呢。”

——【美】史蒂夫·乔布斯

三、过程训练 Process Training

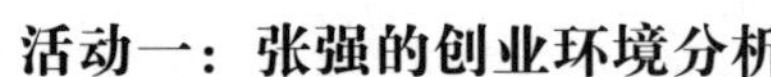

活动一：张强的创业环境分析

根据下述案例，请你运用 SWOT 分析法帮助张强作一个创业的环境和战略定位分析。

张强大学毕业后，在省城一家肯德基快餐店当上了副经理，原来他曾在大学四年级时，利用假期和社会实践的机会在肯德基快餐店里打工，这次是他第一次告诉家里，没有想到他的当乡镇企业经理的父亲，得知这个消息后非常支持他。一年后他很快升为经理，再后来又升为地区督导等职。最近他发现省城商业街有一店面要出租，这个地点位于商业闹市区附近的主要街道，交通流量大，周围写字楼也很多，张强认为这是一个很难得的快餐店地点，于是他决心自己创业。这是他由来已久的规划，与父亲商量请求财务支持，并声明是借款，日后一定归还。家里表示支持他，但要求他认真规划，不要蛮干。

张强觉得自己创业的愿景，将是一个属于自己独立经营的快餐连锁机构，不愿成为肯德基、麦当劳或其他快餐店的加盟连锁店。他很顺利地办好注册，资金也很快到位。不久张强发现，自己的店和他在肯德基看到、感受的加盟连锁店运作模式有很大不同。他必须自己动手，从无到有办理任何事情。比如，要亲自参与店面装潢设计及摆设布置，自己设计菜单、寻找供应商、面试挑选员工、自己开发作业流程以及操作系统管理，还有消防、工商、税务、卫生、城管。他觉得需要找来在商管专业学习的同学好友帮忙一起创业。

我最大的担心是，有一家公司也像百度这样专注于搜索引擎，而不是其他。
——李彦宏

假如张强选择的就是你，请你运用 SWOT 分析法帮他搞一个创业的分析，请试试看。

活动二：寻访创业者的足迹

创业者的素质
1. 能够为自己的行为负责。
2. 勇于尝试，但事前会评估风险
3. 按规矩办事。
4. 精通新公司内部的大部分业务。
5. 快速收集信息。
6. 具备相当的智力水平，且记忆力好。
7. 有预见性，能未雨绸缪。
8. 做事讲究方法。
9. 有领导能力，而不是被别人领导。
10. 能清楚地把事情记录下来。
11. 表达能力强。
12. 做事乐于采用自己的方式。
11. 身体健康。
14. 非常、非常渴望成功。
——【英】迈克尔·莫里斯

（一）活动目的

开展寻访创业者足迹活动，不仅要找成功者典型，而且找失败者典型。看看别人为什么成功，为什么不成功，从创业者身上学到什么，寻访结束后实行小组分享，实现成果最大化。

（二）具体要求

1. 各小组选择 1 ~ 2 名访谈对象，拟订访谈提纲。
2. 撰写专题访谈报告。内容包括：访谈时间、地点、被访问者姓名、年龄、性别、创业的动机、经历、如何发现商机、成功的关键因素、如何找寻合伙人、如何融资、在初期生存阶段所经受的压力和危机有哪些、获得的外部帮助有哪些，重点是创业者的经验、体会、教训等。
3. 分析这些创业者的经历与他们所在环境之间有无关系。
4. 各小组选派代表进行分享交流。

四、效果评估 Performance Evaluation

评估：创业素质测评

创业是一个充满成就感、诱惑力的词语，但并非每一个人都适合走这条路。创业之前请先评估一下自己的创业素质。美国健康管理协会（HMO）设计出了一份试卷，可以令你在做出决策前对自己有一个初步的了解。

（一）情境描述（请在试题后填写相应字母，A 经常、B 有时、C 很少、D 从不）

1. 在急需做出决策的时候，你是否在想：“再让我考虑一下吧？”
2. 你是否为自己的优柔寡断找借口说：“是得好好慎重考虑，怎能轻易下结论呢？”

3. 你是否为避免冒犯某个相当有实力的客户而有意回避一些关键问题甚至曲意奉承呢？

4. 你已经有了很多写报告用的参考资料，但仍责令下属部门继续提供。

5. 你处理往来函件时，是否读完就扔进文件筐，不采取任何措施？

6. 你是否无论遇到什么紧急任务，都先处理琐碎的日常事务？

7. 你得在巨大的压力下才肯承担重任吗？

8. 你是否无力抵御或预防妨碍你完成重要任务的干扰与危机？

9. 你在决定重要的行动计划时常忽视其后果吗？

10. 当你需要作出可能不得人心的决策时，是否找借口逃避而不敢面对？

11. 你是否总是在快下班时才发现有要紧事没办，只好晚上加班？

12. 你是否因不愿承担艰苦任务而寻找各种借口？

13. 你是否常来不及躲避或预防困难情形的发生？

14. 你是否总是拐弯抹角地宣布可能得罪他人的决定？

15. 你喜欢让别人替你做自己不愿做的事吗？

（二）评估标准和结果分析

评估标准：A 得 4 分，B 得 3 分，C 得 2 分，D 得 1 分。

50 分以上：你的个人素质与创业者相差甚远。

40 ~ 49 分：你不算勤勉，应彻底改变拖沓、效率低的缺点，否则创业只是一句空话。

30 ~ 39 分：你大多数情况下充满自信，但有时犹豫不决，不过没关系，有时候犹豫是成熟、稳重和深思熟虑的表现。

15 ~ 29 分：你是一个高效率的决策者和管理者，更是一个成功的创业者，具有良好的心理素质和坚韧不拔的毅力。

> Paypal 创始人彼得·蒂尔在《从 0 到 1》中还提出了与左侧正文观点对立的原则：
>
> 1. 大胆尝试胜过平庸保守。
>
> 2. 坏计划也好过没有计划。
>
> 3. 竞争性市场很难赚钱。
>
> 4. 营销和产品同样重要。

第二节 创业准备

职场在线

刘强东的创业历程

1992年，刘强东考入中国人民大学，将亲戚们凑的500块生活费缝在内裤里，开始独立生活。为了学习编程，经常在机房睡到早晨再去上课。学会编程的他赚了不少外快。

大三开始创业开餐厅，做起了餐饮连锁店的梦。因为放权，采购师傅购买高价食材换取更多折扣，前台和大厨勾结起来，变着法贪钱。亏损了20多万元。第一次创业以失败告终！

1998年，他拿着1.2万元积蓄在中关村租了一个小柜台，售卖刻录机和光碟，柜台名叫京东多媒体。兴致勃勃准备扩张的时候，2003年，SARS来袭，生意一落千丈。他听说有人在互联网上卖东西，就四处打听，想要参与进来，到处在论坛发“广告贴”推广自己的网上店铺，终于一家论坛的创办人这样回复了他的帖子：“京东我知道，这是我在中关村买了三年光盘唯一一个没有买到假货的公司。”因为这句话，当天他就成交了六笔生意。他，靠诚信经营重新站起来了！

经过世纪之交网络泡沫经济的破灭潮，此时的投资更加理性，网络产业正慢慢走上了正轨，迎来了它发展的最好时机。为了降低成本，很多实体店面都纷纷走上了网络，同时，消费者也越来越习惯在网上消费了。2004年底，他关闭所有线下店面，转型电子商务。在此过程中，他十年中六年住在农民搭的四处漏风的工棚里。为了省房租，同时也发现互联网客户服务是24小时的需要，无数的网友是夜猫子，有问题总是在半夜来问，从2003年到2007年整整四年多的时间住在办公室。为保证24小时能够为会员提供最优质的服务，他睡在木地板上，买了一个老式闹铃，每两个小时响一次，因为闹铃在木地板，一响绝对跟地震一样，睡得再死也会被吵醒，起来回答客户问题后再睡，再定一次闹钟，这样坚持了四年多。

京东抓住了未来的消费趋势。2007年，京东获得第一笔融资，由此进入发展的快车道。同年，刘强东做出两大决定性战略决策：一是向全品类扩张，做全品类、一站式购物平台；二是决定自建仓配一体的物流体系。这是京东真正蜕变的开始。

目前，京东商城已成为中国最大的自营式电商企业，而京东集团的业务也从电子商务扩展至金融、技术领域，拥有近12万名正式员工，跻身全球前十大互联网公司排行榜。

刘强东第一次创业为什么失败，第三次创业为什么成功？对市场详细的调研与把握是关键因素之一。“作为创业者，能在十年的黑暗时光里坚信你的方向是正确的，坚信你做的事情是有价值的，坚信你的公司是是社会需要的，只要你能够坚持得越久，就能取得更大的成功！”刘强东如是说。

一、能力目标 Competency Goal

创业开始前，你要做很多准备。你要做好充分的调研工作。调研创业市场工作就好比战斗开始前的侦查工作，只有对创业的形势、政策、环境、行业状况、市场状况、产品状况、客户状况、盈利模式有充分而周密的调查，做到“知己知彼”，找到顾客真正的痛点，创业才能“马到成功”。

你必须很好地把创意、技术和激情结合起来。创业者如果只有一腔热情，往往只能停留在感性判断和理论分析上，并不能保证下一步的成功。

通过本节的学习，你将能够：

1. 了解心理上和技术上的创业准备
2. 学会如何捕捉创业机会。
3. 做好市场调研。
4. 深入了解一个行业。

（一）心理能量的准备

创业是多种因素的综合结果。创业前，很多人都有不同的想法：有的人想切入另外一个专业；有的人希望把自己的技能贡献给全世界，并希望能改变它；有的人想当老板，获得财务自由；有的人则想当一个发明家，并希望自己的发明商业化，就像爱迪生一样。不管怎么样，你如果要创业，你就得具备三个因素：激情、创意和技能。

> 阿里巴巴在路上发现小金子，如果不断捡起来，身上装满的时候就会走不动，永远到不了金矿的山顶；还是不管小金子直奔山顶。
>
> ——马云

1. 持久的激情

反复尝试、精益求精、出奇制胜和幸运等当然是成功的要素，不过满怀激情地倾注心血去做一件在别人看来不太可能的事情也是一个因素。

如果没有激情，恐怕做什么都会一事无成。而且只是有短暂的激情还远远不够，它需要持久地支持着创业者的灵魂，创业者必须乐观和自信，并且希望全方位拓展自己的能力。你乐观向上，热爱工作，热爱同事，以积极的心态面对困难和挫折，不轻言放弃，同时不断自我激励，自我完善，寻求突破，不计得失，敬业且全身心投入，并且自始至终以乐观主义的精神武装自己、影响团队。当创业激情消失了的时候，你的工作动力、你的资源、你的人脉、你的工作计划等也会随之消失。所以，你创业必须有激情。只有在创业时，你才会明白，你的激情，才是你真正的资源和优势。

小问题

你有创业的激情吗？如果没有，现在还来得及，请仔细权衡！

2. 有价值的创意

创业过程的核心是创新精神与创意的具体体现。真正的创业不是随随便便弄一个餐馆、开一个小卖部或者说开一个文印店，那只能叫营生、生计、讨生活或者叫一份工作。创意的意思是：能真真切切地改变这个世界，让我们生活得更好，或者说创立从0到1的伟大的公司。所以真正的创意是你有改变世界的新点子，或是能改善现有做法的新思路，而且非常渴望让这个点子实施。

3. 全方位的技能

创业不是执行一个任务，而是不同时点或同时点的一系列任务执行与完成。所以，创业需要全方位的技能储备。你的激情与创意必须要与你的高情商、沟通能力、团队合作能力、情绪自控、执行力与领导力进行完美的结合，你才有成功的可能。所以，如果你要创业（或者即使你不创业），在平时，你要有目的地训练那些让你终生受益的技能。

> 真正的理解是有理想而不理想化，也会让你们以强大的心脏面对未来，我想会受益无穷。
>
> ——柳传志

（二）发现创业机会

当潜在的机会出现时，有能力识别它；在机会之窗打开时，不等它关闭，抓住机会，这种对时机的感觉是非常重要的。即使是世界最顶尖的专家也难以预测哪个创新的想法和概念将会演变成主要产业。1932年，爱因斯坦就说过："没有丝毫迹象证明人们能获取核能。这将意味着人们可以随心所欲地粉碎原子。"结果，他错了。所以，不要怕你不会预测，没有关系，大胆地去创造机会并抓住机会。

机会无时不在，无处不在。寻求机会的简便方法，可以关注以下六个方面：

1. 问题

创业的根本是找准市场的痛点，满足顾客需求，而顾客需求在没有满足前就是问题。如家里没人照顾小孩，于是有了托儿所；没有时间去逛很多商场，就产生了亚马逊、阿里巴巴；想长时间、大范围、高频率地与他人沟通，就产生了Facebook和微信。

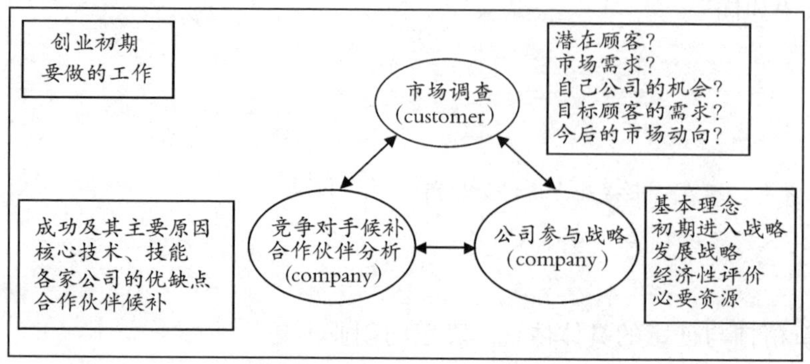

2. 变化

创业的机会大都产生于不断变化的市场环境，环境变化了，市场需求、市场结构必然发生变化。这种变化可以包括：产业结构的变动、消费结构升级、城市化加速、人口结构变化、价值观与生活形态的变化、政府政策的变化、人口结构的变化、居民收入水平提高、全球化趋势等诸方面。

3. 创造发明

创造发明提供了新产品、新服务，更好地满足顾客需求，同时也带来了创业机会。

4. 新知识、新技术的产生

随着科技的发展，开发高科技领域是时下热门的课题，例如美国近年来设立的风险投资公司，IT 行业占 25%，医疗和遗传基因占 16%，半导体、电子零件占 13%，通信占 9%。

5. 竞争

机会并不只属于“高科技领域”。在传统行业，如果你能弥补竞争对手的缺陷和不足，这也将成为你的创业机会。

6. 顾客的差异

机会不能从全部顾客身上去找，那就从顾客差异角度寻找，因此，在寻找机会时，应习惯把顾客分类，认真研究各类人员的需求特点，机会自现。

> 在技术产业，年轻人经营一家公司并没有什么特别的。我自己一直认为当你在作公司决策与经营事业时，与你是 22、42 或 82 岁没关系。我们只是在做生意而已。
>
> ——【美】麦克·戴尔

小思考

人们通向成功的道路可谓五花八门，但错误和失败的性质却大同小异。创业就是一个不断克服失败，不断解决各种问题的过程。

人们通向成功的道路可谓五花八门，但错误和失败的性质却大同小异。创业就是一个不断克服失败，不断解决各种问题的过程。

（三）市场调研内容

创业市场调研的目的就是为创业项目的相关决策提供依据或者为验证创业决策中的相关推断和策划而进行的各种市场信息的收集、整理、分析和应用的过程。因此，市场调研对创业项目的前期规划和设计有着关键性的支持作用。

1. 政策调研

在中国，政策有时候决定企业的成败。所以，创业者只有熟悉政策，利用好政策中对自己有利的因素，规避不利因素，才能少走弯路，从而更快地让企业启动起来，事半功倍地打好创业这场战役。

2. 行业调研

创业者对自己即将从事的行业，需要有一个全面、充分、系统、细致的考察与评估。比如，你即将进入的行业是属于成长型行业，还是属于已经成熟，甚至达到饱和状态的行业？主要的合作商和客户是谁？未来的发展趋势如何？这个行业的成本构成的因素是什么？企业的目标是降低成本，同时避免销售收入的下降，规模效应不大的行业对新企业更有吸引力。具有吸引力的行业其利润一般在 30%~50% 以上，那些税后利润只有不到 5% 的行业机会不是特别吸引人。所以，你要预估这个行业的投资回报率，寻找那些具有年投资回报率 25% 以上的行业和机会。只有对此类问题有了深入的了解，你才会知道如何更好地进入特定的市场。

3. 产品和服务调研

对同类产品的调研，主要解决以下问题：如这些同类产品的外观、色彩等都有什么特点？其产品具有什么样的特点和优势，是质量取胜，还是功能取胜？同行业中失败的产品存在什么样的问题？……对这些问题的答案都是你创建未来产品特色和优势的有效依据。对目标消费人群的调研分析，着重需要了解：哪类人群可能是你的长期客户？他们更看重同类产品的什么功能和服务？他们期望得到什么样的服务？

4. 竞争态势调研

对进入本行业的主体或企业进行详细的了解和分析，了解其市场占有率，各竞争对手的进入策略，竞争对手之间的产品与服务优势与劣势。了解有没有竞争对手生产和你相同或类似的产品。

5. 市场容量调研

你还要考虑市场容量，一个理想的市场机会的征兆是高增长同时满负荷，也就是说，现有供应商不能满足需求。时机很重要，创业者应该问自己，这种需求是否能由一个新的企业提供。

另外，一个成功的市场是持续增长的。增长率在 30%~50% 的市场

> 真正的商业机会具有如下特征：
>
> 1. 为顾客创造显著的价值。
>
> 2. 解决了市场上真正的问题和痛点。
>
> 3. 顾客迫切需要并愿意为此埋单。
>
> 4. 具有广阔的市场和利润率。
>
> 5. 创始人和管理团队同时具备相应的、能驾驭项目的能力和经验。

会产生细分市场，这会给新企业提供机会，因为现有企业专注于获取它们的新客户。如果一个市场年增长 50%，它可以在短短几年之内从 1 亿元扩展到 100 亿元的规模。如果一个新企业在第一年获取 2% 的份额，并保持其增长率，其销售额会大幅增长。

6. 客户调研

了解使用你的产品的具体对象是谁，因为他们决定着你的产品的生死。了解客户需求的过程，了解即将开发的产品和服务能否满足客户和市场的需求。客户调查包括对客户的消费心理、消费行为等特征进行调查分析，研究社会、经济、文化等因素对购买决策的影响，同时还要了解潜在顾客的需求情况，影响需求的各因素变化的情况，消费者的品牌偏好等。

7. 商业模式调研

了解企业通过怎样的模式和渠道来盈利，商业模式是企业生存的根本。成功的企业与失败企业、你即将进入的行业的竞争对手的盈利模式有什么样的不同点。只有这样才能在确立自己企业的盈利模式时能够有所借鉴，扬长避短。

小训练

请尝试按照大前研一说过的话做一下：

自己试着设定一个假说，然后对它进行定量分析，并通过实践去确认。即使这个假说是错误的，也可以回到起点，重新修订。你可以无限地在脑海中、在行动中重复这个过程。

请记住：“假说”思考的方式是绝对不应该被遗忘的。

8. 市场结构调研

市场结构由卖家数量、分销渠道、市场规模和增长率、差异化程度、买家数量、需求敏感性等因素确定。在高度集中、处于完全竞争或下降的行业中，新企业通常更容易失败。建立分销渠道、取得一定的占有率所要求的成本很高，会阻止新企业的进入。在这样的市场里，降价和其他竞争策略会成为新企业难以逾越的障碍。

顾客调查要点

1. 详细问清楚顾客在做出作购买决策过程中的 5W1H，即弄清楚顾客作出购买决定的主要原因是什么。

2. 找到顾客未被满足的需求，认证目标顾客。

3. 讨论能满足顾客未被满足的需要的产品、服务。

4. 问清楚顾客愿意为这种产品或服务付出多少钱。

（四）深入了解一个行业

要创业，必须深入了解一下行业，要深入了解一个行业，你当然可以在外围进行各方面的观察，但最好的办法是进入这个行业工作。

请谨记创业成功人士的如下忠告：

照书本做大部分时候没错，但对创业者来说，可能无效。如果你要创业，最好的调研办法是要身临其境，进入这个行业工作，先在该行业里摸爬滚打一年甚至数年，与各路行家里手交手，学习他们的经验和教训，取得他们的支持，获得行业的关键信息和人脉资源，将这个行业的产品从研发、生产、销售、商业模式、管理规范等弄清楚。这才是有效而实用的调研，信息才会对等，决策才不会踏空。如果你没有深入企业与客户，纸上谈兵、隔靴搔痒式的调研都只是空中楼阁，只能害自己。

（五）法务规划

很多创业公司在初创时并不了解也不愿意做法务规划与安排，这其实是很没有前瞻眼光的。比方，你与任何自然人或法人签订的协议与合同就是一个法律文件，一旦违反其中条款，就会碰到给你带来麻烦不断的法律纠纷。所以创业准备期就要未雨绸缪。

1. 公司成立前部分涉法事宜

创业项目合规审查、成员离职法律事宜（竞业限制、保密协议、离职确认书等）、期权处理、合伙协议、投资协议、商标保护、专利及软件著作权保护、注册出资金额、企业经营范围及所从事的经营项目、股东股份分配、项目前后置特殊审批（如消防、卫生、进出口、网络、文化、建筑及施工、退税、环评、各种检测等）。

> 要永远相信：当所有人都冲进去的时候赶紧出来，所有人都不玩了再冲进去。
> ——李嘉诚

2. 公司成立后部分涉法事宜

财税（银行开户、印章、税控器及发票）、章程及议事规则、租赁及装修合同、员工合同及协议、各种人事制度及合同、行政管理制度、各种用户协议和商务合同。

二、案例分析 Case Discussion

案例一：创业前先做好市场调研

小夏是环境艺术设计专业毕业生。用了不到两年的时间，从一名通过贷款来完成学业的“特困生”成为了一位拥有十多名员工，两百多平方米办公场地的装饰公司老板。

自己创业做老板，小夏干得得心应手。刚刚踏出校门的大学生既没有经验，也没有资金，怎样才能获得成功？小夏的故事也许能让我们获得一些灵感。

由于所学专业，小夏很早就接触到了软装。“环境艺术设计专业包含很多方面，然而我唯独就对软装感兴趣，现在想起了，大概可以追溯到大学时期。”

上学时，小夏经常翻阅相关杂志，发现现在装修行业硬装比较广泛，而软装行业并不普及，突然就萌生了想要创业的念头。为了更多地了解这方面的内容，小夏还大量地查阅了软装方面的资料。要创业，光靠书本是没用的。小夏告诉记者，在创业前，她还曾经做过相关的市场调查。“软装的消费对象是什么人？在哪些地区比较受欢迎？软装的供货渠道有哪些？各类装饰品的价格区间怎样？每一个问题，我们都做了仔细的调查。”

软装行业有一定的利润空间。然而，怎样来赚取利润，小夏自有一番见解：本地刚兴起的一些软装行业其实在设计上并不强，他们往往只是简单地做一些软装品牌的销售，根本谈不上整体设计。但消费者选择软装的产品基本上都是先看款式，再看质量，最后才谈价格。相对地，他们对软装的品牌要求并不太高。

“软装不是简单地安装窗帘、灯具、装饰品，软装是要烘托出整体设计的气氛和美感。”小夏说。利用自己的专业优势，小夏把软装从装修的功能性，提升到了美学层面。“学艺术的人对设计类的东西非常敏感。壁画、墙绘、青瓷是我当初的专业方向，根据顾客具体的要求，我常常把这些元素放进软装设计里，这样设计出来的产品，更有情调更有气氛，客人们非常喜欢。”

小夏的创业机会不是想当然得出来的，是她以学习经历和行业经验为依据得出来的。要创业，你必须给出自己满意的理由。

> 到河岸是我们的目标，这是人人看清的事情。难的是如何搭桥，如何造船，或者学会游泳。在根本不会游泳的情况下奋不顾身地跳入水中，除了泛起一阵泡沫和带来滑稽的悲壮以外，什么结果也没有。
>
> ——柳传志

案例二：激情是成功的原动力

激情是成功的原动力，没有动力工作，事业就很难有起色。一位成功人士想要全身心地投入到自己的事业中去，必须要依靠发自内心的激情。只有在激情的推动下，一个人的才华才能发挥到极致。

俞敏洪创办新东方并获得成功，就是因为他拥有着高昂的创业激情。他说他把自己所有的激情都投入到自己的事业中去，并将它进行到底，使自己的事业有更好的未来。

俞敏洪说自己最成功的决策，就是依靠激情把那帮比他有出息的海外朋友请了回来。在俞敏洪的激情鼓动下，昔日好友徐小平、王强等陆陆续续从海外赶回加盟了新东方。经过在海外多年的打拼，这些海归身上都积聚起了巨大的能量。这批从世界各地汇聚到新东方的个性桀骜不驯的人，把世界先进的理念、先进的文化、先进的教学方法带进了新东方。俞敏洪笑言自己是“一只土鳖带着一群海龟奋斗”。如何将这些有个性的人团结到一起，靠的就大家对梦想的追求和对激情的诠释。

和俞敏洪一样，徐小平善长演讲，从徐小平的演说中，不难看出他也是一个充满激情的人。因为他的演说总是能够激起人们的欢呼和掌声。正是这位充满激情的演说家，为新东方提供了很多战略。的确，对于创业者而言，如果没有创业激情，就容易安于现状，不思进取，最终企业的发展找不到方向和持续的动力。新东方的另一位创始人王强表示：他在新东方问心无愧地做了所有的东西，几乎没有保留，挥洒了他十几年的才华和激情。

虽然新东方三位创始人的性格有很大差别，但是他们有一样东西非常相似，那就是激情。所以他们三人才能在创业的道路上相互扶持，相互尊重。

阿里帝国的缔造者马云曾说过：“创业路上需要激情、执着和谦虚。激情和执着是油门，谦虚是刹车，一个都不能缺少。”当然，所谓的激情指的是持久而非短暂的激情。一个没有激情的人，就如同丧失了斗志的拳击运动员，最终无法发挥出最强的实力。

思考：创业很难成功，在经历无数的失败和挫折后，你还能保持你的创业激情吗？

企业成功唯一标准是你有多少有效客户。你的产品和服务直到有人愿意出钱购买才算是成功，在此之前的努力可能只是一个创业准备。产品卖不出去，就是没有市场。你的任务是以客户为中心，寻找市场中没有得到满足的需求即痛点，然后在此基础上进行创业。

三、过程训练 Process Training

活动一：与企业家对话

（一）活动目的

通过对话交流使学生与企业家真诚交流，对市场调查的概念和重要性有大概的了解，知道市场调查在企业经营过程中是如何应用的。

（二）具体要求

学生提问的主要问题可参考如下：

1. 你的企业需要市场调查吗？

2. 你的企业是怎样进行市场调查的?

3. 你在调查中遇到的主要障碍有哪些?

4. 你的企业需要市场调查人才吗?

5. 你希望调查人才具备哪些能力呢?

以采访的形式或直接对话，录制采访录音和录像保存起来。

活动二：在你居住的地方进行调研

你如果有了想创办企业的想法，你一定要在你居住的地区进行调研，了解一下你所在地区的企业情况，看看有哪些企业及经营状况，并看看你能不能找到自己的生存空间。当然，你得与你的家人或朋友一起来做这项活动会更实际和更有效。因为他们能帮你提供你想不到的意见。

在进行市场调研时，你必须注意以下几点：

1. 保持高度的好奇心。

2. 随时准备在任何场合和潜在客户沟通。

3.具备倾听能力，以便让对方毫无保留地发表意见。

4. 思想开放，客观公平，从不先入为主地看问题。

5. 有能力解释你的产品和服务，同时保持高度灵活性。

6. 有足够的时间、耐心和精力完成你的工作。

四、效果评估 Performance Evaluation

评估一：创办企业的可行性

（一）情景描述

花几分钟评估一下自己对创办一个新企业的准备程度如何。以下几点着重说明个人素质和您的计划的可行性。对每项说明按照自己的情况在题后面的按 1、2 和 3 等级填上相应的数字：

1. 遇到困难时我仍然情绪高涨，不会半途而废。

2. 我了解自己要加入的行业，并有丰富经验，善长于自己做的事情。

3. 下面至少一项说明了我的企业将要经历的事项：A——填补现有市场的空白；B——进入现有供不应求的市场；C——为顾客提供真正不同的产品和服务，例如：优惠价格或有利地点。

4. 遇到困难时，我知道自己可以求助亲朋好友，可以得到他们的理解和支持。

5. 我能获得创办费用以及企业开始回报之前生存所需的资金。

6. 我需要资料、建议和支持时，有一群经验丰富的人员可以求助。

7. 下面至少有一项适合我的情况：A——我对税务和记账有很强的理解力；B——我能支付专业税务顾问或会计的服务。

8. 我有很强的沟通能力，需要收账和解决类似商务相关问题时，我能说服他人。

9. 如果企业由于我无法控制的原因而停工，重新振作之后我有资源维持下去。

10. 我对前 12 个月的经营有高度完善的企业计划，包括市场营销计划、现金流量和计划成本。

（二）评估标准和结果分析

1 代表“否”，这不适合我，2 代表“我不肯定”，3 代表“是”，我对此很有信心。

如果您得分在 25~30 之间，祝贺您成功！您显然已经上路。如果您得分低于 25 分，请别气馁。只要认真阅读本书并按照规定来训练，就等于您已向创业的梦想迈出了第一步。

评估二：聚焦你的市场

> 商业世界的每一刻都不会重演，下一个比尔·盖茨不会再开发操作系统，下一个拉里·佩奇或谢尔盖·布林不会再研发搜索引擎，下一个马克·扎克伯格也不会去创建社交网络。如果你照搬这些人的做法，你就不是在向他们学习。
>
> ——【美】彼得·蒂尔

（一）情境描述

下面罗列了你需要聚焦的几个标准，这些标准适用于选择你切入点市场：

1. 目标客户的资金是否有足够的资金采购你的产品和服务？

2. 目标客户与你的销售团队的沟通是否方便顺畅，你们的服务是否便捷？

3. 目标客户是否有充足的理由购买你的产品？

4. 你能否在客户要求的时间内交付你的产品或服务？

5. 你的产品与客户的需求之间有没有差异，如果有，你如何弥补这种差异？

6. 市场中有没有阻碍你发展的强有力的竞争者？

7. 一旦赢利当前细分市场，你能否成功进军其他市场？

8. 该市场是否和创始团队的价值观、激情和目标保持一致？

9. 你感觉你的客户购买了你的产品和服务之后还会回来继续找你吗？或者说你用什么留住你的客户？

（二）评估标准和结果分析

请逐一对照如上几条标准，看看你目前的状况是否能满足以上这些条件的要求。如果不能满足，你是否能尽快满足。

第三节　选择项目

职场在线

梁稳根三次创业

福布斯中文版发布的2017华人富豪榜中，三一重工总裁梁稳根以221.1亿人民币的身家，位居富豪榜第58位，连续七年登上福布斯华人富豪榜。

梁稳根1956年出生在湖南涟源市一个农民家庭。1983年，他从中南矿冶学院（现为中南大学）毕业，分配到了一家兵器工业部机械厂工作。这是让无数人艳羡的国有企业，可是他并不安分，干了不多久便辞职了。

当时他的梦想是可以“种植一块中华民族工业的试验田，从而铸造中国的世界品牌”。辞职之后，他开启了属于自己的艰苦创业之路。

第一次创业，贩羊赚钱，结果，羊买回来后价格跌落大半，羊只好贱卖，创业宣告失败。

第二次创业，做酒，最后也失败了。

第三次创业，做玻璃纤维，同样还是失败。

他不怕失败，越挫越勇，同时并没有忘记梦想——种植一块中华民族工业的试验田，铸造中国的世界品牌。他又开始了创业。通过调研分析，他决定开发当时市场上一种很缺乏的有色金属焊料。

梁稳根清楚地记得，1986年，当时他和三个合作伙伴分别从亲戚朋友那里凑来了6万元现金作为本钱，成立了当地焊接材料厂，当他们费尽心血，通过100多次调整配方，几十次改变工艺，研发出第一个产品——105铜基焊料，可当他将产品寄给客户时，很快被退货。

经仔细询问才知道，原来这批退货质量不过关。那可怎么办？梁稳根请母校恩师来现场指导，果然恩师很快帮他解决了质量问题，他们也终于收到了第一笔货款8000元。

初战告捷，这时的他开始思索如何让产品走出去。恰好当时国家巨大的基础建设投入给他带来了无限的商机，他果断做出决定冲入这个向来只有国有企业敢做的行业——重工制造领域，开始研制混凝土输送泵等工程建筑机械产品，并请著名专家到厂里任职或担任顾问。

因为非常重视和吸纳人才，再加上运作和管理模式学习外企的先进经验，工厂发展非常迅速， 1989年，便实现收入突破1000万元，1993年的时候，其产值已超过亿元大关，这成了他人生创业史上最浓墨重彩的一笔。

如今，梁稳根创办的这家企业早已更名为三一重工，并且其混凝土输送泵产品更是出口到了欧美几十个国家和地区，真正地树立了“国”字号品牌良好的国际形象。

如果梁稳根坚持贩羊，说不定他还是一个每天为羊价涨跌一元两元而苦恼的羊倌。项目选择要与专业、兴趣、特长还有你的梦想有关，你天天投入在你的喜好、你的特长中，你才有可能成功。虽然经历了不少挫折，但一直坚持往梦想的方向进发，所有的力量朝着目标的方向努力。所以，梁稳根这样说：“梦想还是要有的，万一实现了呢？”

一、能力目标 Competency Goal

如何发现好的创业项目？一个创业项目的价值该如何判断？这个项目看起来没有缺点和漏洞，可行吗？对于创业者而言，这些难题很令人困惑。通常，创业项目的选择是一个比较漫长和花费时间的过程，而与之相矛盾的是创业时机则很可能又是稍纵即逝的。如何把握好这关键的“临门一脚”，至关重要的。

通过本节的学习，你将能够：

1. 理解什么是适合自己的创业项目。
2. 学会如何进行创业项目的选择。

> 《21 世纪创业》的作者杰夫里·A. 第莫斯教授提出，好的商业机会有以下四个特征：
>
> 第一，它很能吸引顾客。
>
> 第二，它能在你的商业环境中行得通。
>
> 第三，它必须在机会之窗存在的期间被实施。
>
> 第四，你必须有资源（人、财、物、信息、时间）和技能才能创立业务。

（一）选择感兴趣的项目

1. 传统技能型项目

传统型项目具有永恒的生命力。尤其是餐饮、酿酒、饮料、零售、工艺美术品、服装与食品加工、修理等与人们日常生活紧密相关的行业中，独特的传统技能项目表现出了经久不衰的竞争力，许多现代技术都无法与之竞争。当然，传统特色产品、零食的网络销售也可归到这一类别中，如海底捞、三只松鼠、李宁服装等都是这种类型。

2. 高新技术型项目

这类创业项目往往知识密集度高，带有前沿性、研究开发性质的新技术、新产品等特点。很多理工男从学校毕业后或毕业之前，就已有了专利或项目基础，比方马化腾和腾讯、李彦宏和百度、汪滔和大疆无人机等都是依托自己曾有的经验和学校专业。

3. 知识服务型项目

信息量越来越大，知识更新越来越快，各类知识性咨询服务的机构将会不断细化和增加。这类项目投资少、见效快。依托互联网创业的知识服务型创业项目数不胜数，如各种应用小程序、网络优化等。如得到 APP、知呼网络问答社区等。

小案例

享有“世界经营之父”美誉的松下幸之助，创业之初之所以选择生产电器插座项目，是因为他在这一行当过学徒工，对这一行熟悉并且有特长。

（二）选择项目应考虑的因素

1. 个人爱好、特长与创业目标的结合

一个人只有从事他喜欢做又有能力做的事情，他才会自觉地、全身心地投入到工作中去并忘我地工作，才有可能在遇到困难和挫折时百折不挠勇往直前，千方百计克服困难，实现创业目标。所以，选择自己感兴趣、有特长的项目，明确创业目标，是创业道路上的关键一步，它决定了今后的发展方向以及发展规模，是创业能否成功的基石。

2. 对拟进入市场的熟悉程度

大量的经验证明，许多工作需要的不是天才，而是熟悉，譬如经营饭店、茶馆，开办文化娱乐业，等等，并不需要多高的智商，只要深入地了解、熟悉、动动脑筋就可以总结出行业的规律，就可以找到生财的窍门，再加上勤奋和信心就能够取得创业的成功。

3. 能够承受风险的能力

创业过程会受到太多的不可控制因素的影响，一旦把资金投入进去谁也不敢保证一定能够成功。因此，在你选择创业项目投资之前，无论你对该项目多么有把握，都必须考虑“未来最坏的情况可能是什么？最坏的情况发生时，我能不能承受？”如果以上问题的答案是肯定的，那么，只要项目预期报酬率符合你的预期目标，就可以投资，尽可能把创业风险控制在能够承受的范围之内。

如果要跳越北京城北的温榆河，选用10米的跳杆肯定会落在河中央，而选用50米的跳杆的人则可能跳过去。从这个意义上说，在创业初期，事业的规模能决定事业的成败。如果你之前只在企业担任一般的职位，则可能不太了解事业规模，同时，很多人也容易忽视它的重要性。

小思考

事业起步后，往往会经受失败。事情并不是总按照自己预想的那样向前发展，不过，在事业拼搏过程中，新的想法会越来越多，这样就能及时地修正事业前进的轨道，而且做好二手、三手准备后，一定可以命中目标。

（三）选择项目的步骤

项目的选择十分重要，往往决定了创业者的创业成败，还有可能影响创业者今后的事业发展。选择项目一般可按照以下的步骤进行：

第一步：检讨自己的资源（人际关系、资金）状况。

第二步：判断自己的优势资源、能力是什么。

第三步：根据自己的优势资源、能力，初选适合自己的项目。

第四步：对初选的目标项目进行市场调查。

第五步：对初选的目标项目的发展阶段及发展潜力进行判断。

第六步：初定有良好发展潜力、市场已经初步形成的行业作为创业项目。

第七步：再次检讨自己的优势对初定创业项目的掌控能力。

第八步：选择可以发挥自己优势（资源、能力）、市场空间比较大、自己能够掌控的目标项目。

在以上项目选择的步骤中，需要强调的核心是：创业者对资源和优势的准确把握。比如，一般的创业者如果没有足够的社会人脉关系，是不敢轻易从事娱乐业的。即使娱乐业存在暴利，一般的创业者的资源和优势如果达不到掌控全局的水平，就需要谨慎选择。

树立敌人

若想事业取得成功，首先要“树立敌人”，听起来有点虚张声势，但是专业的投资人绝对不会投资给没有竞争对手的事业。很多创业者常犯的一个错误就是为了强调自己的创新性，而说出“我们没有竞争对手”之类的话，但是经验丰富的投资人听到这句话，通常会对创业者形成两种印象：第一，对市场没有足够的认识；第二，这个事业毫无市场性可言。

没有竞争对手说明这个市场规模太小，不足以吸引竞争对手进入。

——【日】大前研一

小训练

假设现在是2000年，有如下两家餐饮企业找你融资：

甲企业开业不久，奢侈、高端、大气、上档次，业务发展如日中天；

乙企业成立两年，寒碜、低端、小气、没品位，销售情况不尽人意。

请问：你的钱给谁？

甲是俏江南，目前经营困难，创始人被迫退出，几番收购转让之后，估值已不到5亿元。乙是呷脯呷脯，已在香港上市，目前市值超过150亿港元。

（四）选择项目的思路

好的创业项目意味着成功了一半。但在如今纷繁复杂的商品经济当中，如何慧眼识珠找到适合你的优秀项目？或许以下思路会对你有所帮助。

创业前，很多困难你都不会把它认为是困难，当它突然成为你的困难时，很多人会承受不了压力，就放弃了，这样的人一定是不能成功。

——史玉柱

1. 选择已有创业项目

这种现象最为普遍，如自己创业成立公司，或者代理加盟。建议大家在实施之前最好仔细评估一下市场前景、客户群体、项目运营的成本和方式、短长期目标等，这些问题考虑清楚了，相信你能做到有的放矢，运筹帷幄而决胜于千里之外。

2. 从产品找市场

当我们自己没有项目的时候，可以采用反其道而行之的方式，不去找项目，而是找项目符合的市场。生活中有很多非常优秀的产品和服务，我们可以仔细评估这些产品和服务，看其是否适合市场需求，又适合哪里的市场需求，需求有多大？找到合适的市场你已经成功了一半，市场需求能够带动事业的成长。

3. 复制成功项目

成功者自有成功的奥秘和窍门，我们应借助这些成功案例，并加以改进，优化设计，进一步满足市场和客户的需求，从而抓住市场的脉搏。

小案例

百度复制谷歌，并依据中国市场的特性作适当的改善，提供更加优秀的服务，如mp3和贴吧等，结果百度成功了，成了中国最大的搜索网站；QQ复制ICQ，并依据中国网民的特性作适当的改善，结果在中国市场QQ大获全胜，而ICQ的影响力则完全消失了。

4. 从别人的不足中寻找项目

20世纪60年代，美国经济迅猛发展，信息公司迅速成长，同时带来了图纸、文件、磁带、磁盘以及小型电子元件等货物交流频繁，但是市场缺乏将这些货物迅速送达目的地的好方式，巨大的浪费和很低的效率困惑着很多企业，弗雷德史密斯的“联邦快递公司”顺应时代的需求诞生了，同时诞生了一个新型的产业。

5. 让别人的创业项目助你成功

如果我们没有好的创业项目，那么我们就找有优秀创业项目的人或者产品，投资并与其合作，一起走向成功。

小案例

当初投资谷歌的几位斯坦福大学教授，平均1万美元获得了超过10亿美元回报。原因何在？这就是“高风险、高回报”的风险投资。斯坦福大学教授自己没有这个创业项目，但是他们的学生有，可是这些学生没有资金，于是教授们便出资资助他们创业。这些教授投资不仅仅成就了一家伟大的企业，同时也为自己带来了巨大的财富。

（五）判断项目的价值

对于多数有志于创业的青年人而言，新项目的发掘在如今信息社会已经不是问题，关键的问题就是怎么来判断项目的价值。

1. 市场好吗？

首先要考虑项目在市场中的位置，往往全新的项目或者市场上从来没有的项目，并不一定是最好的选择。最好的市场是度过了萌芽期，这样才能比较平稳。如果创业项目在价格上有非常明显的优势，同时在产品质量上又不是很差，这样就意味着一个很大的成功机会。

2. 能控制吗？

控制性包括硬资源和软资源两个方面，硬资源是生产所需要的原

你可以基于一个新的点子来创业，或者只是基于一个既有的点子而创业。显然这就像一家新的餐厅一样，除了你之外还有很多别的餐厅，于是新点子可能就是你与众不同的地方。和同业的一般做法比较起来，你可以有完全不同的做法。

——【美】崔普·霍金斯（美国电子艺界公司总裁）

材料，如果是创业者能控制的项目，这就是一个非常好的项目。另外一个就是软资源，很多市场都是人为控制的，如果能做好这个市场，那么也有非常大的成功机率。

3. 有成长空间吗?

一般来说，市场上显示商机的一个最重要的特征就是市场已经开发了，但是现有的供应商不能够满足市场，在这个时候创业者介入进去，成功的把握是最大的。

4. 可以低成本启动吗?

除非你的老爹是金融、地产大鳄或其他巨富商贾，否则你很可能没有足够的资金来建立起你自己的独立王国，也比较难以募集资金这样做。理想的创业小企业如果能从自身的早期收入中实现自力更生，就是有了成功的第一步。

5. 边际成本低吗?

增加一个单位的产量随之而产生的成本增加量即被称为边际成本（英文为 marginal cost，简称 MC）。比如，生产一只手机的成本是很高，但因为规模经济的原因，生产第 10,001 只手机的成本就低得多，而生产第 1,000,001 汽车的成本就更低了。但相反，如果你想扩张你的餐馆、理发店或花店就没那么容易了，第二家让的成本如租金、设备、员工工资、物料等几乎不亚于第一家店。所以，我们要考虑的是必须比竞争对手在更大的范围内的可扩张性。

（六）了解竞争对手

我们平时在淘宝或京东上购物时常都要货比三家，看看口碑、质量、销售量、价格、款式、送货时间、售后服务等。所以，在规划并启动你的项目时，对你的竞争对手做一些深入的了解和分析非常有必要。

> 在决定事业规模时，需要考虑以下三个要素：
>
> 领导者的经营才能。
>
> 市场作出反应的时间。
>
> 事业启动后，如果市场反应良好，之后该采取何种措施，从这一角度来考虑。
>
> ——【日】大前研一

1. 竞争对手是谁?

有时候，你可能非常清楚地知道你最主要的竞争对手是谁，但在这个创业英雄辈出的年代，会时不时地冒出你根本不了解的竞争对手。你可以对你潜在的客户进行访谈，从网络、电视或报纸等媒体了解对比手做的广告，还可以通过展览、行业协会或产业年会等了解。

但有时，你被打败了，你可能根本不知道你的竞争对手是谁。手机干掉了卡片相机、报纸、MP3、寻呼机、电报机等都是佐证。刘慈欣在他著名的科幻小说《三体》中有一句很流行的名言：“毁灭你，与你何相干？”就代表了这一种情况。所以，不仅是同行业，相关行业甚至不相关行业你都得去深入了解。

2. 竞争对手的商业模式如何?

对竞争对手商业模式了解非常重要，它的商业模式有效吗？它成功的原因是什么？它失败的原因又在哪里？你可以从网络、客户、员工或它的关系企业了解到它的蛛丝马迹。

如果真的要创业，你还要再详细地做一个与竞争对手的对比分析，如下表：

竞争项目	你的产品	竞争对手A	竞争对手B	竞争对手C	竞争对手D
价格					
质量					
款式					
便捷度					
服务质量					
商誉					
客户口碑					

在完成了上表之后，不妨再完成下表的调研：

项目	竞争对手A	竞争对手B	竞争对手C	竞争对手D
年销售额				
市场占有率				
产品毛利率				
净利润				
人均销售额				
人均利润				
主要优势				
评分劣势				

二、案例分析 Case Discussion

案例一：身边需求是创业首选项目

27岁的王博豪，是一家科技公司的总经理。从上大学开始白手起家创业，短短8年多时间创下了过亿身家，王博豪的创业经历颇具传奇色彩。

17岁时，王博豪就发明了最低功耗的LED灯；大学一年级，他创办了一家专业研发制造LED灯的企业，2009年获全国“挑战杯”金奖，2010年获四川省创业大赛一等奖，成为伦敦奥运会室内照明场馆照明大陆区唯一供应商，并位列2010年中国80后大学生创业富豪榜第1位。

如今，王博豪的公司拥有全产业链100多项专利，产品远销海外多个国家。但是他依然走在创新逐梦的道路上，并给自己设立了一个更大的梦想:“让老百姓都能用上货真价实的LED产品!”

27年前，王博豪出生在威远县一个教师家庭。天性活泼的他，从小就喜欢拆家里的各种电器，被父母称为“破坏之王”。拆完了装，装完了拆，这种拆拆装装的游戏，让他对电子产品的结构和电路设计越来越熟悉，也越来越痴迷。

王博豪读高二时，有一次家中的灯泡突然坏掉，眼看着妈妈在换灯泡的时候手被烫着了，“我当时就想：灯泡为什么发烫？如果不发烫不是可以节约很多能量吗？”从那时开始，王博豪就着手搜集资料、寻找解决方案，在老师和父母的帮助下，他在17岁时成功研制出了一种LED节能灯。

就在拿到人生中的第一项发明专利后不久，王博豪收到了一份来自北京一家研究所的专利转化（合作）通知，表示愿出3000万元购买专利。但他上网查了很多灯泡厂的资料后，看到义乌一家企业一年生产上亿个灯泡，他立马冒出一个想法:“一年生产上亿个，如果一个灯泡赚1元钱，就是1亿元，为什么不自己干？”

特许经营是特许人将自己的商标、商号、产品、专利、技术秘密、配方、经营管理模式等无形资产以特许经营合同的形式授予被特许人（受许人）使用，按照特许人统一的经营模式从事经营活动，并向被特许人收取费用的经营形式。

理想很丰满，现实却很骨感，他办了个小厂子，生产了10万只灯泡，结果没有销路，基本都是成本价处理了。经历此次危机后，王博豪吸取教训：必须利用自身有限的资源，去打开销路。拿不出多余的钱用于广告宣传，王博豪只能靠自己。他带着产品，四处去敲门拜访；他找兼职，在成都的大街小巷散发传单，让更多的人了解LED节能灯；他在网络上推广，到各贴吧、论坛发帖，鼓动大家来讨论低碳问题，并适时介绍自己的产品。此外，他还试着与建材工程商合作，向客户推荐他的产品。

多管齐下，销路渐渐打开。在最初创业的3年里，王博豪就卖出了上百万只灯泡，一年销售收入超过百万元。

2009年，王博豪获得全国“挑战杯”金奖，2010年获得四川创业大赛一等奖，成为伦敦奥运会室内照明场馆照明大陆区唯一供应商，并位列2010年中国80后大学生创业富豪榜第1位。到2013年，王博豪公司已拥有全产业链100多项专利开发，研制的LED产品超过千款，并在美国、日本、澳洲、南非、塞浦路斯设立办事处，把中国的LED照明产品推广到了世界各地。

结合多年的创业经历，王博豪认为，创业是一个很宽泛的词汇，“白手起家是创业，加入一个团队是创业，在一个好的岗位努力实现自我价值也算是创业”。因此，他认为青年创客不一定要辞职才能创业，首先要保障温饱问题，才能取得创业的成功。

案例二：阿霞卖3元咖啡月入过万

当很多同学每天奔波招聘会还抱怨工作难找时，刚刚毕业的大学生阿霞已经是一个名副其实的小老板了，她先是批发进口食品零售，现在搞“三元咖啡机”，月收入过万元，虽然不算多，但比求职碰壁的同学强多了。

阿霞是电子商务专业的学生，看见身边的同学四处碰壁之后，阿霞没打算求职。当时她通过网络看见了当地一家创业孵化中心推出的一个“三元咖啡机”的项目后，便来到了创业中心，参加了该中心举办的大学生创业培训班。在系统学习了两个月之后，阿霞带着一台“三元咖啡机”出去创业了。

首先面临的问题就是选址，街头、广场、地下通道等公共场所人流量大，可那些地方不能随便乱放。经过两个月的考察，阿霞看好了一个大型商场一处休息平台，就跑去跟管理单位的负责人协商，介绍这个项目，可对方根本不听就把她回绝了。后来的一个月，她几乎天天上门与物业经理协商，在预付了三个月、每月1000元的场地租金后，这位负责人勉强让她把咖啡机放在那里。解决好这个问题，下面该烦的就是客源问题。开张第一天，阿霞很紧张，从早上8点就一直守在机子旁边，可一天下来，也没有几个人去买咖啡。“难道是冲调得不好喝？”阿霞自己买了一杯一尝，味道确实一般。阿霞回到家中，在原来配方里面一点一点加料，一杯一杯地和家人、朋友一起品尝，直到喝到自己觉得满意为止。果然，加入新配方的咖啡吸引了不少的回头客，生意就这么一天天地好起来。阿霞小赚了一点以后，又到创业中心拿了两台机子。现在三台咖啡机，每天最多的时候能够卖出400杯咖啡，一个月能够收入近1.2万元。阿霞现在准备再购买三台咖啡机，把生意做大。

现在不少同学看阿霞创业成功了，都来跟他学习，准备回老家去创业，阿霞也是很热心地教他们怎么配料、怎么选址等，还积极地帮他们联系货商，她也希望更多的同学能够走上创业的道路。

创业感言：卖三元咖啡成功了并不意味着要让其他大学生也都去卖三元咖啡，多多调研，努力发现，开阔视野，一定会找到窍门的。

严酷的创业环境

美国平均VC投资：每1000份商业计划书，只有3份能得到风投的投资；投资的10家公司内，有2家能带来预期的回报，有1家会带来高回报，剩下的7家都是失败的。

100家企业在10年后有2成倒闭，20年后则有5成倒闭，而50年后只有2家能幸存下来（日本信用调查所调查）。

在自己的主行业以外的行业创办新事业，75%会失败（美国贝恩公司调查）

即使创业环境如此严峻，成功的公司还是有很多。

三、过程训练 Process Training

活动一：评估项目价值

下面给出了两家企业，请你按现有的资料给这两家企业估值并决定投资给其中一家：

这是一个真实的、完全没有修饰的案例，本书主编曾身临其境。

假设现在是 2000 年，有两家公司找你融资：

甲企业是中国第一家在美国纳斯达克上市的网络公司，4 美元一股。投 100 万美元，可占它的 10% 的股份。不过，即使当时已上市一年多，但它没有什么核心业务，好像只是一个概念！

乙企业是一家苟延残喘的网络社交软件公司，由于成本高企，投资人入不敷出，寻求买家，条件是 100 万人民币占 100% 股份。

请问：你会投资谁？

请先完成下面的表格：

项目	机会	威胁	优势	劣势	我的估值
甲企业					
乙企业					

请完成上面的估值后再往下看。

甲企业是深圳中贸网信息技术有限公司，它的上市只是钻了纳斯达克证交所的空子而已，它早已灰灰湮灭。

乙企业是深圳腾讯计算机系统有限公司，如果你当时拥有了它，现在你拥有 4 万亿元！

结果是：深圳兆富投资股份有限公司拿出 100 万美元投资甲企业。如今，这两家企业都早已烟消云散。

> 诚信不光是一种态度和意愿，也包含有能力。屡屡有意愿却达不到效果，一样是不诚信。
>
> ——柳传志

给项目估值其实也就是在考察我们对一个项目的鉴别能力，我们的眼力是否精准、是否独到，能不能看到问题点，都可以体现在对项目判断上。下面带来一个新的概念——LTV，它也是判断一个项目价值的方法和依据。

LTV 是生命周期总值（Long Term Value）的意思。LTV 由两部分组成，一个是客户单次消费可以为公司提供的价值，我们设定为 P；另一个是客户在公司消费的频次 T，LTV=P × T。

对于房地产公司来说，P 值特别高，一个房地产商卖你一套房子可以掏空你一辈子的积蓄，客户为房地产公司提供的产品所支付的价值极高。但客户购买这类商品的频次极低，一辈子最多也就一次或两次。假设一位客户一辈子就买一次 $100m^2$ 的房子，单价 1.5 万元 /m^2，那么客户贡献给房地产公司的 P 值也就是 LTV 就是 150 万元。

我们来看看美发业。剪一次头发多少钱，大家都知道，没有暴利。我们设定每次剪发 30 元钱，这个顾客从 1 岁开始到 80 岁，每月去都去理发店剪一次头发，那么它的 LTV 就是 P × T=30 ×（12 × 80）=2.88 万元。所以就这个客户给这两家企业贡献的 LTV 来看，显然房地产公司要远高于理发店。

所以房地产公司明显更有希望比理发店更容易成为一家市值规模更大的公司。虽然现在房地产行业只适合大资金进入，完全不适合创业，但这种 LTV 计算方法也可以借鉴一下，让你开一下脑洞。

现在，请你按照 LTV 算法，对你看好的或别人已有的、你比较了解的两个项目进行估值，看哪一个 LTV 更大：

项目	机会	威胁	优势	劣势	我的估值	谁更有前景
甲						
乙						

活动二：寻找创业项目

创业项目哪里找，其实就在你身边，就在你脚下，只要你处处留心，就一定能够发现适合自己的创业项目。请查找资料并结合你的实际观察后，填写下表：

行业	项目	你最喜欢哪一个
健康产业商机		
饮食行业商机		
交通行业商机		
时尚产业商机		
女性商机		
儿童商机		
老人商机		
大学生商机		

四、效果评估 Performance Evaluation

评估：创业项目可行性分析

结合你自己的个人经历和日常观察，提出一个你认为可行的小型创业项目并根据下表的内容对其进行简单的初步评价，并在第三项契合度数字栏相应数字 1~7 打钩，数字越大越符合要求。

评价方面	具体评价问题	契合度
外部环境	是否符合国家政策、地方政策、行业政策甚至国际惯例？	1 2 3 4 5 6 7
	业务模式是否符合当前消费习惯？还是引导新的消费潮流？	1 2 3 4 5 6 7
	是否会得到相关的政策优惠或政府扶持？	1 2 3 4 5 6 7
	行业前景如何，是否属于朝阳产业？	1 2 3 4 5 6 7
创业者	项目是否适合创业者的知识水平、职业经历和个人特性？	1 2 3 4 5 6 7
	创业者是否足以承受失败的风险（主要是经济角度）？	1 2 3 4 5 6 7
	是否已经具备完整的创业团队？	1 2 3 4 5 6 7
项目本身	市场需求是否明确、是否稳定、是否持久？	1 2 3 4 5 6 7
	是否有足够的市场容量？市场容量的成长性如何？	1 2 3 4 5 6 7
	是否具有强大的（或潜在的）竞争者？是否具有竞争优势？	1 2 3 4 5 6 7
	市场进入时机是否合适？	1 2 3 4 5 6 7

第六章　整合创业资源

创业需要什么？资源。

创业资源是指新创企业在创造价值的过程中需要的特定的资产，包括有形与无形的资产，它是新创企业创立和运营的必要条件，包括创业人才、创业资本、创业机会、创业技术和创业管理等。

很多创业者都不是先有资源再去创业的，而是在创业中寻找资源、整合资源。大量创业的事实证明，资源整合是成功创业的一条重要路径。

资源整合打破了传统的木桶理论，其最大的优点是：用别人的长板来弥补自己的短板，而不是什么都自己来做。在美国俄勒冈州的比弗顿市，四层楼高的耐克总部里，员工们只忙着做两件事：一件事是建立全球营销网络，另一件事是管理它遍布全球的公司。不用一台生产设备，耐克总公司缔造了一个遍及全球的帝国。一双耐克鞋，生产者只能获得几美元的收益，而凭借其在全球的销售，耐克总公司却能获得几十甚至上百美元的利润。

一个创事业者一定要有一批朋友，这批朋友是你这么多年来诚信积累起来的，越积越大，越积越大。像我账号的财富，这就是每天积累下来的诚信。

——马云

耐克神话告诉我们，创业者需要有效识别各种创业资源，并且积极借助企业内外部的力量对创业资源进行组织和整合，提升企业的核心竞争力，促进创业成长。

通过本章的学习，你将能够：

- 了解创业者的素质及特点。
- 把握创业团队特征和有效管理的要求。
- 了解商业模式与商业计划书。
- 了解创业融资的基本方法和途径。

第一节 组建团队

职场在线

你是想卖一辈子糖水，还是跟我一起改变世界？

1983年，乔布斯为了让当时的百事可乐总裁约翰·斯卡利加入苹果，说了一句极具煽动性、极为经典、至今仍被全球业界人士津津乐道的话：

“你是想卖一辈子糖水，还是跟着我们改变世界？”（Do you prefer to sell sugar water for the rest of your life or come with me and change the world?）

乔布斯和斯卡利共同执掌苹果的那段时间里，创造了最棒的产品（第一部Mac）和最棒的广告（“1984”）。不过很快这段蜜月就结束了，斯卡利最著名的事迹就是把乔布斯赶出了苹果。1985年乔布斯从苹果辞职之后，两人的交情也随之中断。1985年春天，苹果电脑的董事会决定不再让史蒂夫·乔布斯为他们服务。然而他自己也在1993年被人赶出苹果。

约翰·斯卡利曾任百事公司的副总裁（1970~1977）和总裁（1977~1983），1983年8月成为苹果公司首席执行官，1987年约翰·斯卡利曾以年薪220万美元被称为硅谷最高年薪经理人。他把持这个职位直到1993年。

斯卡利的市场能力闻名于世，尤其是在百事公司推广“the Pepsi Challenge”，这项计划使得公司从他的主要竞争对手可口可乐那里获得市场份额。斯卡利在80年代和90年代在苹果公司曾经采用相似的市场策略扩大了麦金塔（Macintosh）个人计算机的市场份额。在他任职期间，苹果的销量从8亿美元增加到80亿美元。

然后由于他违背了苹果奠基人史蒂夫·乔布斯（Steve Jobs）的销售架构，尤其是与IBM的相同客户的销售竞争，使他在苹果的任职饱受争议。1993年由于公司利润、销售和股票下降，他最终离开了苹果公司。

你的团队里必须有最棒的角色来操盘，这是创业成功者最认可的经验。斯卡利做为百事公司的CEO不是普通的年薪和位置来可诱惑的，所以，乔布斯以更激励人的“改变世界”的伟大愿景来激励他，相信对任何有志向的人来说，这都是一句无法抵挡的话。乔布斯的独具慧眼，苹果公司取得了巨大的增长。只不过英雄人物都有个性，双方的差异还是没法弥补，最终还是分道扬镳。

一、能力目标 Competency Goal

创业的本质是创业者整合资源、追逐机会的艰辛过程，也是创业团队学习和成长的过程。

人力资源是企业发展的关键要素，成功组建与管理创业团队是成功的创业者需要具备的主要能力之一。对于创业者而言，必须了解如何组建、发展、凝聚及管理一个成功的团队。

通过本节的学习，你将能够：

1. 了解创业者的素质及特点。
2. 把握创业团队特征和有效管理的要求。
3. 帮助新人融入团队、打造优秀创业团队。

（一）创业者的素质

1. 心理素质

创业是艰难的，难免会遇到苦恼、挫折、压力甚至失败，这就要求创业者必须具备承受挫折、迎接挑战的心理素质，而这些素质的培养就是靠增强自己的创业信心。对创业者来说，必须树立这样一个理念：你一定会赢。困难、挫折乃至失败，都是暂时的，关键是如何吸取教训继续前进。创业者必须具有百折不挠的精神，才能到达胜利的彼岸。

一般新成立的公司都会采取这种组织结构，我称它为“挨个命令型”，即所有的决策、指令都由总经理来下达。在某种程度上新公司只能这么做。创业者脑中非常清楚自己想做什么，公司应该做什么，但是如果在公司成立伊始便将这些想法灌输到员工脑中，让他们凭自己判断去朝着这个方向前进，往往会误入歧途。所以成立初期经营者就得一个一个地分派任务，挨个对每个人下命令。不过如果长时间地采取这个方式就会出现问题，公司人数一多，总经理就不能逐个命令了，10人还好办，如果增加到20人，就会力不从心，如果勉强维持这个制度只会让公司陷入窘境。

——【日】大前研一

小思考

如果你要让你的公司永葆活力，长盛不衰，你必须首先改变你自己。如果你不愿意改变自己，那么你的公司将永远无法给你想要的一切。

2. 应变素质

商海变幻莫测，市场千变万化，机会和风险并存，要抓住机会必须要有冒险精神，不敢冒险就不敢前进，机会稍纵即逝。这就要求创业者时刻拥有对市场决断的勇气与洞察力，能审视度势地在复杂环境下洞察到事物的内在本质和运动发展趋势，能通过各种渠道认真听取与分析各方面意见，并不失时机地做出科学合理的决策。独树一帜的预见能力，是创业者战胜对手的法宝。

成功的创业者还少不了具备较强的社交能力和沟通能力。沟通能力，是扩大社会交往必不可少的条件，演讲、对话、讨论、答辩、谈判、介绍等各方面的技巧与艺术的运用，加上待人接物的恰到好处，你就能结缘天下。

3. 管理素质

管好一群人，需要创业者知人善任。善于发现人才、培养人才和使用、爱惜人才，充分调动员工的聪明才智和积极主动性，是知人善任的根本所在。知人善任，能使创业者的组织指挥能力得到充分发挥，能使各要素与环节准确无误地高效运转。知人善任，还必须建立起和谐的内外部环境，创业者要善于妥善安置、处理与协调内部的人际关系，树立起自身和企业的良好形象。

小思考

要考虑员工的过去、现在的能力和未来的目标，因为每个被雇用的员工都有可能成为一个对企业有用的优秀员工。

（二）创业团队的特征

创业团队，就是由少数具有技能互补的创业者组成的团队，创业者为了实现共同的创业目标和一个能使他们彼此担负责任的程序，共同为达成高品质的结果而努力。共同创业有利于分散创业的失败风险；通过团队成员之间的技能互补可提高驾驭环境不确定性的能力，从而降低新创企业的经营失败风险；更为重要的是，共同创业具有更强的资源整合能力，能同时从多个融资渠道获取创业资金等资源，保证创业的成功。

如果你可以满足别人的需求，他们就会很满意，并且你可以把那些满意转变为收入。这就是创业者需要具备的最基本的东西。一家创业的公司就是通过技术满足别人的需求。一些创业者的错误就在于他们错误地估计了客户的需求。

一个处于良性运转的高绩效团队具备如下特征：

1. 目标清晰

高效团队对于要达到的目标有清楚的了解，这样才能凝聚创业团队成员的力量。这种目标的重要性还激励着团队成员把个人目标升华到团队目标中去。

2. 技能互补

高效的团队是由一群有能力的人组成的。他们具备实现理想目标所必需的技能，相互之间有良好合作的个性品质，从而能够出色完成创业目标。如果没有互补的能力，创业团队在技术和管理方面很难突破。

3. 沟通良好

成员之间通过畅通的渠道交换信息，互相之间能迅速、准确地了解一致的想法和情感。管理层与团队成员之间通过健康的信息反馈，也有助于管理者指导团队成员行动，消除误解。

4. 恰当领导

高绩效团队领导者往往担任的是教练和后盾的角色，他们对团队提供指导和支持，但并不试图去控制它，他们鼓舞团队成员的自信心，帮助他们更充分地了解自己的潜能。

5. 相互信任

团队成员之间相互作用、直接接触，彼此相互影响，形成一种默契、关心和信赖，不论何时，不论需要怎样的支持，成员之间都相互给予，彼此协作，共同完成团队的目标。

小知识

公司起步时的员工管理：

1. 正式工或临时工：很少或没有；
2. 员工的工作：完全由你亲自管理；
3. 你的任务：所有重要的和需要承担责任的工作；
4. 你对员工的了解程度：100%；
5. 你的工作重点：把订单拿到手，把工作分下去，收回应收账款。
6. 公司组织结构：轮式结构，以你为轴心，大家都对你负责。

（三）帮助新人融入公司

初创团队有大量的新人进入和离开，这是正常现象，不要焦虑，做为领导你应该花大量的时间来帮助新人融入团队。

1. 促使他们积极投入创造性的工作

帮助他们做出每月每周甚至每天的工作计划和目标，确保他们能作出贡献。公司的同事也可以从旁边进行观察，这有助于新人融入新公司的氛围。

> 多花点时间在招聘上是极其关键的事情。招聘是最大的投资，不要迷信找最好的人，而是要找最合适的人。
>
> ——马云

2. 确保他们明白自己的职责

无事可做的员工在公司中没有价值。你必须要他们清楚地了解产品、技术、客户和市场，要督促新员工学习这些内容。经常甚至每天安排与新员工的会面，要求他们带着各种问题来讨论。如何他们从来不提出问题，则说明他们还没了解公司的产品、客户和服务流程。若超过一个月还处于这种状态，可以考虑让他们另攀高枝。

3. 筛选人职不匹配情况

技能不匹配情况在公司中很容易出现。人职不匹配，等于是人力资源的巨大浪费。同时还要注意那边新人中强调学习的回答，这有可能说明他们很难融入你的团队。

（四）善用兼职及外包

初创团队成员不可能满足所有职位和工作内容的需求，很多时候，他们都是手忙脚乱。那么如何让工作更有条理，一个好的方法是用好兼职及工作外包。这样可以让优势的外部资源能为我所用，同时也让全职成员更关注于自己的所擅长的专业，更有利于个人和团队的成长。

1. 兼职

很多工作内容不是特别复杂，通过短期训练即可上岗，如餐饮服务人员、商场促销、广告派发等的工作内容完全可以通过兼职来解决。

2. 外包

很多成熟的岗位如会计、税务、出版、艺术设计、IT 技术等许多行业都派生出了大量的外包人员来帮你完成专业工作。你完全没有必要聘请全职会计人员，其费用一个月数百元完全足够。

小思考

一旦某企业的员工开始互相称呼对方职位时，这个企业就很危险了。在变化激烈的现代社会如果员工不把全部注意力放在顾客身上，而是放在公司内的竞争上，公司一定不会有所发展。

（五）创业团队破裂的原因及预防

1. 利益冲突

利益冲突是创业团队分崩离析的最常见原因。解决创业团队成员间的利益冲突既要有智慧，又要有胸怀。团队要有利益分配的制度，成员有互相包容的气度。很多企业就因为股权与决策权的问题而大打出手，创业者们应该能预见到这些矛盾激发点，未雨绸缪。

> 如果事业的使命没有明确，那么员工和公司之间只存在金钱关系，这样的公司没有凝聚力，员工的管理也很困难。为了避免这种情况的出现，创业者必须提出一个明确的使命和前景预测。
>
> ——【日】孙正义

2. 理念不同

给创业团队成员意见分歧提供指导方针的方法就是建立并恪守团队价值观与团队文化。道不同难相为谋，道同则齐心协力。所以，团队价值观与团队文化不仅是“旗帜”问题，更是“立场”问题。

3. 性格不合

性格不合往往是创业团队成员间起摩擦的常见原因。创业团队成员性格相同时应避免“放大”性格缺陷，走极端；性格不同时应互相理解，理性地进行性格互补。

4. 外部诱惑

创业团队外部有各种各样的机会和利益在向团队成员招手不稳定的初期团队成员很容易被引诱。合作往往缘于创业团队成员们当前共同的愿景，在很多人嘴里的“共赢”往往仅是手段而不是目的。要想避免这种团队外的利益诱惑的情况，必须不断提升团队的核心竞争力，力求做到以发展吸引人、以团队共同愿景留住人。

离开你公司的人都将会成为你的竞争对手。因为这个行业或岗位，他比较在行，他不会干别的。要么他会开一个一模一样的公司，要么他会被你的竞争对手所雇佣。

5. 信任缺失

无法想象信任缺失、互相猜忌的团队成员能同心同德地齐力将事业推进。而要让合作伙伴互相信任的办法就是：开诚布公地沟通，做让对方觉得你值得信赖的事，并经受得住时间的考验。

小思考

你所经营的小企业其实就是你本人最好的写照：

如果你思想散漫，做任何事总是漫不经心，那么你的公司肯定也不会大有作为。

如果你做事总是杂乱无章，那你的公司也会一盘散沙，毫无规则。

如果你很贪心，总想得到更多，那你的员工也肯定会变得很贪心。他们对的付出会越来越少，可是向你索取的却越来越多。

如果你对于该如何经营自己的公司知之甚少，那么这种局限性也一定会通过你的公司体现出来。

（六）如何管理创业团队

1. 目标管理

创业团队一开始，就必须树立明确的目标直至团队完成使命为止。目标设置要切合实际，上下级之间要充分沟通与评估，这样双方对困难和期待也会更清晰。目标管理可以培育团队精神和改进团队合作，也正因为有目标的存在，团队中的每个人才有可能知道个人的坐标在哪里，团队的坐标又在哪里。

2. 定位管理

团队定位和团队目标是紧密联系在一起的。团队目标决定了团队的定位，明晰的战略定位是创业企业组织设计的蓝图，只有明确了战略定位，创业企业才能确定其团队组织的规模、产品或服务的范围、组织的结构等。

3. 计划管理

团队计划处于整个企业团队管理活动的统筹阶段，它为下一步整个企业团队管理活动制定了目标、原则和方法。企业团队计划的可靠性直接关系着企业团队管理工作整体的成败。

4. 职权管理

领导者要真正地授权给团队，而不仅仅是让他们参与，准许团队作出长期的、战略性的决定；要善于除去矛盾的根源，尽力统一管理者与团队成员的观点，降低压力，准许团队出作更多的决策；同时要加强团队成员的培训，最大限度地发挥团队的功效。

5. 人员管理

在团队的人员管理中要注重团队精神的培养和对人员的激励。要使团队成员强烈地感受到自己是团队的一分子，对团队无限忠诚，愿意为其所在团队尽心尽力，全力拼搏。团队成员之间应该相互依存、相互宽容、互敬互重、彼此信任、共同提高。

压力是躲不掉的。一个企业家要耐得住寂寞，耐得住诱惑，还要耐得住压力，耐得住冤枉，外练一层皮，内练一口气，这很重要。武林高手比的是经历了多少磨难，而不是取得过多少成功。

——马云

（七）打造优秀创业团队

1. 谨慎选择合伙人

很多创业成功者的忠告是选择合伙人很关键，经常有一些创投业的人把选择合作人比作结婚。结婚是以美好的爱情做基础，中间有家庭和孩子作为纽带，还有许多责任和法律关系。但合作或合伙则非常困难，利益关系大于情感关系，外加一个口头承诺的目标，彼此没有太多责任约束很容易一拍两散。所以，如果你与他人结成合作伙伴，你要了解你的伙伴如下问题：

我了解他吗？

他有什么样的优缺点？

你和他互相信任吗？信任的程度有多深？

如果你或他出了信任问题，你们之间都愿意互相帮助渡过难关吗？

在今后的发展中，你们能做到荣辱与共吗？

2. 做高效创业团队领导者

创业团队中带头人作用更加重要，创业者的能力决定了团队的核心竞争力，带头人正如大海航行中的舵手，指引着创业团队的方向。创业初期的困难和挫折是不可避免的，核心人物不仅要解决各种矛盾与困难，更重要的是作为团队成员的精神支柱，要不断地鼓舞他们的斗志，调整他们的心态。

小知识

小公司（正式工或临时工 5 ~ 50 人）发展阶段的员工管理：

1. 员工的工作：有专业分工但仍由你管理，要么直接管理，要么通过总监管理；

2. 你的工作：仍然对工作负全责并要求员工按照你的想法来工作；

3. 你对员工工作的了解程度：程度不同（一些情况大概了解，其他情况全部了解）；

4. 你的工作重点：获取订单，分派工作，拿到报酬，管理员工；

5. 组织结构：金字塔式，你毫不动摇地站在塔尖。

3. 确立明确的团队发展目标

目标是一种有效的激励因素，如果一个人看清了团队的未来发展目标，并认为随着团队目标的实现，自己可以从中分享到很多的利益，那么他就会把这个目标当成是自己的目标，并为实现这个目标而奋斗。

4. 建立责、权、利统一的团队管理机制

一是创业团队内部需要妥善处理各种权力和利益关系，团队要确定谁适合于从事何种关键任务和谁对关键任务承担什么责任，以使能力和责任的重复最小化。二是善于处理创业团队内部的利益关系。每个团队成员所看重的并不一致，这取决于个人的价值观，有些人追求的是长远的资本收益，而另一些人不想考虑那么远，只关心短期收入和职业安全。

> 我相信搜索将对网络世界和我们的生活产生巨大影响。我的理想是“做属于中国的全世界最好的搜索引擎”，至今未变。
> ——李彦宏

二、案例分析 Case Discussion

案例一：汪滔“众叛亲离”

大疆创新的创业团队汪滔、陈金颖、卢致辉和陈楚强等四人的员工编号分别为0号、1号、2号和3号。创业两年多后，这个核心团队成员相继出走。大疆壮大后，媒体曾用汪滔“众叛亲离”来形容他们的离开。

大疆创业时，第一个办公室是在汪滔舅舅家杂志社的仓库中。“斜斜的，不是很高，很小的一个空地，20平米不知道有没有，就是一个很小的仓库，当时我们三个人就挤在里面。”卢致辉回忆说。

陈金颖、卢致辉和陈楚强等三人都是放弃原有的工作投入到一无所有的大疆。特别是陈楚强，在进入大疆之前，他已经在一家企业干了一年的时间，当初的合同签的是三年，要离开的话需要赔偿3万元的违约金，他还是毫不犹豫地选择了大疆。这笔违约金他花了一年多的时间来偿还。他得了一个“陈三万”的称号。

在谈到为何被当时什么都不是的大疆所吸引时，他们都说，是出于对创新技术的兴趣，而大疆在做的东西让他们都找到了兴奋的感觉。团队四人中，唯有汪滔有无人机技术背景，他因此担任了导师角色，时常需要手把手地教他们。大疆在第一年里完全没有做任何销售。大家每天都工作十几个小时，没有上下班时间。他们之间没有头衔，几个人挤在一个屋子里，很多事情都是边修无人机边聊，正如卢致辉所言，就像是进入了另一个实验室。直到公司接受融资后，平静局面开始被打破。

卢致辉最早离开，原因包括外界所传的股权争议。

公司成立之初，汪滔当时承诺的是其他团队成员一共能拿到40%的股份，那个时候他们对此都很满意，之后变成了20%，最后变成5%的时候，他们的信心开始动摇了。

卢致辉说，有些失望，不过其实也能理解，毕竟汪滔也是初次创业，对于股权问题看得不是很清楚，所以那些也只是随口说说而已。那个时候他们自己对股权也没什么概念，毕竟公司也没开始赚钱，股权到底能变现多大的价值，谁也不知道。所以，对于5%，他们也不是不能接受。

让卢致辉下定决心离开的，还有两个原因。一个是当时公司空降了一位从英国留学归来的经理，学的是金融，对技术一窍不通。本来一群技术宅在一起玩得挺开心的，结果来了个不懂技术的人，还成了他们的上司。这让卢致辉很是郁闷，觉得不是一类人，没办法一起玩。

另外一个原因是，公司一直不赚钱而是不断砸钱，这让卢致辉对于公司的前景产生了担忧。在种种原因下，卢致辉、陈楚强、陈金颖在半年内相继离开。大疆的创始团队分离崩析。

> 刚创业时，最先录用的10个人将决定公司成败，而每一个人都是这家公司的十分之一。如果10个人中有3个人不是那么好，那你为什么要让你公司里30%的人不够好呢？小公司对于优秀人才的依赖要比大公司大得多。
>
> ——【美】史蒂夫·乔布斯

如今，大疆已成长为全球估值最高的无人机企业，全球市场占有率高达70%，员工人数达4000人。但一切的荣耀已经与离开的创业团队成员无关，甚至也没人记得他们。后悔离开吗？他们都说，从未有过。

思考：

1. 大疆创业团队是如散伙的？其中最主要的原因是什么？

2. 创业团队如何避免股权矛盾？你觉得股权比例如何设计比较合理？

3. 不懂技术的空降兵来管理会给团队带来何种影响？

案例二：楚庄王的胸襟

一次，楚庄王因为打了大胜仗，十分高兴，便在宫中设盛大晚宴，招待群臣，宫中一片热火朝天。楚王也兴致高昂，叫出自己最宠爱的妃子许姬，轮流替群臣斟酒助兴。

> 为钱做事，容易累；为理想做事，能够耐风寒；为兴趣做事，则永不倦怠。
>
> ——郭台铭

忽然一阵大风吹进宫中，蜡烛被风吹灭，宫中立刻漆黑一片。黑暗中，有人扯住许姬的衣袖想要亲近她。许姬便顺手拔下那人的帽缨并赶快挣脱离开，然后许姬来到楚庄王身边告诉楚庄王说："有人想趁黑暗调戏我，我已拔下了他的帽缨，请大王快吩咐点灯，看谁没有帽缨就把他抓起来处置。"

楚庄王说："且慢！今天我请大家来喝酒，酒后失礼是常有的事，不宜怪罪。再说，众位将士为国效力，我怎么能为了显示你的贞洁而辱没我的将士呢？”说完，庄王不动声色地对众人喊道：“各位，今天寡人请大家喝酒，大家一定要尽兴，请大家都把帽缨拔掉，不拔掉帽缨不足以尽欢！”于是群臣都拔掉自己的帽缨，楚庄王再命人重新点亮蜡烛，宫中一片欢笑，众人尽欢而散。

三年后，晋国侵犯楚国，楚庄王亲自带兵迎战。交战中，楚庄王发现自己军中有一员将官，总是奋不顾身，冲杀在前，所向无敌。众将士也在他的影响和带动下，奋勇杀敌，斗志高昂。这次交战，晋军大败，楚军大胜回朝。

战后，楚庄王把那位将官找来，问他：“寡人见你此次战斗奋勇异常，寡人平日好像并未给过你什么特殊好处，你为什么如此冒死奋战呢？”

那将官跪在楚庄王脚前，低着头回答说：“三年前，臣在大王宫中酒后失礼，本该处死，可是大王不仅没有追究、问罪，反而还设法保全我的面子，臣深深感动，对大王的恩德牢记在心。从那时起，我就时刻准备用自己的生命来报答大王的恩德。这次上战场，正是我立功报恩的机会，所以我才不惜生命，奋勇杀敌，就是战死疆场也在所不辞。大王，臣就是三年前那个被王妃拔掉帽缨的罪人啊！”

一番话使楚庄王和在场将士大受感动。楚庄王走下台阶将那位将官扶起，那位将官已泣不成声。

冲突不会在真空中形成，它的出现总是有理由的。解决冲突方法的选择很大程度上取决于冲突发生的原因，因而你需要了解冲突源。研究表明，产生冲突源的原因多种多样，但总体上可分为三类：沟通差异、结构差异和人格差异。

——【美】斯蒂芬·P. 罗宾斯

从大处着眼，不以眼前小事来干扰我们的心智，有时，坏事就能变成好事。楚庄王高超的技巧和作为国王的胸襟在这里都值得效仿。如果在职场上能以这种态度和方法来处理冲突，个人和团队都将会是最大的赢家。这种建设性地处理破坏性冲突情况必须有一种极宽的胸襟，俗话说，宰相肚里能撑船，说的就是这个道理。处理得好，就是一个极好的契机，为团队的成功打下良好的基础。世界上没有完美的个人，只有完美的团队。楚庄王正是以创业家的心态来管理团队，才成就了他的春秋霸业。

三、过程训练 Process Training

活动一：对照检查——创业者的优良特质

（一）情境描述

优良的品质不是外貌与体型，并非与生俱来，它是通过后天的学习与训练所得。请对照如下表格中的要素逐条对照，看看自己在哪方面达到了要求，哪方面有所欠缺。

（二）请与下表对照并自检

请逐条自检，如果没有达到 50% 的分值，请继续努力学习与训练。

特质	态度和行为	请在对应分值上打钩（1 分最弱，10 分最强）
承诺与决心	顽强而果断，承诺并遵守	1 2 3 4 5 6 7 8 9 10
	很强的争取实现目标的进取能力	1 2 3 4 5 6 7 8 9 10
	为解决问题坚持不懈，自我约束	1 2 3 4 5 6 7 8 9 10
	愿意做出个人的牺牲	1 2 3 4 5 6 7 8 9 10
勇气与力量	具备道德力量	1 2 3 4 5 6 7 8 9 10
	勇敢而无畏地尝试并突破现状	1 2 3 4 5 6 7 8 9 10
	不怕冲突和失败	1 2 3 4 5 6 7 8 9 10
	面对风险有强烈的好奇心	1 2 3 4 5 6 7 8 9 10
领导与执行	自动自发，对自己高标准来要求并执行	1 2 3 4 5 6 7 8 9 10
	乐于合作，团队激励者，成就他人	1 2 3 4 5 6 7 8 9 10
	诚实可信，自带公平，愿意与他人分享	1 2 3 4 5 6 7 8 9 10
	优秀的学习者，不断升华思想与技能	1 2 3 4 5 6 7 8 9 10
善于把握机会	塑造机会的领导者	1 2 3 4 5 6 7 8 9 10
	非常熟悉客户的需求	1 2 3 4 5 6 7 8 9 10
	市场驱动型的领导者与执行者	1 2 3 4 5 6 7 8 9 10
	着迷于价值的创造和增长	1 2 3 4 5 6 7 8 9 10
承担风险与不确定性	善于权衡、分散并最小化风险	1 2 3 4 5 6 7 8 9 10
	善于管理和化解困境与冲突	1 2 3 4 5 6 7 8 9 10
	勇于承担失败、忍受压力	1 2 3 4 5 6 7 8 9 10
	容忍不确定性	1 2 3 4 5 6 7 8 9 10
创造力与适应力	思维开放、富于想像力、不墨守成规	1 2 3 4 5 6 7 8 9 10
	不安于现状，乐于改变现状	1 2 3 4 5 6 7 8 9 10
	能及时调整与适应新的变化	1 2 3 4 5 6 7 8 9 10
	面对失败具有坚强的韧性	1 2 3 4 5 6 7 8 9 10

活动二：信任背摔

（一）项目任务

小组成员依次自 1.4 米的平台上，直体向后倒下，小组其他成员在其身后用双手做保护。

> 大环境改造不了，你就努力去改造小环境。小环境还是改造不了，你就好好去适应环境，等待改造的机会。
>
> ——柳传志

（二）项目规则

本项目有一定风险，为保障队员生命安全，因此无论是倒下者还是接人者，全程必须严格按教练要求执行。所有队员在项目挑战前，需将身上硬物（如眼镜、手表、手镯、手链、项链、手机、钱包以及挂于腰部的钥匙、腰包等物件）全部取下统一放置于看管，以免项目过程中伤及队员及自身。

1. 下面所有学员面对面分列两边，统一用自己的左手握右手手腕，用右手握对面队友的左手腕，并且头后仰呈弓箭步站好。

2. 台上学员在后倒之前双手要握紧扣好并且胳膊被绑住；在后倒的时候要两腿靠拢并齐，身体挺直。

3. 台上学员要喊“准备好了吗”，下面学员要齐声喊“请相信我们”，台上学员再喊“我来啦”，下面学员要齐声喊“来吧”，倒下的队员须谨记在倒下时身体一定要笔直，身体不得倾斜，手部不得异动，否则将伤害队员及自己。（人在遇到痛苦时第一反应是躲避，所以接人者如躲避将导致倒下者严重受伤）。

4. 接人的队员在项目进行中，尤其是接人时需保持高度专注，眼睛需时刻关注即将倒下的队员以便快速反应。在接到倒下的队员后，一定要等队友平稳站立方可松手，否则极有可能让队员坠地受伤。

这个活动能帮助参与者克服心理障碍、战胜恐惧，提升成员之间的情感交流，增进团队成员之间的相互信任和理解，增强团队凝聚力，具有非常重要的意义。

> 我不认为一定要在创业阶段开办自己的公司。为一家公司工作并学习他们如何做事，会令你受益匪浅。打好基础对我们非常重要。
>
> ——【美】比尔·盖茨

四、效果评估 Performance Evaluation

评估：创业者团队成员素质自评

（一）评估概述

有三种素质处于创业者的顶端，它们是：对成就有高度的欲望；对把握自己命运有强烈自信；对冒风险的适度调节。前两点汇集为创业者的激情，最后一点成为创业者的理智。

研究表明，创业者趋向于独立担当解决问题、设定目标和依靠自己的努力实现目标的责任，崇尚独立和特别不喜欢被别人控制；虽然他们不怕承担风险，但决不盲目地冒险，他们更愿意冒那些能够控制结局的风险。请利用下表对自己的创业者素质进行评估。

（二）评估要求

请填写创业素质自我评估表：

人格特征		程度		
对成就有高度欲望	有明确而具体的事业目标	强	中	弱
	有强烈追求目标的进取心	强	中	弱
	对事业目标有长久的承诺	强	中	弱
对命运有强烈自信	对事业目标的价值深信不移	强	中	弱
	深信自己有能力实现这一目标	强	中	弱
	能够说服别人相信这一目标	强	中	弱
对风险能适度调节	不惧怕风险，但绝对不是冒险家	强	中	弱
	对风险有着特殊的直觉	强	中	弱
	适度冒险获得较大收益愿望的心理	强	中	弱
可变条件		程度		
创业技能	对商机的敏感与警觉程度	强	中	弱
	对商业模式的设计能力	强	中	弱
	经营企业获利的能力			
创业资源	开发自身创业资源的能力	多	中	少
	获得他人创业资源支持的能力	强	中	弱
自我认知与激励	秉性方面，我__创业者的人格特征。		A. 具备	B. 基本具备
			C. 基本不具备	D. 不具备
自我评估	我__通过学习获得成功创业的能力。		A. 能够	B. 不能够
	我__创业者素质条件。		A. 具备	B. 不具备

第二节　模式规划

职场在线

腾讯与阿里巴巴的商业模式

腾讯：从产业价值链定位来看，抓住互联网对人们生活方式的改变形成新的业态的机遇，通过建立中国最大的网络社区“为用户提供一站式在线生活服务”，通过影响人们的生活方式嵌入主营业务。其盈利模式的关键点是：在一个巨大的便捷沟通平台上影响和改变数以亿计网民的沟通方式和生活习惯，并借助这种影响嵌入各类增值服务。其创新性体现在：借互联网对人们生活方式改变之力切入市场，通过免费的方式提供基础服务而将增值服务作为价值输出和盈利来源的实现方式。

阿里巴巴：从产业价值链定位来看，它抓住互联网与企业营销相结合的机遇，将电子商务业务主要集中于B2B的信息流，为所有人创造便捷的网上交易渠道。它的盈利模式本质是：通过在自己的网站上向国内外供应商提供展示空间以换取固定报酬，将展示空间的信息流转变为强大的收入流，并强调其增值服务。它的创新之处在于：通过互联网向客户提供国内外分销渠道和市场机会，使中小企业降低对传统市场中主要客户的依赖及营销等费用并从互联网中获益。

商业模式是企业创造收入与利润的手段和方法。尽管这一概念并没不惊人，但每一个商业模式创新却成为人们关注的焦点。由于商业模式不同而使企业的价值与盈利能力有天壤之别，基于某种创意所形成的商业模式创新，不仅颠覆了传统的盈利模式或发展模式，还成为引领行业发展方向的决定性因素。商业模式是企业成败的本质。企业的竞争已不再是产品竞争而是商业模式的竞争。选择一个适合自身发展的商业模式，并且随着环境变化不断创新，获得持续的核心竞争力。腾讯与阿里巴巴的成功就很好说明了这一点。

一、能力目标 Competency Goal

"计划—行动—检验"三步骤是很多创业学家常挂在嘴边的"口头禅"。当我们独立创业时，这三点比其他任何事情、步骤都更为重要。许多创业成功者的经验证明，科学、周密地拟定项目规划，可以大大提高创业成功的把握度。

通过本节的学习，你将能够：

1. 了解你的商业模式。
2. 设计你的商业模式。
3. 掌握商业计划书的结构和写作方法。
4. 正确理解撰写商业计划书容易出现的问题。

（一）了解商业模式

商业模式是企业的基本要素，它是创业导师和风险投资说得最多的一个名词。几乎所有的创业者都认为，有了商业模式企业才有了成功的保障。

> 谷歌的搜索引擎产品就是一个成功的商业模式案例。它的模式是在页面中插入尽可能多的广告条，每个广告条收取尽可能多的费用。这种模式也成功地复制到百度的业务中，如今，百度搜索的关键词的搜索业务非常广泛而且有效，庞大的点击带来了庞大的流量和变现。

1. 商业模式的概念

用一句话来说，商业模式就是公司通过什么途径或方式来赚钱。很多创业者在草创初期经常被自己创业梦想所迷惑而忽视了商业模式的规划和设计，他们可能会把很多时间和精力放在产品的完善、定价和销售上。但很多的成功案例告诉我们，在商业模式上花点时间极其有必要。

小思考

请参阅网络资料探寻一下苹果、华为、小米、格力等企业的商业模式。

> 现代管理学之父彼得·德鲁克说过：未来企业的直接的竞争，不再是产品和服务的竞争，而是商业模式的竞争。

商业模式包括很多基本要素：价值主张、客户细分、分销渠道、客户关系、收入模型、核心资源、关键业务、重要伙伴、成本结构、资本增值等，虽然这些都是管理学所讨论的范围，但你还是得明白你的收入从哪里来以及如何来，这就是商业模式。如制造业的赢利模式有如下几种：直供式、总代理制、制造商与经销商共同成立联销体模式、仓储式、专卖式以及复合式等几种。服务业的商业模式则有：预付费加维护费、分时计费、订阅或租用、授权模式、流量模式、连锁经营等。

2. 商业模式的特点

成功的企业家所给出的经验足够抵得上你瞎忙活几十年，因为他们都是从自己的所经营的企业中得出的血的经验和教训。美国曾经的超级亿万富豪石油大王保罗·盖蒂预测：在21世纪最有前途的商业模式应该具有以下几个特点：

（1）一定是拥有属于自己的生意，从事这项生意的每个人都是一个独立的生意人，而不是为他人打工。

（2）你的生意一定要提供具有广阔市场前景的产品和服务，而不是某种特殊产品，看起来有特色，但潜在市场很小。

（3）你要为你的产品和服务提供保障，这样一来，你的顾客才可能放心购买，而且还能重复购买。

（4）你所提供的产品和服务一定要强于你的竞争对手，要具有自己的核心竞争力。

（5）你一定要奖励那些作出贡献的人，遵循的是多劳多得的原则。

（6）你的生意的成功一定要建立在帮助他人成功的基础之上，是双赢甚至是多赢的生意机制。

小案例

携程力拼互联网与传统旅行业相结合，扮演航空公司和酒店的“渠道商”角色，以发放会员卡吸纳目标商务客户，依赖庞大的电话呼叫中心作预定服务等方式将机票、酒店预订、度假预订、商旅管理、特约商户及旅游资讯在内的全方位旅行服务作为核心业务。其盈利模式是：通过与全国各地众多酒店、各大航空公司合作，以规模采购降低成本，同时通过消费者在网上订客房、机票积累客流，客流越多，议价能力越强，成本越低，客流就会更多。

> 一个没有竞争的市场上是不会出现畅销产品的。在竞争对手已经存在时，即类似的商品已经在市场上站稳脚跟时，后起的厂家就不能与其正面竞争，而是向市场提供功能类似但性质完全不同的产品，这样的就会出现很多畅销产品。
>
> ——【日】大前研一

（二）设计商业模式

商业模式是你要花相当多的时间的一个重要决策。它的设计是多方面因素的结果，它决定企业的生存和死亡。一个好的商业模式可以让初创企业在极短的时间发展壮大。作为新企业，你有很多种商业模式可以选择，但客户群体一旦确定之后，再改变商业模式会变得很困难。你与成熟企业相当有很多优势，就是你完全有权决定是否选择与他们一样或不一样的模式。所以，你要从客户的角度去考虑，对不同的选择进行测试，赶到最终确定能为企业有效获取价值的商业模式。

1. 商业模式不是定价模式

商业模式是一个框架，它能帮助你从为客户创造的价值中抽取一部分形成商业价值。换句话说，企业从客户那里得到的回报取决于你的产品能为客户创造多少价值，而不是根据产品成本随意制定的价格涨幅。在确定商业模式和定价的过程中，哪怕不时会有混淆，你还是要牢记它们都是以价值为基础确定的。不过，定价的影响要比设计商业模式小得多。因为后者会对企业抽取价值的能力产生直接影响。

2. 商业模式设计原则

一个成功的商业模式不一定是在技术上的突破，而是对某一个环节的改造，或是对原有模式的重组创新，甚至是对整个游戏规则的颠覆。设计商业模式时要遵守如下原则：

（1）客户价值最大化

一个商业模式能否持续赢利，是与该模式能否使客户价值最大化有必然关系的。一个不能满足客户价值的商业模式，即使赢利也一定是暂时的、偶然的，是不具有持续性的。

（2）持续赢利

企业能否持续赢利是我们判断其商业模式是否成功的唯一的外在标准。但要谨记：赢利是指的是在阳光下的合法持续赢利。持续赢利是指具有可持续性，而不是一时的偶然赢利。

（3）资源整合

整合就是要优化资源配置，就是要有进有退、有取有舍，就是要获得整体的最优。

商业模式是你制胜的关键，你得好好花时间来研究它，并设计出一个符合你的产品和业态的最佳模型。好的商业模式会帮你打造一个理想的商业典范。

> 成功是个最差劲的导师，只会带给你无知和胆怯，却不能带给你下一次成功的经验和智慧。
>
> ——郭台铭

3. 设计商业模式的要素

构思商业模式没有标准答案，因为它是根据你的企业的具体情况确定的。在分析商业模式时，我们应该多考虑如下几个方面：

（1）客户：了解客户希望做什么。关于这一点，创业者要特别关注，从开始有创意开始就要有这样的思维，以用户的角度去考虑问题。

（2）价值创造和获取：评估你的产品能为客户创造多少价值以及何时能为他们创造价值，然后，确定哪种价值获取方式适合你的企业。量化价值定位部分的分析对此有所帮助。

（3）竞争对手：分析你的竞争对手在做什么。了解他们的动向并及时获取他们的信息有时候能为你的决策提供更开阔的视野。

（4）分销：确保你的分销渠道有足够的动力为你销售产品。

（三）撰写商业计划书

撰写商业计划书（Business Plan，简称 BP）的目的是融资，本质上是和投资人的一种沟通方式和工具。创业是一段充满风险的旅程，缺乏认真的商业计划书，会让你失去基本的判断力。有了商业项目和商业模式后，是该考虑商业计划书了。它可以让你和现在及未来的合作伙伴了解相关业务，理解彼此的风格、优势及弱点以及如何合作共事。

商业计划书包括如下几个基本因素：商业机会、购买者和使用者、市场和竞争、经济财务特征及状况以及可能的进入战略。下面我们来仔细看看商业计划书的内容。

1. 概述

概述是整个商业计划书的精华，涵盖计划书的各个要点。一般要在后面所有内容编制完毕后，再把主要结论性内容摘录于此，以求一目了然，在短时间内给使用者留下深刻的印象。在概述中企业必须回答下列问题：

（1）企业所处的行业，企业经营的性质和范围。

（2）企业主要产品的内容。

（3）企业的市场在哪里，谁是企业的顾客，他们有哪些需求。

（4）企业的合伙人、投资人是谁。

（5）企业的竞争对手是谁，竞争对手对企业的发展有何影响。

（6）如何投资、投资数量和方式。

（7）投资回报及安全保障。

概述如同推销产品的广告，编制人要反复推敲，力求精益求精，形式完美，语句清晰流畅而富有感染力，以引起投资人阅读商业计划书全文的兴趣。特别要详细说明自身企业的不同之处以及企业获取成功的市场因素。

小思考

如果一个公司或事业没有一个高尚的理念，没有一个对社会有益的理论原点，那么它一定会失败。只会追逐金钱，是不会成功的。

你如何理解这句话？

2. 企业（项目）介绍与战略

这一部分是向战略合伙人或者风险投资人介绍融资企业或项目的基本情况。如果企业处于种子期，现在也只有一个美妙的商业创意，应重点介绍创业者的成长经历，求学过程，并突出其性格、兴趣爱好与特长，创业者的追求，独立创业的原因以及创意如何产生。如果企业处于成长期，应简明扼要介绍公司过去的发展历史、现在的状况以及未来的规划。在描述公司发展历史时，正反的经验都要写，特别是对以往的失误，不要回避。要对失误进行客观的描述，中肯的进行分析，

> 商业计划绝对不是一个销售计划，里面有无数细节，无数人才的运营。
> ——马云

反而能够赢得投资者的信任。

3. 痛点和需求（产品与服务分析）

投资人最关心的问题之一就是市场目前存在什么样的痛点和需求，这是你进入的机会所在。你提供的产品、技术或服务能否以及在多大程度上解决现实生活中的问题，或者，企业的产品（服务）能否帮助顾客节约开支，增加收入，这是市场销售业绩的基础。

产品介绍必须要回答以下问题：

（1）顾客希望企业的产品能解决什么问题，顾客能从企业的产品中获得什么好处？

（2）企业的产品与竞争对手的产品相比有哪些优缺点，顾客为什么会选择本企业的产品？

（3）企业为自己的产品采取了何种保护措施，企业拥有哪些专利许可证，或与已申请专利的厂家达成了哪些协议？

（4）为什么企业的产品定价可以使企业产生足够的利润，为什么用户会大批量地购买企业的产品？

（5）企业采用何种方式去改进产品的质量、性能，企业对发展新产品有哪些计划等等。

小知识

据统计，美国平均每1000份商业计划书，只有3份能得到投资，由此得知，希望从风险投资那儿获得资金非常困难。风险投资家收到的商业计划书鱼龙混杂，很少能看到真正想投资的项目，一般每年接到的200 ~ 300份商业计划书中真正获得投资的只有一个。

> 如果你能满足别人的某种需求，他们就会很满意，并且你可以把那些满意转变为钱。这就是创业者需要具备的最基本的东西。一家创业的公司就是通过技术满足别人的需求。一些创业者的错误在于他们错误地估计了客户的需求。
>
> ——【美】杰西卡·利文斯顿

4. 行业、市场分析预测

行业与市场分析主要对企业所在行业基本情况，企业的产品或服务的现有市场情况、未来市场前景进行分析，使投资者对产品或服务的市场销售状况有所了解。

5. 市场营销策略

企业的盈利和发展最终都要拿到市场上来检验，营销成败直接决定了企业的生存命运。营销策略的内容应包括：营销机构和营销队伍的建立；营销渠道的选择和营销网络的构建；广告策略和促销策略；价格策略；市场渗透与开拓计划；市场营销中意外情况的应急对策等。

> 成功既没有秘诀，也没有捷径。有人问成功最重要的因素是什么，我说：刻苦耐劳，从基层干起。
>
> ——王永庆

6. 生产计划（运作分析）

生产制造计划旨在使投资者了解产品的生产经营状况。这一部分应尽可能把新产品的生产制造及经营过程展示给投资者。同时，为了增大企业的评估价值，企业家应尽量使生产制造计划更加详细、可靠。

7. 管理团队介绍

投资者非常看重管理团队。这部分主要是向投资者展现企业管理团队的结构、管理水平和能力，职业道德与素质，使投资者了解管理团队的能力，增强投资信心。

8. 财务分析与预测

这部分包括公司过去若干年的财务状况分析，今后3年的发展预测，以及详细的投资计划。旨在使投资者据此判断企业未来经营的财务状况，进而判断其投资能否获得理想的回报，因而它是决定投资决策的关键因素之一。

9. 融资计划

融资计划主要是根据企业的经营计划提出资金需求数量、融资的方式、工具，投资者的权益、财务收益及其资金安全保证，投资退出方式等，它是资金供求双方共同合作前景的计划分析。

10. 风险分析

向投资者分析企业可能面临的各种风险隐患，风险的大小以及融资者将采取何种措施来降低或防范风险、增加收益等。融资者最好采取客观、实事求是的态度，不能因为其产生的可能性小而忽略不计，也不能为了增大获得投资的机会而故意缩小、隐瞒风险因素，而应该对企业所面临的各种风险都认真地加以分析，并针对每一种可能发生的风险提出相应的防范措施，这样才能取得投资者的信任。

小知识

据统计，被美国风险投资家所投资的企业，10家中有2家的投资回报为每年15～20%，有1家为投资家带来10倍的利润，而其余的7家或是投资不成功，或是倒闭，或是未能像预期那样发展下去。

> 事业的成功是很短暂的，其中还有人和市场的因素。如果你想从别人身上学习到不同的事情，你就必须要谦虚。很多人都掉进了断章取义的陷阱。你最好假设，一般的通论都是不对的。
>
> ——【美】欧·肯森（美国迪吉多电脑公司总裁）

11. 退出机制

创业资本的根本目的是为了获得高额的回报，成功的退出机制是高额回报的前提条件，是创业投资在时间上和空间上的不断循环，既是已经完成的创业投资活动的终结，又是新的创业投资活动的起点。创业投资运作的全过程主要由融资、投资和退出3个相互关联的环节组成。

12. 附录

附录主要是对商业计划书中涉及的一些问题的细节和相关的证书、

图表进行描述或证明，如企业的营业执照、公司章程、验资审计报告、税务登记证、高新技术企业（项目）证书、专利证书、鉴定报告、市场调查数据、主要供货商及经销商名单、主要客户名单、场地租用证明、公司及其产品的介绍、宣传等资料、工艺流程图、各种财务报表及财务预估表、专业术语说明等。它与商业计划书主体部分一起装订成册。

（四）撰写商业计划书的注意事项

1. 不要吹牛

创业者最常见的一种错误是喜欢用一种教导式的自大口吻写计划书，觉得自己的创建很牛。用这种心态写出来的东西自然装腔作势，不可能被投资人欣赏。很多投资人都是行家里手，他们见过太多的夸大其词的计划书。

> 我对自己选择的事业是经过深思熟虑的。在我考虑的50种行业中，经过多次筛选，我最终选择了在50年后仍可独占鳌头的软件银行事业。
> ——【日】孙正义

2. 处理图表

过多的文字表述有时让人烦心，学会简单地、恰到好处地处理图表，让它更简洁、客观地反映创业者状况，这帮助投资者在较短的时间内了解你的创业项目。如果能用图表说明问题，就不要用文字描述。

3. 语言风格

不要使用读者看不懂的行话、符号、缩略语等等。尽量使用简单的语言，清晰地解释外行人可能看不懂的概念，同时尽可能不要出现语法、标点和字词错误。如能聘请专家帮助，他们可能会提供中立的视角或策略性的建议。

4. 数据说话

数据往往是最容易说明问题的东西，滔滔不绝的大段文字描述往往抵不上一个关键数字所表达的内容。请记住，数据要真实，不要过分夸大，不要掺入太多的水分。

5. 材料佐证

把必不可少的佐证资料放在附录里。这些佐证资料可以包括：市场调查资料、行业专家的报告、项目选址的地图、专利的具体情况和技术规格、已经审计的财务报告等等。

小知识

据美国管理顾问公司贝恩公司统计资料显示：在自己的主行业以外的行业创办新事业，75%会失败，创业者创业的情况和它完全一样。

（五）优秀商业计划书的特点

在商业计划书编制完成之后，还应进一步对计划书进行检查完善，以确保计划书能准确回答投资者的疑问，增强投资者对本企业的信心。

一份优秀的计划书还要有以下特征：

1. 结构完整

计划摘要要写得引人入胜。各部分要排列有序，让人感觉作者是一位经过严格训练、头脑清楚、办事严谨、条理清晰、具有真正管理能力的企业家，或者是具有优秀企业家素质的人。

2. 投其所好

在写商业计划书之前，商业计划书的撰写者一定要对投资者的背景及相关情况有明确的了解。要针对具体的投资者写出具体的商业计划书，投其所好，抓到他的需求点。

> **市场定位的三个步骤**
> 1. 找出可能成为目标顾客的人群；
> 2. 聚集目标顾客群，在自己熟知的领域定出有效的客户战略；
> 3. 发现市场上存在的障碍和问题并努力解决，抓住商业机会。
> ——【日】大前研一

3. 视觉直观

商业计划书的书写和编排要言简意赅，但又要内容丰富，要直观性强，有强烈的视觉效果，能让人易于抓住重点，要尽量使用直观性强的图表。

4. 篇幅适宜

字数没有限制，但一定要做到长短适中，既要把该说的情况全部阐述清楚，又要不烦琐。写得太短，难以把内容说清楚；写得太长，投资者会失去耐心。不过，你的 BP 做得够好，篇幅长短不是问题。如 Uber（优步）全球路演的 PPT 也只有 35 页，而且大部分是数据和图片，文字非常少。Airbnb 的 BP 也只是很少文字的 PPT，效果特别好（见后文），而且只有 14 页！

> 顺境的人生人人会走，只是速度快慢而已；人一定要学着走逆境，而且愈年轻愈好，因为逆境才是真正学习成长的机会。
> ——郭台铭

5. 风格适中

计划书要有冲击力，能抓住投资者的心。商业计划书既不是动员报告，也不是文艺作品，它是一篇实实在在的说明书。

6. 证据严谨

介绍技术时，要用科学事实和必要的数据，阐明技术的先进性和实际性。介绍设想时，更需要有充分的市场研究结果，阐述想法的合理性，证明这个想法是切实可行的。分析市场时，要对未来 3~7 年的市场前景有合情合理的分析，言之有据。凡是涉及到数字的地方一定要定量表示，提供必要的定量分析。必要的图表是最有说服力的证据。

二、案例分析 Case Discussion

案例一：Airbnb 的商业计划书

现在创业者动辄数十页甚至上百页的 BP，文字烦琐啰嗦，条理不清，不得要领，经常让投资人看得云里雾里。Airbnb 是共享经济的最佳代表之一，

全球最大的没有自己房间的酒店公司。如果你要旅游，Airbnb 是个很不错的选择。我们来看看它早期的 BP（商业计划书）。

Airbnb 的 BP 简单明了，只有 14 页 PPT，但却清晰地解释了商业模型和能够解决的问题。这份 BP 应该是2011年之前 Airbnb 天使融资使用的 BP，融资需求为50万美元。正是凭借着成功的天使轮融资，Airbnb 发展成为市值300多亿美元市值、超过希尔顿酒店集团的公司。Airbnb 当年的 BP 是什么样子，请看下图：

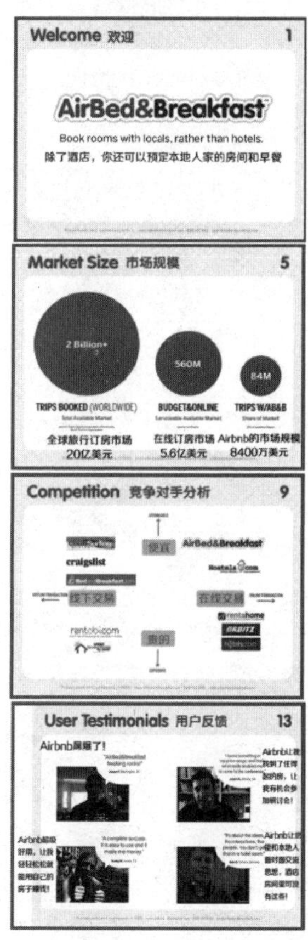

第 1 页：简单描述产品干什么用的，不需要花哨的修饰。

第 2 页：当前市场和用户的痛点。

第 3 页：Airbnb 的解决办法。

第 4 页：相关网站数据，验证市场可行性。

第 5 页：全球市场规模和 Airbnb 的份额预测（他们的数据其实低估了，不过不要紧）。

第 6 页：Airbnb 已上线的产品。

第 7 页：清晰的盈利模式和收入。

第 8 页：如何进行营销和推广。

第 9 页：各个竞争对手分析。

第 10 页：Airbnb 的秘密武器即核心竞争力，和别人不一样的地方。

第11页：核心团队。成员分工明确，且职能互补。

第12页：已经引起媒体的关注，不是吹牛。

第13页：用户的良好反馈。

第14页：清晰的融资条件和目标。希望50万美元能让我们撑12个月，业务量是达到8万笔。

这个BP真的是够简洁的吧？好的BP就是这样，多用图表，多用数据，尽可能简洁明了，把要做的事说清楚，不啰唆。

看到这儿，我们应该充分明确了好的BP需要什么了。

10/20/30原则

有些资深投资家在告诉创业者说，在制作BP的PPT时，要遵守10/20/30原则：一个文稿应该包括10张PPT，播放时间不超过20分钟，字体不小于30号。

案例二：三只松鼠的商业模式

三只松鼠成立于2012年，是一家定位于纯互联网食品品牌的企业，也是当前中国销售规模最大的食品电商企业。

1. 品牌战略

三只松鼠是2012年推出的一个互联网食品品牌，将品牌目标人群锁定在喜爱网购的人群，声称代表着天然、新鲜以及非过度加工，引发网售新鲜低价安全食品的潮流。三只松鼠着力塑造传达属于自己的松鼠文化，线上线下都流露着松鼠文化，快乐可爱，绿色天然，关爱环境。

2. 定价策略

与线下商场超市相比，三只松鼠的产品更便宜，贴心低价的优质产品是三只松鼠吸引顾客的核心。因在原产地采取订单式合作，省去了传统企业线下中间分销渠道的盘剥，成本更低，价格也更实惠，基本可实现按订单生产供应产品。

3. 分销渠道

三只松鼠主要是以互联网技术为依托，利用B2C平台实行线上销售，迅速开创了一个快速、新鲜的新型食品商业模式，缩短了商家与客户的距离。三只松鼠在品牌力已经做到线上坚果类销量第一的时候，仍然坚持拒绝线上或线下的分销。

4. 客服形象

三只松鼠创始人张燎原是公司第一个客服，他积累了客服经验之后，总结写下一本《松鼠服务秘籍》，推出客服服务十二招，目的就是要教会客服“做一只讨人喜欢的松鼠”，让所有人都熟悉客户的需求和保证将客户的需求实现到位。根据筛选的关键信息，客服与顾客的沟通更有针对性。

5. 有形体验

在客户体验方面，三只松鼠思考消费者购买、食用的每个环节，尽可能给予方便和优化。同时公司也非常关注员工工作体验，在总部办公地，那里是欢乐松鼠的世界。公司有意打造一个以“家”文化为背景的企业，这个设定有效地增强了凝聚力和员工归属感。

三只松鼠正是凭借对服务营销的准确把握，为消费者提供全方位的体验服务，将传统坚果经营成独特体验，并以此为卖点。坚果显然不会说话，但从三只松鼠身上，你却能轻易地感受时尚、新鲜、快速、安全，把客户放在首位，这才是一个互联网食品品牌存在的价值。

思考：

1. 商业对创业成功起到了什么作用？

2. 对于电商行业来说，商业模式的主要因素是什么？

> 天下的事情，没有轻轻松松、舒舒服服让你能获得的，凡事一定要经过苦心追求、经验，才能真正明了其中的奥妙而有所收获。
>
> ——王永庆

三、过程训练 Process Training

活动一：超级三人组

（一）要求

1. 学员们随意进行三人组合。

2. 共同提出一个有创新精神的创业计划，开办一家公司。要求最大限度地挖掘小组成员的不同能力，充分利用三个人的智慧。

3. 每个小组详细阐述他们的创业计划。最后大家投票选举最佳创业计划。

4. 时间：5 分钟。

（二）如下计划可供参考

我们团队的计划是开展用录像带进行英语培训的项目，对象是那些希望提高英语成绩的初中和高中学生。因为，我对这个行业比较熟悉，我也有进行教育设计的经验。李四先生可以利用他柔和而优秀的口音和电脑技能，再加上王英女士英语的经验和女性特有的细心，相信这个计划会非常成功。

活动二：商业计划书答辩

（一）活动组织

1. 根据分组制作商业计划书，每位同学必须参加。

2. 每组答辩成员 3~4 人，不超过 4 人，其余同学可以参与回答评委和其他同学的提问。

> 今天很残酷，明天更残酷，后天很美好，但是绝大部分人是死在明天晚上，只有那些真正的英雄才能见到后天的太阳。
>
> ——马云

3. 课程主讲教师、助讲教师、团总支书记、辅导员担任评委。

（二）作品评审标准

评审工作着重从产品或服务的创意、技术水平、市场前景、公司战略、财务赢利等方面综合考察参赛团队，按正式陈述（满分 55 分）、回答提问（满分 30 分）和团队整体表现（满分 15 分）三方面来考察，评分等级：极差 =0、很差 =1、较差 =2、一般 =3、较好 =4、出色 =5。内容如下：

1. 正式陈述（55%）

A. 产品 / 服务介绍（10%）

B. 市场分析（10%）

C. 公司战略及营销策略（10%）

D. 团队能力和经营管理（10%）

E. 企业经济 / 财务状况（5%）

F. 融资方案和回报（5%）

G. 关键的风险及问题的分析（5%）

2. 回答提问（30%）

A. 正确理解评委提问（5%）

B. 及时流畅作出回答（5%）

C. 回答内容准确可信（10%）

D. 对评委感兴趣的方面能作充分阐述（10%）

3. 团队整体表现（15%）

2. 整体答辩的逻辑性及清晰程度（5%）

3. 团队成员协作配合（5%）

4. 在规定的时间内完成（5%）

资源最有效、最直接、最有用且最形象的表现形式就是人际关系。这种人际关系你必须通过你一生的学习、工作和生活来建立。

（三）商业计划书参考框架

1. 概述，公司的业务和目标及其他。

2. 产品 / 服务分析，用途、好处竞争优势所在，专利权、著作权、政府批文、鉴定材料等。

3. 市场分析，市场状况、变化趋势及潜力，调研数据，细分目标市场及客户描述。

4. 竞争分析，现有和潜在的竞争者分析，竞争优势和战胜对手的方法。

5. 营销分析，针对每个细分市场的营销计划，如何保持并提高市场占有率。

6. 运作分析，原材料、工艺、人力安排等。

7. 管理层分析，每个人的经验、能力和专长，组成营销、财务和行政、生产。

8. 财务预测，营业收入和费用、现金流量，前两年月报、后三年年报。

9. 附录，支持上述信息的材料。

活动三：设计并完成商业计划书

（一）计划书内容

序数	项目	序数	项目
1	企业概况	6	固定资产
2	创业计划作者的情况	7	营运资金（月）
3	市场评估	8	销售收入预测（12个月）
4	市场营销计划	9	销售和成本计划
5	企业组织结构	10	现金流量计划

（二）讨论

小组讨论，交叉评估计划书的内容及可行性分析。

四、效果评估 Performance Evaluation

评估：创业资源自我评估

创业资源包括创业者的有形资产、无形资产、性别、年龄、民族、长相、体力、智力、经验、经历、技能、知识、社会关系等等，还包括对这些有形和无形资源的整合。只要唤起强烈的创业愿景，点燃头脑中的创业火炬，就会发现“商机满地跑，只要你肯找”，“身上一根草，创业是个宝”。因此，创业者要从创业资源角度对自身重新认识、分析和整合。请利用下表对自身资源进行评估。

我的有形资产的优势是	
我的有形资产的劣势是	
针对创业我拟采取的对策是	
我的无形资产的优势是	
我的无形资产的劣势是	
针对创业我拟采取的对策是	
我的社会关系的优势是	
我的社会关系的劣势是	

针对创业我拟采取的对策是	
我的人际交往的优势是	
我的人际交往的劣势是	
针对创业我拟采取的对策是	
我的体力资源优势是	
我的体力资源劣势是	
针对创业我拟采取的对策是	
我的脑力资源优势是	
我的脑力资源劣势是	
针对创业我拟采取的对策是	
我的技术资源优势是	
我的技术资源劣势是	
针对创业我拟采取的对策是	
我的知识资源优势是	
我的知识资源劣势是	
针对创业我拟采取的对策是	
我的学习资源优势是	
我的学习资源劣势是	
针对创业我拟采取的对策是	
我的兴趣资源优势是	
我的兴趣资源劣势是	
针对创业我拟采取的对策是	
我的经历资源优势是	
我的经历资源劣势是	
针对创业我拟采取的对策是	
我的经验资源优势是	
我的经验资源劣势是	
针对创业我拟采取的对策是	
我的其他资源优势是	
我的其他资源劣势是	
针对创业我拟采取的对策是	
按重要性排序，我的优势资源是	1
	2
	3
按重要性排序，我的劣势资源是	1
	2
	3
扬长避短，整合资源，转化为创业核心竞争力的战略	

第三节　筹集资金

职场在线

孙正义投资雅虎

日本著名风险投资人孙正义投资雅虎时，杨致远不缺钱，已经开始赚钱，现金流很好，有 VC 给他投资，已经快上市了。孙正义就去问杨致远，“你的竞争对手是谁？”杨致远说是网景。当时网景先上市，做得很好。孙正义让杨致远一定要接受他的投资。杨致远说，“我不缺钱。”孙正义说，“那好，我有 1 亿美元，我一定要投一个互联网企业，你不让我投，那我就去投你的竞争对手。”杨致远说，“那你还是投给我吧。”1 亿美元那真是很多钱，给了别人对他的威胁就很大了。但是因为这笔投资，孙正义后来获得了极大的回报。

我们可能应该都知道，创业找银行这条路几乎没有可能性。很多创业者并不太清楚需要钱时该找谁融资？一些非常小的迷你公司，尤其是为个人提供专业私人服务的小公司，他们仅需付出自己或亲朋好友等少数人的人力、时间和技能就可以组建起来并实现成长。但大多数公司的启动与壮大是需要资金的。所以，学会找谁融资还很重要。

一、能力目标 Competency Goal

俗话说，巧妇难为无米之炊。资金是创业的物质基础，是创业成功的必要保证，也是决定创业规模的重要因素。有很大比例的创业企业没能熬到壮大就夭折，就是因为资金不足，所以，筹集足够的资金，是创业者要过的第一关。

通过本节的学习，你将能够：

1. 了解创业企业的融资程序。
2. 掌握创业企业常用的融资方式和渠道特点。
3. 了解天使资本和风投。
4. 了解众筹是什么。

（一）融资渠道

如果在企业创办和经营过程中没有足够现金或持续的现金供给就会出现现金断流，就产生了融资的需求。中小型创业失败者数不胜数，而成功者终究是少数。失败的直接原因大都来自资金供应不足。所以，融资对绝大部分创业者来说是必修的一课。

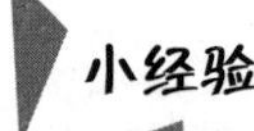

小经验

创业融资三原则

1. 现金多比现金少更好;
2. 现金早到手比晚到手更好;
3. 风险低的现金比风险高的现金更好。

这是明眼人一看就知道并完全理解的原则，但很多创业，甚至是企业总裁和董事长们，经常忘记它们。当前很多因为资金链断裂而倒闭的企业就是如此。

风险投资的必要条件是已拥有产品模型和顾客群。风险投资不会为验证一个事业理念而投资。

银行一般不会借钱给初创公司，用公司的部分股权作为交换条件来融资，对于创业者来说通常非常有必要。愿意提供资金来交换的人就是投资人。你的家人、亲戚或朋友、天使投资人（Angel investors）、专业的风险投资基金（Venture Capital，简称 VC）、当地政府的财政支持。

（二）融资程序

企业融资是一个复杂的过程，要解决目标投资者选择，向目标投资者证明其投资是有价值的、投资风险是可以控制的等问题。

1. 事前评估

系统分析企业融资的必要性和可行性。第一，判断企业战略，然后判断融资与战略方向是否一致。第二，判断融资需求的合理性，如企业为什么要融资？第三，融资可能性分析。最后，对上述结果进行归纳，形成融资诊断与评估报告，作为高层融资决策的依据。

2. 融资决策与方案策划

这个环节主要是就融资中的一系列关键问题进行决策和策划，包括：估算融资规模、确定融资渠道和方式、选择融资期限与时机、估算融资成本、评估融资风险等。

3. 融资资料准备与谈判

此阶段，企业一方面要着手准备相关融资资料，制订融资计划书（商业计划书）；另一方面要开始与潜在资金提供方接触，就资金的使用价格、期限、提供方式、还款方式等细节进行协商，直到达成一致。

4. 过程管理

该阶段包括融资组织、策划与实施等内容，它是根据双方谈判的结果和要求，对所有资金到位前的工作进行细化、论证、安排。核心是制定融资实施方案与签订融资协议两个环节。

5. 事后评价

通过分析总结成败之处，为下次融资积累经验和相关资料。包括：融资效果评价及其成败经验教训分析、融资参与人员的表现及其奖惩处理、企业融资档案的建立等。

（三）融资时间

1. 种子期

创业者可能只有一个创意或一项尚停留在实验室的科研项目，所需资金不多，应主要靠自有资金、亲朋借贷，吸引天使投资者，也可向政府寻求一些资助。

2. 创建期

企业需要一定数量的“门槛资金”，主要用于购买机器、厂房、办公设备、生产资料、后续研究开发和初期销售等，所需资金往往较大。由于没有经营和信用记录，从银行申请贷款的可能性甚小。这一阶段的融资重点是吸引股权性的机构风险投资。

3. 生存期

产品刚投入市场，市场推广需要大量的资金，现金的流出经常大于流入。此阶段要充分利用负债融资，同时还需要通过融资组合多方筹集资金。

> 如何获得更多的资金来源，渠道确实不多。曾经有个笑话，说创业公司最初的资金主要来自于F4：Founder（创始人）、Family（家人）、Friends（朋友）和Fools（傻瓜）。虽然是业界笑谈，但也可以看出创业公司除了创始人之外，资金的来源渠道非常有限而且很难获得。

4. 扩张期

企业拥有较稳定的顾客和供应商及良好的信用记录，利用银行贷款或信用融资比前期容易一些。但由于发展迅速，需要大量资金以进一步进行开发和市场营销。

5. 成熟期

企业已有较稳定的现金流，对外部资金的需求不再特别迫切。运作极其良好且有极佳市场前景的企业可以考虑股票的公开发行。但要知道，中国几十年的发展也只有几千家上市公司，能通过证监会发审委审核的公司凤毛麟角，一般创业者不要有这个奢望。

小故事

2013年3月，平安集团宣布投资10亿元成立平安好车。

平安好车以C2B模式切入需要付出的成本极大。面对C端想要集客需要大量的品牌广告，面对B端的激烈竞争，又需要巨额补贴。单纯的交易盈利仅仅依靠3%左右的佣金，远远没法覆盖广告、线下店运营、检测和人力等成本。而平安好车每个环节都亲力亲为，运营阶段属于稳亏不赚，卖得越多，亏得也越多。

平安好车经历了不到3年的试错，烧完14亿元广告后，黯然离开二手车市场。

（四）投资人的关注点

创业者和投资人的关注点是截然不同的。一个有远见且乐观的创业者看见的是一个充满无限可能的世界，即使充满坎坷也有实现梦想的机会，而一位务实且冷静的投资人关注的是公司是否有能力和资源存活下来关做大做强。聪明的创业者会从投资人的角度来审视自己的事业。你越快学会客观地分析公司获得投资的可能性，就能越快地改变并提高公司对投资人的吸引力和优势，从而找到理想的投资。

1. 高效的管理团队

聪明的投资人都会通过审视创始人的商业经验、行业经验和相关技能，以此来评估投资的可能性。

创业者的灵活性、随机应变的能力，易于相处共事的性格特点，在必要的时候愿意调整方向等也是投资人所看重的。

你和你的合伙人很优秀，你的团队运作良好，且执行力强的话，项目会有前途。一个完整、稳定的而且高效的团队会让投资人感觉到投出来的资金是放对了地方。

事业成功的法则

1.忠诚于你的事业。

2. 与同事建立合作关系。

3.激励你的同事。

4.凡事与同事沟通。

5. 感激同事对公司的贡献。

6. 成功应大力庆祝，失败应保持乐观。

7.倾听同事的意见。

8.超越顾客的期望。

9. 控制成本低于竞争对手 。

10. 逆流而上，放弃传统观念。

2. 潜在的商业规模

这主要是指产品或服务的市场容量，包括整个行业的范围。如果整个行业的市场上的消费总量只有不到1亿元，你很难声称说你们公司将成为这个市场的独角兽。聪明的投资人喜欢成熟的细分市场，消费者已经在这个市场里消费了数十亿元，同时，潜在的消费人群还在迅速增长。

评估商业机会的规模有一种方法是预测创业公司未来五年的收入潜力。所以，你的公司怎样解决快速启动、快速实现收入规模化以及这些收入在合理期限内实现的可能性。当然，你的项目不能是一个完全竞争市场。但没有任何竞争对手对投资人来说也是一个警讯，这说明，这个市场还不是投资的时候。

3. 适宜的商业模式

如果商业模式适宜，且容易在大范围内复制且成本低廉，一般投资人不会要求初创项目就有收入或利润。

关于商业模式，前文已提到过。商业模式决定了项目的成败。

4. 良好的运营数据

极高的用户增速，极强的用户活跃度，已成规模的PV，这些都是对公司业绩的肯定，这些都代表团队的战斗力，也在一定程度上预示着公司未来的发展。加上庞大的中国市场，对估值有正面影响。

5. 适合的时间窗口

技术是否到位，市场是否出现了庞大需求抑或是否充斥着同类产品，或者有没有政策风险，这些都是要考虑的因素。你不一定要挑选正确的时机开始创业，但是你完全可以在最好的时间进行融资，让投资人看到近在眼前的机会。

6. 优秀的人格特质

你是否令投资人喜欢，是否表现出一个行业领袖的能力和气质，行事坚毅、果断，善于沟通，教养良好等优秀品质，也会在很大程度上对投资人形成非常正面的判断。

（五）天使投资与风险投资

1. 天使投资

天使投资一词源于纽约百老汇，特指富人出资资助一些具有社会意义演出的公益行为。对于那些充满理想的演员来说，这些赞助者就像天使一样从天而降，使他们的美好理想变为现实。后来，天使投资被引申为一种对高风险、高收益的新兴企业的早期投资。那些用于投资的资本就叫天使资本。

> **天使投资人**
>
> 天使投资人又被称为投资天使，指具有一定净财富的个人或者机构，对具有巨大发展潜力的初创企业进行早期的直接投资，属于一种自发而又分散的民间投资方式。天使投资人自己组织成的天使团体或天使网络目前正不断扩大，以分享研究成果和集中资金针对性。

创业者需要能力，往往还特别需要运气。团结一帮有能力的合伙人，打造出有潜力的初创公司，潜在的天使投资人就出现了。你要亲自与天使投资人见面，面对面地沟通，并亲自谈判交易细节，了解他们的品性，看看未来是否有可能合作愉快，同时，你有很多机会了解他是否有大视野，大胸怀。谈判过程是你和天使投资人互相试探，吸引的过程。

天使投资人参与投资是为了财务回报，其投资意愿依赖于他们所了解到的其他天使投资人的盈利情况。他们把天使投资当作他们投资组合的一种分散投资方式，并不想特别深入地介入公司运营。

2. 风险投资

风险投资（Venture Capital，缩写 VC）简称风投，指向初创企业提供资金支持并取得该公司股份的一种融资方式。风险投资公司由一群具有科技及财务相关知识与经验的人组合而成，经由直接投资被投资公司股权的方式，提供资金给需要资金者（被投资公司），不以经营被投资公司为目的，仅是提供资金及专业上的知识与经验，以协助被投资公司获取更大的利润为目的。

小技巧

顺利地与 VC（风险投资）打交道的规则：

规则 1：VC 与公司存在利益冲突。

规则 2：越是有钱，越是有钱来；越是没钱，越是没有钱来。

规则 3：一定要与两家以上的 VC 打交道。

规则 4：尽量让别的公司持有本公司的股票。

规则 5：要自荐，还是要他人推荐？

规则 6：小心黑心的经纪人！

对所有创业者来说，永远告诉自己一句话：从创业的第一天起，你每天要面对的是困难和失败，而不是成功。我最困难的时候还没有到，但有一天一定会到。困难不是不能躲避，不能让别人替你去扛。九年创业的经验告诉我，任何困难都必须你自己去面对。创业者就是面对困难。

——马云

3. 天使投资与风险投资的区别

天使投资投资主要看人，创始人很大程度上决定了项目的好坏。早期项目往往只是一个 Idea，无法完全靠实际运营情况来检验商业模式的准确性。天使投资人只能根据创始人靠谱程度，以及对行业的理解来进行判断。天使投资金额一般从几十万到几百万元不等，具体的额度需要根据投资人和创始人双方协商的项目估值按照比例进行投资。

VC 投资需要综合考量项目创始团队和业务数据，由于 VC 阶段的项目是在拿到天使投资之后运作了一段时间，通过运营数据可以对商业模式进行部分的验证，此时 VC 投资人则会根据行业分析、竞争优势和壁垒、创始团队搭配、业务数据、产业上下游等各方面综合考量作出最终的投资决策。投资金额从百万元到上亿元不等。

（六）了解众筹

众筹，来自英语 crowdfunding 一词，即大众筹资或群众筹资，是发起人在互联网上发布创意，形式不限，以各种方式吸引大众为其捐助金钱的活动。

1. 众筹构成

众筹构成有三部分群体。发起人，即有创造能力但缺乏资金的人；支持者，对筹资者的故事和回报感兴趣的，有能力支持的人；众筹平台，连接发起人和支持者的互联网终端。

2. 众筹分类

（1）非股权众筹

非股权众筹主要表现为产品预售。主要通过项目发起人在互联网平台上的介绍，得到支持者的资金，回报方式多为项目制作的商品、书籍、音乐等。目前，非股权众筹网站有点名时间、追梦网、淘宝星愿、众筹网等。全球最知名的众筹网站 Kickstarter 数据显示，至 2018 年 5 月 17 日，有 14,646,631 人在这个全球最大的平台资助过 143,922 个项目，他们抽取成功项目总集资额的 5% 作为佣金。

（2）股权众筹

股权众筹主要的功能是资金提供者将会获得创新企业的股权股权众筹相比非股权众筹，风险更大、资金更多，回报期更长，需要更长远的投资眼光。国内目前有很多类似的网站平台提供这些服务。

3. 如何众筹

众筹的门槛低，只要你有与众不同的想法、有创造能力都可以发起项目。同时，众筹项目多样，包括设计、科技、音乐、影视、食品、漫画、出版、游戏、摄影等，吸引的是大众力量，支持者通常是普通的草根民众。当然，众筹项目必须是要有创意，必须先将自己的创意（设计图、成品、策划等）达到可展示的程度，才能通过平台的审核，而不单单是一个概念或者一个点子。

策划众筹，不仅仅只是罗列产品这么简单，更需要会讲故事，知道怎么简单、清晰、有趣地把你的产品或服务讲的生动有吸引力。

我们应该和那些最终有可能成为我们客户的消费者保持联系。你把自己锁在屋子里，工作一整天是一件容易的事情，但是这样会忽视消费者真正关心的问题。所以你应该不断地和你的用户交流并调整自己的工作方向。

二、案例分析 Case Discussion

案例一：七封拒绝信与七个教训

Airbnb（中文名：爱彼迎）与 Uber 并列为全球 O2O（或者说共享经济）的典范。2017年，未上市的Airbnb估值310亿美元。

2008年Airbnb第一次开始融资时，创始人希望用10%的股权换15万美元的投资。但是，他们联系过的七位投资人都拒绝投资。而现在Airbnb10%的股权已经价值几十亿美元。

Airbnb的CEO布莱恩·切斯基（Brian Chesky）后来把当时这几位投资人的拒绝信全给贴出来了，我们来看看前五封：

序号	拒绝理由
1	谢谢你的介绍啊。很高兴认识你，Brian。你们的点子看来很不错啊，不过这貌似不是我们投资的方向，我们不怎么专注这个领域。真心祝愿你们好运。
2	Brian你好，对不起啊，回复有点晚。我们内部讨论过了这个项目，但是很抱歉啊，从投资角度来说，我们认为这个项目不适合我们投资。我们想要市场规模更大的商业模式，你们的这个项目不太符合我们的要求。
3	Brian，我和我的合伙人说过这事。首先，你们的项目不属于我们主要投资方向的5个来源，所以我们可能不大会投资。其次，因为这不是我们投资的领域，所以就算我们做天使投资人投了你们，我们恐怕也帮不了你们什么。我可以继续保持联系。如果你要开始A轮融资，我们可以再来看看。
4	Brian，感谢你还一直跟我们联系。我今天没时间和你通电话，因为周四之前我都不在市里。看到你们的进展我很高兴，但是现在ABB需要解决很多问题，我个人在其他项目上牵扯太多的精力，所以我现在实在没办法帮助你们，也就没办法投资你。我现在比较担心你们的问题主要是：总统选举之后你们怎么能持续增加用户量，你们也缺乏足够的技术人才，另外你们可能也没办法吸引其他投资人联合投资。
5	Brian，我们昨天已经想好了，可能不会再跟你们往前推进了。我们对旅游领域的投资一直很纠结。我们知道这个领域还是挺重要的，但是我们暂时还没什么兴趣。

这几位投资人说是没兴趣，说实话是没眼光。不过，当年想投资而被Airbnb拒绝的投资人Paige Craig眼光是有的，为什么被拒绝？让我们来看看是怎么回事。

2008年8月12日，Paige Craig开始跟Airbnb接触。他当时正在寻找与住宿接待有关的投资项目，他有个想法是要建立世界上最大的虚拟酒店。结果，他找到了正在做这个的Airbnb。

Paige Craig对Airbnb进行尽职调查。结果，发现他们当时的经营数据很糟糕。每天新增用户最多也才两三百，还有几天是个位数。新增的房间数量也不稳定，大多数时候是两位数。交易量5、6、7三个月要么是0，要么是几百，到8月也才二三千美元。与Airbnb商业计划书里的宏大远景有太大的差距。

Paige Craig也说，他们当时其实不是那么在乎Airbnb的这些数据。他在乎的是Airbnb的这帮人，他觉得这帮人很不错，有野心，有冲劲。但是，也可能是这个数据的原因，Paige Craig和Airbnb的创始人们，在公司估值是200万美元还是250万美元上，纠缠了整整1个月。

这样，日子就拖到了2008年9月底，也就是Airbnb创始人在认识Paige Craig一个半月之后，他才给Aribnb创始人发出了投资条款清单（term sheet）。在两个小时之后，他收到了Airbnb创始人的拒绝信，原因是Y Combinator答应投资了。Paige Craig决策太慢了！为了5万美元（50万的10%），他丢掉了数十亿美元！

Y Combinator的联合创始人杰西卡·利文斯顿（Jessica Livingston）针对Airbnb公开的投资人拒绝信，写了篇文章，叫《Airbnb七封拒绝信的七个教训》：

1. 融资非常难。直到开始着手融资之前，你都无法想象融资会有多难。

2. 即使是最成功的创业企业，刚开始融资的时候也是恼火得很。

3. 创新的点子最初看起来总是很傻X（比如Airbnb这样的，把自己家的空床租给陌生人）。

4. 投资人还没看懂之前，他说什么都别当回事。不要被投资人的话误导了，不要轻易怀疑你自己的想法。

5. 投资人拒绝你时说的那些理由，你千万别信以为真。

6. 所有投资人都会犯错，我也一样。

7. 加油，Brain。你们是最好的创业团队。遇到这么多的拒绝（远不止这七封信），还能坚持下来。因为你们知道，自己的想法是正确的。

每个成功的企业，在成功之前的当年都跟咱们现在的初创企业一样，融资困难、起步阶段经营困难。但是，也正是因为他们熬过了这个阶段，在这个过程中不断进步、不断成长，才成为了有资格向当年的拒绝者打脸的成功企业。

名家的忠告

第一，趁年轻的时候创业。

第二，没有完全正确的路。没有一个计划能适合所有生意，你必须自己去思考。没有万能的公式。

第三，即使你筹到钱了，花的时候也要把它当成是自己的。花完就没有了。你的企业在开始的时候还很小很弱。节省一点，节省并不羞耻。

第四，不可能一步登天地成为企业家。它会是一个痛苦的过程，有可能使情绪变得不稳定，你会感觉到心神不宁。除非你是个不正常的人，否则都会有那种感觉。

——【美】杰西卡·利文斯顿

案例二：张兰从俏江南净身出户

餐饮业的俏江南是资本市场非常吸引眼球的大新闻。

1988年，张兰去了加拿大多伦多，刷盘子、打黑工。1991年圣诞节前夕，她怀揣2万美元回国创业。1992年，她先后在北京开了三家酒楼，生意蒸蒸日上。2000年，张兰转让了三家大排档式酒楼，将攒下的6000万元投资于高端餐饮，俏江南餐厅应运而生。为了提升品位，张兰花巨资打造兰会所，首家会所投资超过3亿元，光是油画就有1600张，其中就包括她于2006年在保利秋季拍卖会上耗资2000万元拍下的当代画家刘小东所作的《三峡新移民》。这家会所，与其说是针对高端人群的奢华消费，还不如说是一家充满艺术气息的博物馆。2008年开始，俏江南在全国出了数十家分店。

2008年，全球餐饮业并购、上市频发，资本市场一片欢腾。在这种背景之下，鼎晖投资以2亿元人民币的等值美元换取俏江南10.53%股权，但是双方签署了条件严苛的对赌协议。

拿到融资后的张兰梦想“要做全球餐饮业的LV”、“下一个十年末进入世界500强”、“再下一个十年末成为世界500强的前三强”。不知这是吹牛还是痴人说梦，反正可不是一个小目标。期间，其子汪小菲与台湾明星大S的婚恋，成为媒体娱乐版的头条，也增加了俏江南的曝光度。

扩张并没有带来预期收益，IPO也宣告失败。鼎晖投资急于想逃离。拥有主动权的它找到了下家——希望进军中国餐饮业的欧洲私募股权基金CVC。CVC以总价3亿美元收购了鼎晖出售的10.53%和张兰所持有的72%。此时，张兰变成了小股东。

进入2014年，公款消费几近绝迹叠加经济增速的放缓，高端餐饮萧条，CVC的梦想破灭，索性就想放弃俏江南的股权，任由银行等债权方处置俏江南。

2015年，小股东的张兰净身出户。

一个企业发展要经历五个阶段，一是战略上寻找突破点，二是要专注，三是要进行整个产业链的整合，四是适度多元化，五是变成社会企业，承担适度的社会责任。
——陈天桥

张兰净身出户是资本市场上的经典案例。从外部引入资本，很多时候能帮我们尽快壮大，但有时它是一支达摩克利斯之剑，随时都有可能断送自己的性命。了解过往的经典案例对我们在创业和投资方面都会有借鉴和警示作用，让我们学到了经验，不会重犯同样和类似的错误。

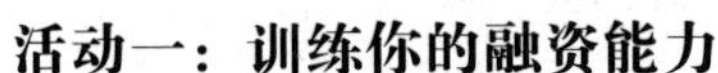

三、过程训练 Process Training

活动一：训练你的融资能力

（一）阅读资料

高盛资金进来的第二天，一个朋友找到马云：“Softbank（软银）的孙正义正在北京，你愿意见他一面吗？”当时蔡崇信不在，马云就单枪匹马地去赴会。

可是当他推开门，却见黑压压满满一会议室的人，一个个瞪着大眼瞅着他。号称网络投资皇帝的孙正义问：“你要多少钱？”马云又对孙正义说：“我不需要钱。如果你有兴趣，我可以给你介绍一下阿里巴巴的情况。”孙正义当时还没有看过阿里巴巴的网站，他的助手打开电脑将阿里巴巴网站调了出来，马云现场作介绍。

6分钟后，孙正义说：“马云，我一定要投资阿里巴巴！”

——摘自《阿里巴巴神话》

（二）活动设计

马云6分钟就说服了孙正义。这种能力需要培养和训练。

创业导师为了锻炼你们的说服他人募集资金的能力，准备让你们班自筹经费举行一个大型的社区卫生宣传活动，当然这些活动如做广告看板、邀请专家、道具的制作、物品的准备等，都需要一定的资金。你们班的班费远远不够这些活动的开销。所以，你们要去当地的企业化缘，寻求赞助。

可将你们班的同学分成四组，以团队为单位，进行募集资金比赛，看哪一组能够胜出。募集资金的时间为一个月。

活动二：训练你的社会生存能力

融资其实就是说服他人帮助自己。创业是一个人全方位能力的具体体现，如果你融资能力不够，也就是说你没有足够的能力创业。学校为了训练你们有更强大的生存能力，准备让你们在给只有10元钱的情况下，在当地城市生活三天。为了挑战自己，你敢不也试一试？在某种情况下，这样的训练，就是你融资能力的提前预演。趁你在年轻时候试一试，对你今后的成长都有好处。

> 如果你没有很实实在在的好东西，或好的产品，投资人有那么好糊弄的吗？花里胡哨是骗他们不来的！虽然我只讲了6分钟，孙正义就决心要投资，但那6分钟背后是我们独创的发展方向和6个多月没日没夜的艰辛努力。
>
> ——马云

四、效果评估 Performance Evaluation

评估：投资及财商测评

（一）情境描述

想测试一个人的创业投资能力是很困难的，它涉及很多因素，下面的测试只是一种简便易行的方式，只需要对每道题作出“是”“否”回答就可以找到答案。

1. 你是否常常筹划怎么样找机会赚钱？（是、否）
2. 你能很快地分析当前形式或问题吗？（是、否）
3. 做事情，你能持之以恒，善始善终吗？（是、否）
4. 你能审时度势，迅速地作出决断吗？（是、否）
5. 你能与其他人很愉快地工作一段时间吗？（是、否）
6. 你能坚持不懈地追求生活中使你感兴趣的某种东西吗？（是、否）
7. 你是否曾为自己制定过赚钱的目标，如1万元或5万元？（是、否）
8. 在花钱、生活和工作上，你敢承担风险吗？（是、否）
9. 对新事物、新观点的反应，你灵敏吗？（是、否）

10. 你是否能经受住金钱的考验？（是、否）

11. 你购买商品时，是否能停下来计算一下卖主的赢利额？（是、否）

12. 你购买大件商品时，是否经常计算成本？（是、否）

13. 对意外事件，你是否有承受能力？（是、否）

14. 为了赚钱，你是否能做到不要面子？（是、否）

15. 有一项能赚钱的项目，你是否愿意借钱在此项目上投资？（是、否）

16. 你想在股票、债券上投资吗？（是、否）

17. 你愿意下海经商而不拿固定工资吗？（是、否）

18. 你在本职工作外还有其他一些专业特长吗？（是、否）

19. 你是否经常阅读报纸或杂志上有关赚钱的文章？（是、否）

20. 你是否对商界富豪的经历感兴趣？（是、否）

> 风险一根火柴不够一毛钱，一栋房子价值数百万，但一根火柴可以烧毁一栋房子。
>
> ——王永庆

（二）评估标准和结果分析

选“是”得1分，选“否”得0分。

12分以下：赚钱能力有待提高，应该在开始训练一下自己这方面的能力。

12分以上：有较强的赚钱能力和心理基础，可选择某一方面的项目大胆地去开拓。

第七章　开办创业项目

“凡事预则立，不预则废”，要想成功叩开创业大门，就要根据企业创建的目的和市场营销的需要，走好创业历程中的每一步。

创业的第一步除了选好合适的项目外，选择创业地址更是关键一环。创业的地址就像战场上的阵地，占有有利地形，虽不能完全保证战斗的胜利，可是拥有固若金汤的城池总会多分胜算。

其次，创业者在开始创业前要充分了解我国的基本法律环境，各类企业的不同法律形态、特点及其利弊，还要按照法律规定及程序办理必要的法律手续。

最后，商品营销是创业中最重要的部分，营销业绩维系着企业的生命。成功的创业行动以及创业前的准备，更有赖于你对自己以及对你即将推出的产品或服务的成功营销，今天的创业行动几乎无法脱离营销活动而可以获得成功！

华为创始人任正非在谈到企业寿命时说过一句很让我们振聋发聩的话：历史规律就是死亡，而我们责任是要延长生命。不管是个人，还是企业，最终都是要死的。我们的努力就是让死晚一点到来，不要过早地夭折。

通过本章的学习，你将能够：

●了解企业组建的注意事项以及要做的工作。

●学会用户思维，寻找市场痛点。

●了解市场营销的过程及其特点。

第一节 组建公司

职场在线

25 年御用司机和特朗普反目

《纽约时报》2018 年 7 月 9 日报道：

现年 59 岁的私人司机辛特隆（Noel Cintron）于当天通过律师，向特朗普集团提出三项指控：

首先，辛特隆表示特朗普在过去 6 年间从未给自己付过加班工资。辛特隆在诉状书中称，他每周的工作时间长达 55 个小时，但是特朗普从来都是向其支付固定工资（其中 2003 年为 6.27 万美元，2006 年为 6.8 万美元，2010 年为 7.5 万美元），并没有考虑到加班的部分。由于纽约州的法律对诉讼时效有限制，辛特隆只能对 6 年内的加班欠款申请追溯。对此，原告称自己在过去 6 年内为特朗普加班 3300 小时，要求赔偿 20 万美元。

其次，原告称特朗普没给自己加薪过。按照诉讼书的说法，特朗普曾在 2010 年承诺给辛特隆加薪，但"诱使原告放弃健康保险"。一出一入下，辛特隆的工资没涨，特朗普反而省下了每年 1.79 万美元的保险费。

最后，辛特隆还诉称特朗普企业未能按照纽约州的法律要求，向他提供年度工资单。

原告的律师表示，辛特隆住在纽约皇后区，已为特朗普集团工作过超过 25 年，期间一路摸爬滚打，最终成为特朗普的"贴身专职司机"。在 2016 年中旬，特朗普开始完成从"商人"到"政客"的转型之际，辛特隆的工作被美国特勤人员代替。目前，辛特隆仍然在特朗普集团任职。

此外，如今已经卸下商人称号的特朗普，并没有坐上辛特隆这起"讨薪案"的被告席，辛特隆的起诉对象是特朗普集团，并不是特朗普本人。

不过这并没有影响到老员工抒发对老雇主的"失望之情"。辛特隆在诉讼书中写道："这是一种完全冷酷无情的不当特权的展示，也毫无权高责重之人应有的体面。特朗普冷酷无情和贪婪得到进一步证明。虽说他是亿万富翁，但在过去 12 年多的时间里，他没有给自己的私人司机真正涨过薪水。"

华为的员工没有不加班的，这一点它就做得很高明，几乎所有员工都主动加班，任劳任怨，不过，华为给的薪水也是非常好的，在 2017 年，其 17 万员工的平均年收入近 70 万元。加班不给加班费，这是很多企业的普遍现象。类似的法律诉讼天天在全球各地上演。但是，做为创业公司不加班几乎是不可能的。如何处理类似问题？公司一组建，就得要好好计划。

一、能力目标 Competency Goal

到这一步，你已经做了很多事情了，比方确定了项目，准备了资金，找好了合作伙伴，这个时候，万事俱备，只需要你把公司组建起来，开始运营了。企业是一个法人组织，理性、科学、有远见地注册有助于企业健康成长。选择适当的法律形态，我们首先就应该对这些不同的法律形态的特征、法律地位、投资者的风险、责任范围以及设立的条件和程序有所了解。

美国选址策划公司 KLG 的负责人蒂姆·内提说："目前企业迁址最重要原因应该是，跟着人才走，除制造业以外。"

通过本节的学习，你将：

1. 了解公司的取名和项目的选址。
2. 线上项目平台选择。
3. 选择合适的组织形式注册。
4. 公司股权的分配
5. 章程与公章等的作用。

（一）企业的取名

你的企业得有一个名字。名字虽然不是最关键要素，但有时候一个好名字能给你带来好运，像阿里巴巴、平安、宝马、奔驰、可口可乐、甲骨文等富有诗意而且高大上的名字一看就让人喜欢。但是，只要你肯用心，能创新，商业模式足够好，微软这样微小、软弱的名字照样也能大放异彩。

响亮、好记、朗朗上口的名字当然大家都需要，轮到我们来创业时，这样的名字已经不多了。好在汉语的语义非常丰富，吸引眼球、寓意深刻的名字永远也不会消失，创意足够多，名字就有足够的魅力。不过，要注意，别人不太认识的、难写的、生僻的字，尽量不要用。另外，在注册之前，你得想很多名字才有可能不会和别人的名字重复。脑洞大开，发挥想像，好名字永远也取不完。

创业(SYB)10 步走

1. 将你作为创业者来评价。
2. 为自己建立一个好的企业构思。
3. 评估你的市场。
4. 企业的人员组织。
5. 选择一种企业的法律形态。
6. 法律环境与你的责任。
7. 预测启动资金需求。
8. 制定利润计划。
9. 判断你的企业能否生存。
10. 开办企业。

（二）传统企业选址

选址必须要对商圈、有效客流、交通以及当地产业的竞争程度进行调查，但最重要的还是要结合自己的实际情况，来选择理想的地段。

小知识

如何界定客流

在测量客流量时，要注意区分机动车和行人，二者要分开来测量。马路对面的行人也是测量的重要环节，要参照以下因素：

(1) 马路的宽度。马路越宽，距离越远，人们过马路购买的可能性就越小。

(2) 过马路的方便程度。如果过马路很方便，中间没有阻隔，符合客流的行走线路，那么不要忽略这部分客流。

(3) 店面标识的醒目程度，门前是否有遮挡物。

1. 餐饮类项目选址

餐饮企业需求量大，投入门槛低，希望进入的人数众多，很多创业者贸然进入，死亡的概率特别高。这一点创业者特别要注意。创业者只有考虑好附近的环境和消费人群，才能够确定餐饮店的装修风格、菜品定位、营业的时间等。

2. 服务类项目选址

怎样向客户更加有效地提供服务，是服务业选址的重点。越是能更快更及时地提供，生意就会越好。因此，选址就要以此为方向，比如：要选在离目标客户近的区域；选在目标客户集中的区域；选在客户容易找到的地方等。

3. 小商品类项目选址

小商品类企业被称为“选址决定命运的产业”，其店址选择的正确与否决定了它以后经营成果的好坏。店址选择是长期性投资，事关企业以后的发展，一经确定，大量的资金就会投入进去，既有长期性又有固定性。

小商品类企业的选址，商圈很重要。商圈，是指潜在的顾客所分布的地理区域。以小商品类企业为中心向四周扩展，形成一定的辐射范围，就是商圈。确定商圈范围对小商品类企业来说非常重要，一是可用来选址；二是可以了解消费者构成和特点，从而确定经营策略。

小案例

消费人群的考量是星巴克选址的唯一标准。当市场开发部门通过一系列考量列出备选项目之后，实地考察各个项目周边有无喝咖啡的人群便是选址人员着重需要做的事情。

显然，如何在人流中判断出喝咖啡人群的大致数量显得至关重要。通常而言，可以从项目地理位置和周边物业的档次来推算。基于有喝咖啡习惯的人们大多有一定经济实力，因而在高档写字楼集中的商务区域、休闲娱乐场、繁华的商业区等地方喝咖啡的人群一定会比其他地方数量多。

全球最古老的企业

日本山梨县西山温泉庆云馆始于公元705年，至今已有1300多年历史。

这里的温泉一直到今天都在冒泡。这家酒店已经已在同一家族中传承了52代，而它成功的秘诀是一种代代相传的荣誉感——甚至一些雇员的职位在他的家庭里传了好几代，从父母传给儿女，再传给孙子。不变的是，这些员工的忠诚与殷勤，他们为自己和家庭赚取工资。他们投入自己的全部，十分具有服务精神，而这种精神源于保护温泉酒店的共同愿望。

（三）线上项目平台选择

网购如今成了我们日常生活的一部分，70岁的大妈都会网购商品。网络高度渗入的时代，处处是机会。

1. 淘宝店主

对于有志于创业的人来说，淘宝等平台是一个非常不错的选择，其交易量已达数万亿，依靠淘宝就业的人就达 3 千多万，其中不乏极为成功的创业者。淘宝创业特别适合学生，其开店手续非常简单：

第一步：进入淘宝官网首页。

第二步：点击“登录”进入淘宝网页，如果没有淘宝账号就注册一个。

第三步：输入账号登录进入其页面。

第四步：在卖家中心，点击“免费开店”进入其页面。

第五步：只要是实名认证了的账号就可以点击“创建个人店铺”了。

第六步：然后会出现，关于淘宝开店的系统提示，点击“继续开店”进入其网页。

第七步：点击“淘宝立即认证”，根据要求输入身份号码和银行卡号，一般 2 天左右申通就会通过，淘宝开店就成功了。

淘宝开店有如下一些费用：

保证金：店铺保证金 1000 元，以后不开店了可以退。

网铺费：店铺在 1 颗钻以上每个月 50 元网铺费用，1 颗钻以下免费。

装修费：店铺装修费用，自装免费，请专业人士装修 300 ~ 500 元左右。

工具费：还有一些店铺工具费用，店铺打折工具每个月 10 元；搭配套餐营销工具每个月 5 元；视频营销工具每个月 2.5 元；宝贝关联营销工具每个月 10 元。所以淘宝开店前期 1000 多元就可以搞定。

以上资料来自 ttps：//openshop.taobao.com/index.htm，如有变化，请随时参阅淘宝网。

2. 微商和其他平台

除了做淘宝店主外，也可做微商。微商是借用微信这个软件来做商品交易的人。由于微信的强大影响力，微商成了消费者 + 传播者 + 服务者 + 创业者于一体的多重角色。据中国电子商会微商专委会 2016 年底，微商从业者近 3000 万人，2017 年交易量超过 8000 亿元。如今，微商的概念，不只是局限在微信上卖产品，其他各类 APP、博客、微博等等都可以，只要你愿意，你也可以成为微商。

创业小故事

有一个 23 岁的小伙子赤手空拳和同伴们一起来到东京闯天下。到了东京后他们惊讶地发现：人们在水龙头上接凉水喝都必须付钱。同伴们失望地感叹道：“天哪！这个鬼地方连喝冷水都要钱，简直没办法待下去了。”言罢都纷纷返回故乡了。

这个小伙子也看到了这幕情景，但他却想：“这地方连冷水都能够卖钱，一定是挣钱的好地方！”于是他留在东京，开始了创业生涯。后来，他成为日本著名的水泥大王，他的名字叫浅田一郎。

（四）企业的组织形式

企业在经营上面对的第一个问题就是以何种形式作为其组织形态。企业的法律形式主要有三种基本类型：业主制企业的独资公司、合伙制企业和公司制企业的有限责任公司。你决定要成立何种组织形式后，可以到你本地工商局去注册登记。现在各地的注册程序和手续都比较快。公司的具体组织形式的优势和劣势如下表：

类型	优势	劣势
有限责任公司	1. 有限责任。拥有法人资格，股东个人承担的责任仅以所出的股本为限，降低了个人投资风险。 2. 运行稳定。在法律上保证了充裕的资金和健全的运行机制。	1. 注册手续复杂、费用高。 2. 税收较高。要缴纳企业所得税和个人所得税。 3. 转让困难。股东一旦出资就只能享受收益，不能随便转让股本。
独资企业（业主制企业）	1. 注册手续简单，费用低。 2. 决策自主。企业所有事务由投资人做主。 3. 税收负担较轻。只征收企业所得税而免征个人所得税。 4. 注册资金不受限。	1. 信贷信誉低，融资困难。 2. 无限责任。一旦经营亏损，除了企业本身的财产要清偿债务外，个人财产也不能幸免。 3. 可持续性差。投资人有绝对自主权，缺乏规范的管理。 4. 资产有限。企业的全部家当就是个人资产，很难有大的发展。
合伙企业	1. 注册手续简单，费用低。关键在于合伙人之间达成的协议，企业运行的法律依据就是共同协议。 2. 有限合伙承担有限责任，易吸引资金。 3. 税收较低。只需要缴纳企业所得税，免征个人所得税。	1. 无限责任。一旦合伙人中某一人经营不善，则所有合伙人都被连累。 2. 易内耗。合伙人平均享有权利，有时难达成一致意见，容易导致业务开展困难。 3. 合伙人财产转让困难。合伙人向外转让财产必须经全体合伙人同意，很难抽身而退。
个体工商户	1. 对注册资金实行申报制，无最低限额基本要求。 2. 注册手续简单，费用低。 3. 税收负担轻。	1. 信誉较低，很难获得银行大额贷款。 2. 经营规模小，发展速度慢。

注册企业与注册商标不一样。商标注册是全国性的。而企业注册一般只是你所在地的那个城市有效，其他人不能注册你已经注册了的同名企业。如果你要成立省级的或全国性的企业，你必须满足更复杂的条件。

（五）股权分配

创业公司的股权是一个非常敏感或容易引起矛盾或分裂的话题，很多企业的创始人或参与者都对此有强烈的感受。创始人需要用最公平的方式，按每个人提供的相对价值进行分配。

不同团队成员的贡献有很大的差异。创始人 A 是商业概念的缔造者，创始人 B 水平和经验最好，并将概念变为现实，创始人 C 非常努力，付出了大量心血让公司在糟糕的情况下得以运行，创始人 D 与公司的各关键人员保持着紧密的个人关系。这很像《西游记》去西天取经的唐僧团队。你如何分配你有限的股权？

没有一个标准来规定汗水、资金、经验、创意等的价值比例。但是你得有数字量化的方案，这样才能服众。比如，按工作量投入、时间成本投入、无形资产价值的投入、有形资产价值的投入等。就拿创意来说，你有可能会说，成功的企业是 99% 的汗水加上 1% 的创意，但反过来有人会说，如果没有那 1% 的创意，就什么都没有。所以，在以法律形式固定股权以前，创业团队得做大量的沟通工作。

小资料

下面一些公司创始人股份变动如下：

苹果公司创始人乔布斯：45% → 30% → 15% →离开（后被请回）；

1 号店于刚、刘峻岭等创始团队：100% → 20% → 11.8% →离开；

真功夫联合创始人蔡达标：50% → 47% →入狱；

雷士照明创始人吴长江：100% → 45% → 33.4% → 29.3% → 6.79% → 2.54% →入狱；

俏江南创始人张兰：100% → 89.47% → 17.3% → 0（净身出户）。

上述五个案例，只有乔布斯有一个好的结局，其他四个相信大家很明了。

（六）公司章程

公司章程是关于公司组织和行为的基本规范。公司章程不仅是公司的自治法规，而且是国家管理公司的重要依据。

1. 公司设立的最主要条件和最重要的文件

公司的设立程序以订立公司章程开始，以设立登记结束。公司没有章程，不能获得批准；公司没有章程，也不能获得登记。

2. 确定公司权利、义务关系的基本法律文件

公司章程一经有关部门批准，并经公司登记机关核准即对外产生法律效力。公司依公司章程，享有各项权利，并承担各项义务，符合公司章程行为受国家法律的保护；违反章程的行为，有关机关有权对其进行干预和处罚。

3. 公司对外进行经营交往的基本法律依据

由于公司章程规定了公司的组织和活动原则及其细则，包括经营目的、财产状况、权利与义务关系等，这就为投资者、债权人和第三人与该公司的进行经济交往提供了条件和资信依据。凡依公司章程而与公司经济进行交往的所有人，依法可以得到有效的保护。

公司章程与《公司法》一样，共同肩负调整公司活动的责任。这就要求，公司的股东和发起人在制定公司章程时，必须考虑周全，规定得明确详细，不能做各种各样的理解。《公司法》规定了章程的制定、修改等诸多内容，应依法遵守。

> 随时留意身边有没有生意可做，才会抓住时机把握生意起点。着手越快越好。遇到不寻常的事发生时立即想到赚钱，这是生意人应该具备的素质。
>
> ——李嘉诚

（七）公司印章

公司印章主要包括公章、财务专用章、合同专用章三个，需根据相关规定到工商、公安、开户银行备案或预留印鉴。公司也可以根据需要刻制税务章、报关章、内部使用的部门章等。公司公章是公司处理内外部事务的印鉴，公司对外的正式信函、文件、报告使用公章，盖了公章的文件具有法律效力。

有些创业公司公章使用非常随意，没有严格管理，这很容易给企业带来隐患。所以，一般公司都有严格的公章管理规范。

（八）劳动合同

企业设立后，一般都要聘用员工，员工正式入职后都需要与公司订立劳动合同，这是《劳动法》赋予公司的权利和义务。劳动合同，是指劳动者与用人单位之间确立劳动关系，明确双方权利和义务的协议。订立和变更劳动合同，应当遵循平等自愿、协商一致的原则，不得违反法律、行政法规的规定。劳动合同依法订立即具有法律约束力，当事人必须履行劳动合同规定的义务。

现在很多企业劳动用工不合规，很多企业与员工不签订劳动合同，由此而产生的纠纷非常多。创业企业自设立开始，对劳动合同的履行、变更与解除一定要遵守《劳动法》的相关规定，以免造成不必要的法律纠纷。

二、案例分析 Case Discussion

案例一：麦当劳选址的5项标准

1. 针对目标消费群

麦当劳的目标消费群是年轻人、儿童。所以在布点上，一是选择人潮涌动的地方；二是在年轻人经常光顾的地方布点。

2. 着眼于今天和明天

麦当劳布点的一大原则，是二十年不变。所以对每个点的开设与否，都经过3个月到6个月的考察，再作决策评估。重点考察是否与城市规划发展相符合，是否会出现市政动迁和周围人口动迁，是否会进入城市规划中的红线范围。进入红线的，坚决不碰；老化的商圈，坚决不设点。有发展前途的商街和商圈、新辟的学院区、住宅区，是布点考虑的地区。纯住宅区则往往不设点，因为纯住宅区居民消费的时间有限。

3. 讲究醒目

麦当劳布点都选择在一楼的店堂，透过落地玻璃橱窗，让路人感知麦当劳的餐饮文化氛围，体现其经营宗旨——方便、安全、物有所值。由于布点醒目，便于顾客寻找，也吸引人。

4. 不急于求成

黄金地段黄金市口，业主往往要价很高。当要价超过投资的心理

> 做生意一定要同打球一样，若第一杆打得不好的话，在打第二杆时，心更要保持镇定及有计划，这并不是表示这个会输。就好比是做生意一样，有高有低，身处逆境时，你先要镇定考虑如何应付。
>
> ——李嘉诚

价位时，麦当劳不急于求成，而是先发展其他地方的布点。通过别的网点的成功，让“高价”路段的房产业主感到麦当劳的引进，有助于提高自己的身价，于是再谈价格，重新布点。

5. 优势互动

麦当劳开“店中店”选择的“东家”，不少是声誉较高的地方。知名百货店、超市等为麦当劳带来客源，麦当劳又吸引年轻人逛商店，起到优势互补的作用。

如果你想开店，选址将要耗费你不少工夫。闹市区的租金成本居高不下，所以要在成本与便利等因素中权衡，一个合适的地址确实很难找。

案例二：华为不寻常的股权结构

2017年，华为全球销售收入6036亿元，比BAT加起来的总和来还要多，当年，18万员工平均年薪为接近70万元。华为是全球通讯领域真正的巨头。也许有人会认为，这么大的企业，其创始人任正非的股份一定不少。

真相是：错！

据深圳信用网登记的注册信息显示，华为系所有企业的母公司——华为投资控股有限公司只有2个股东：华为投资控股有限公司工会委员会，持股98.99%；任正非，持股1.01%。同时，任正非担任公司副董事长、总经理（董事长是孙亚芳）。

也许，有人会问，做为创始人的任正非才持这么一点股份，能控制公司吗？

答案是：能！

众所周知，华为工会持有的是虚拟受限股。虚拟股制度下，持股员工的权利仅限于分红和股价增值收益，不涉及产权，员工只有分红权，而没有所有权、表决权，也不能进行买卖，一旦离职则自动丧失相关权益。可以说，这98.99%的股份是没有主人的，但事实上，而掌握实际权力的是华为控股股东会，真正控制它的是高管团队，而华为最大的高管就是总经理任正非。在组织架构上，华为实行了轮值CEO制度，但轮值CEO还要向任总汇报。另一个关键职位——CFO是孟晚舟，任正非的女儿。

在涉及华为控股增资扩股、分红和人事任免等问题时，其股东会议历次只有两人参加——任正非和孙亚芳，他们才是华为控股真正的股东代表。

股份不是绝对的，只有股权结构的设计才可以决定你的权力！在华为，任正非是绝对的领导。有一个现象可以说明这个问题：所有级

> 没有责任心，缺乏自我批判精神，不善于合作，不能群体奋斗的人，等于丧失了在华为进步的机会，那样您会空耗了宝贵的光阴。
>
> ——任正非

别的员工在公司的培训会上，要经常定期地学习任正非的经典语录！

思考：很多企业的股东之间，为了股份的比例大打出手。有了这样的经典案例，你还在乎股份的多少与比例吗？

三、过程训练 Process Training

活动一：新创企业门店选址

（一）活动目的

根据不同经营内容选择合适的门店地址。

（二）活动内容与要求

根据所学知识和收集的信息资料，以自愿的原则，将学生分为若干小组，每组 6~8 人，每个小组自定经营内容。

假定以小组为单位开设门店，根据不同经营内容，制定一份门店的选址方案。

方案中应涉及以下内容：

1. 多个选址策略的比较分析过程。
2. 最终决策理由。
3. 选址结果。

（三）参考与提示

1. 根据门店的经营内容选址。例如，服装店、小超市要开在人流量大的地段；保健用品门店和老人服务中心，开在稍微偏僻、安静的地方等。

2. 选择自发形成某类市场的地段。

3. 选择有广告空间的店面。

4. 把店铺开在著名连锁店或强势品牌店的附近。因这些著名品牌店在选址前做过大量细致的市场调查，挨着它们开店，不仅可省去考察场地的时间和精力，还可以借助它们的品牌效应“捡”到顾客等。

> **你我都是商人**
>
> 一个乞丐在地铁出口卖铅笔。这时过来了一位富商，他向乞丐的破瓷碗里投入了几枚硬币便匆匆离去。过了一会儿，商人回来取铅笔，对乞丐说：“对不起，我忘了拿铅笔，我们都是商人。”几年后，这位商人参加一次高级酒会，一位衣冠楚楚的先生向他敬酒致谢并告知说，他就是当初卖铅笔的乞丐。生活的改变，得益于富商的那句话：你我都是商人。

（四）成果与测试

1. 各小组互相评判，并评选出两个优胜小组。
2. 由教师给各组方案打分，对优胜小组进行点评。

活动二：股权分配设计

A 有一个游戏方案设计创意，A 与 A 的室友 B、C、D 谈了之后，大家都很感兴趣，并决定一起投入金钱、时间和精力加入你的团队。因为，A 的创意足够吸引人，大家都有赢利的预期，都想在即将开业的公司中拥有股权。现在，轮到 A 考虑初期参与者股份分配的问题了。股份是数字体现的，那 A 也想把股份尽量分得公平，A 也想通过数字量化的方案来处置股份。

A 设计了一个方案，他们几位参与者在创意、商业计划的准备、行业专长、参与度（承诺和风险）、责任等的付出用一个数字来衡量。见下表：

创始人股权分配表

项目	创始人 A	创始人 B	创始人 C	创始人 D	总计
创意	70	20	10	0	100
商业计划	15	30	30	25	100
行业专长	30	45	15	10	100
承诺和风险	30	25	25	20	100
责任	40	20	35	5	100
总分	185	140	115	60	500
比例	37%	28%	23%	12%	100%

任何事物都没有绝对的公平，但通过以上各项因子投入程度的不同，进行权衡后，再量化，基本上是可行的股权分配比例。

请你也参照上表，对你们即将创业的团队成员进行股份分配。

四、效果评估 Performance Evaluation

> 对于看不清楚的路，先走两步，踩结实了，然后再跑，回头看看，没问题了，再撒开脚丫跑。走了两步，发现不对，赶快折回来，脚上沾了点泥水，没什么了不起，换双鞋寻找新路再往前走。
>
> ——柳传志

评估：创业能力测评

（一）情境描述

1. 是否曾经为了某个理想而设下两年以上的长期计划，并且按计划进行直到完成？（是　否）

2. 在学校和家庭生活中，你是否能在没有父母及师长的督促下，就可以自动地完成被分派的工作？（是　否）

3. 是否喜欢独自完成自己的工作，并且做得很好？（是　否）

4. 当你与朋友在一起时，你的朋友是否常寻求你的指导和建议？你是否曾被推举为领导者？（是　否）

5. 求学时期，你有没有赚钱的经验？你喜欢储蓄吗？（是　否）

6. 是否能够专注地投入个人兴趣连续 10 个小时以上？（是　否）

7. 是否有习惯保存重要资料，并且井井有条地整理，以备需要时可以随时提取查阅？（是　否）

8. 在平时生活中，你是否热衷于社会服务工作？你关心别人的需要吗？（是　否）

9. 是否喜欢音乐、艺术、体育以及各种活动课程？（是　否）

10. 在求学期间，你是否曾经带动同学完成一项由你领导的大型活动，比如运动会，歌唱比赛等等？（是　否）

11. 你喜欢在竞争中生存吗？（是　否）

12. 当你为别人工作时，发现其管理方式不当，你是否会想出适当的管理方式并建议改进？（是　否）

13. 当你需要别人帮助时，是否能充满自信地要求，并且能说服别人来帮助你？（是　否）

14. 你在募款或义卖时，是不是充满自信而不害羞？（是　否）

15. 当你要完成一项重要工作时，是否总是给自己足够的时间仔细完成，而绝不会让时间虚度，在匆忙中草率完成？（是　否）

16. 参加重要聚会时，你是否会准时赴约？（是　否）

17. 是否有能力安排一个恰当的环境，使你在工作时能不受干扰，有效地专心工作？（是　否）

18. 你交往的朋友中，是否有许多有成就、有智慧、有眼光、有远见，老成稳重型的人物？（是　否）

19. 你在工作或学习团体中被认为是受欢迎的人吗？（是　否）

20. 你自认为是一个理财高手吗？（是　否）

21. 是否可以为了赚钱而牺牲个人娱乐？（是　否）

22. 是否总是独自挑起责任的担子，彻底了解工作目标并认真完成工作？（是　否）

23. 在工作时，你是否有足够的耐心与耐力？（是　否）

24. 是否能在很短时间内，结交许多朋友？（是　否）

> 我在创建软银这个公司的时候，没有钱也没有经验，同时也没有生意上的关系，唯一仅有只是热情、激情，还有成功的梦想。
>
> ——【日】孙正义

（二）评估标准和结果分析

答是得 1 分，答否不计分。

0~5 分：目前不适合自己创业，应当训练自己为别人工作，并学习技术和专业。

6~10 分：需要在旁人指导下创业，才有创业成功的机会。

11~15 分：非常适合自己创业，但是在否的答案中，必须分析出自己的问题加以纠正。

16~20 分：个性中的特质足以使你从小事业慢慢开始，并从妥善处理中获得经验，成为成功的创业者。

21~24 分：有无限的潜能，只要懂得掌握时机和运气，将是未来的商业巨子。

第二节 用户思维

职场在线

找准目标用户的真实需求是创业的第一步

创业者起步阶段的市场调研如果缺少严密的数据分析，而是凭直觉判断，或者只是从自身需求出发判断市场，这会把你的创业者扼杀在摇篮中。

资深创业者龚海燕创办世纪佳缘是因为自己找不到对象，创业后，自己找到了幸福，也让很多世纪佳缘的会员成功地觅得人生的另一半。

10年后，当龚海燕再用这种思维路径去思考下一个创业方向时，她想到了自己在英语上的痛点——口语不行，决定再次从此着手创业进入外语培训市场。但这种从解决“自我需求”出发的二次创业失败了。

龚海燕起初想切入一个比婚恋市场经济效益更大的市场，去找一个更有可能突破的风口。但是真正投入这个市场之后才发现困难重重，先是新东方创始人王强认为方向有问题放弃投资，随后在产品设计、公司经营上遇到多重困难。此后龚海燕放弃了外教口语教育，转而选择了基础教育。

自己的痛点是不是市场的真正痛点，要到市场中检验。要找出用户真正的需求，用最快、最简明的方式建立一个可用的产品原型，这个原型要表达出你最终想要的产品效果，然后通过市场检验，快速迭代调整产品。以自己的痛作为用户的痛点，用统计学的话语来说是调查样本远远不足。

一、能力目标 Competency Goal

所有创业企业的出发原点，其实就在产品与服务。产品畅销不畅销，顾客接受不接受，企业赚钱不赚钱，其实都是产品过硬不过硬的问题，或者说是不是在合适的时间推出了合适的产品，在对的地方推出了对的产品。也可以这么说，一切企业的问题都是产品与服务的问题。波音、苹果、丰田为什么好，因为产品啊，华为、大疆、老干妈为什么好，也是因为产品啊。我们从来没听说过，哪个企业产品质量很差而享誉全球的。好产品都是用户的口碑打造的。适应市场的好产品都是有用户思维的创业者设计的。用户思维，是指在产品和服务的各个环节中都要以用户为中心的思想去考虑问题，建立起“以用户为中心”的企业文化和做事风格，只有深度理解用户才能生存。

在挖掘客户需求时，你需要特别关注那些喜欢抱怨、喜欢挑剔的关键客户，倾听他们的抱怨与意见，分析原因，哪些原因是客户切实存在的痛点，围绕这一点展开产品功能设计。

通过本节的学习，你将能够：

1. 寻找市场痛点
2. 开始切入市场与了解客户
3. 开发适合市场的产品
4. 从客户的角度来看产品

（一）寻找市场痛点

创业都得就你即将开发的产品和服务进行调研，调研的目的是为了获取用户的使用场景，通过一个个场景来分析用户痛点。痛点是指让用户实施购买行为行动的阻碍。很多创业者动不动就会被创业导师、行业大佬或风投审问：你抓住了市场痛点了没有？一旦碰到这样的问题，刚入行的新手就会被问住，或者浮夸项目的愿景规划，或者开始胡言乱语。那是因为他没有抓住痛点。一个小痛点其实是一个成功的微创新，初创企业只要能抓住某个业态的小痛点并针对痛点提供解决方案即可。多个痛点的问题解决就会形成强大的或颠覆性的创新，这将为你的成功打下坚实的基础。

小技巧

痛点的分析是通过用户角色及角色在场景中的应用得到的。假设一个产品有五种用户角色，一种角色平均有 10 种场景，就可以模拟出 50 种场景，通过 50 种场景来一点点分析功能点。用这种办法可以一丝丝地剥离出所有痛点，这样不会有遗漏。

市场有很多痛点，但由于成本、发展、利益或资源等，就是没有相应的服务或产品解决方案。有多么痛的领悟，才有多么大的财富。如果你找不到到市场的痛点，下场会很可怕。

1. 如何定位痛点

在分析痛点时，我们要思考：给用户带来什么价值，满足用户什么需求。因此，痛点定位主要包含精准用户定位（哪一类用户及特征与属性）、核心需求定位（用户消费是满足哪一种需求）和核心价值定位（产品的核心优势和独一无二的价值）。

2. 痛点特征提炼

在这一步里，你需要通过提炼把痛点及其特征聚焦起来。也就是说，你的产品和服务是具有如下特性：

（1）更有效：用户首先追求的是产品能够更好地解决问题与提升满足感。从产品功能上发掘与发现用户未被满足的需求。

（2）更超值：用户追求具有更高性价比的产品和服务，期待更低的价格甚至是免费，以获得超值的产品。

（3）更快捷：用户讨厌复杂与等待，你要以快捷、方便和简单的方式满足用户需求。比如，现在很多网店都是以这一特性取胜。

（4）舒适感：用户愿意在有限的生命里追求最多的幸福体验，所以，你要充分照顾用户的全方位感受，关注其人性需求，给用户难忘的体验。

（5）归属感：用户不仅仅关注产品与服务的功能和属性，更关注高层次的情感体验、表达和追求，如身份象征、价值观体现、情感表达等等。如有一段时间，很多企业老总和高管用华为手机，而很多普通员工、年轻白领或学生喜欢用苹果手机就是这个道理。

（二）明晰用户特征

找到切入点后，你应该利用主要市场调查数据对细分市场中的典型用户做详细描述。你要清楚地知道：你要做的不是拼命把产品或服务推向市场，而是充分认识你的用户及其特征。

小资料

在产品和服务设计方面，很多领先企业都与社会学家合作，加深对用户的理解。无论是苹果、英特尔、华为还是阿里巴巴，都有大量的人类学家、社会学家和天才艺术家组成的工作组帮助他们开发新的更好的产品和服务。

有时候，我们会遇到这样的问题：我们的产品如此之好，为什么用户不买呢？那个什么产品比我们的差远了，为什么还那么火爆？所以，这里就提出了一个问题：你能不能做出让用户爱得要死的产品，

管理大师彼得·德鲁克说过："The purpose of a business is to create and keep a customer." 这句话翻译成汉语的意思是：企业的使命是创造并留住顾客。

就像苹果手机一样，让地球人疯狂抢购？

1. 了解你的用户

多找你的用户聊，这应该是创业者经常要做的事情。只有多和用户接触，才能获取很多有效信息，并且尽量做到在全方位的消费和使用层次上与用户心理融于一体。通过一定时间内数据的增长和减少去改进现在的产品。

2. 重视用户需求

现在有很多公司的商业模式设计上忽略了用户这个因素，你的产品或商业模式要避免这个错误。在评估商业模式和设计产品时，一定要把用户思维融入进来。创新的成功需要依靠对用户的深入理解。很多创业公司的问题其实就是对用户不够了解。

3. 聚焦用户特征

每个用户都是由最终用户和决策团队构成，最终使用产品的用户通常是购买产品的个人、家庭成员或组织机构成员，有可能是决策团队的一部分，但不一定是其中最重要的人。你要把符合最终用户特征的细节逐一描述，把焦点放在最终用户身上。你不熟悉你的用户，你就无法产生很靠谱的创见，你就无法打造出用户喜爱的产品。

用户可能有不同的目标、希望或担忧，你要真正聚焦同质性相对较高的一群最终用户，他们才有可能为你的初创企业提供你最需要的现金流。

小案例

飞利浦有一款空气净化器，购买时会随机器附带四层滤网。但这四个滤网并没有分开包装， 而是提前安装在机器中。

用户拿到设备后，很自然地直接插上电源，就认为开始工作了。由于那四层滤网的塑料封套没有拆除，根本没有净化效果。机器工作时也不会检测到这个问题，很多用户几个月后试图更换滤网时才发现。这是完全没有用户思维的案例。

哈佛大学商学院市场营销学教授约翰·古维尔说：“许多创新都以失败告终，因为用户总是过分地倚重原有产品，而商家却总是高估新产品。”

（三）让产品打动用户情感

要进入一个市场，你必须有一个用户认可并愿意购买的产品。对创业者来说，最重要的事情就是：产品，产品，产品。

上世纪 80 年代，产品销售比拼的是产能，一台又笨又重的电视机都是抢手货，所以生产流水线盛行，提高产能，成了企业的首要问题。90 年代，产品销售比拼的是渠道和营销，所以铺货能力强、广告预算高的企业是市场霸主。那时，电视广告铺天盖地，产品随着广告投放量的增加而增加。可如今这个年代，产品比拼的是如何占据消费者的心智。产品本身就是最好的营销。

比如说苹果手机，它的产能不是最大，还经常断货，被别人称为饥饿营销。它的专卖店也不是特别多，到底是什么造就了它成为这个世界市值第一的公司呢？是什么让当今的年轻人以拥有一台苹果手机为荣呢？答案就是它的产品本身。可以说，打动了用户情感的产品，就占据了消费者的心智，其他所有的外在障碍都可以忽略不计。产能不够怎么办？用户可以等待。铺货渠道不够多怎么办？网购就行了。所以，互联网让所有的购物、消费模式发生了颠覆性的变化。产品的存亡与否实际上取决于产品本身。消费者购买既是一种身份的认同，也是一种意见表达。

要有用户思维，要掌握如下一些原则：

1. 简单原则

产品越简单越好。宜家的产品组装、苹果手机就是典型例子。用户使用起来简单、方便。进入 APP 后，3 秒就能知道它怎么使用的。这对产品经理来说，其实提出了更高的要求，时刻了解哪些东西用户想要看到，哪些东西不要看到。

2. 惰性原则

人都有惰性，一键生成，一键搞定，这些都是为了满足用户的惰性。惰性人皆有之。人们都怕麻烦，我们做产品一定要在有限几步之内，达到用户想要看到的东西或者内容。比方注册登录时，第三方登录就是惰性的一种体现。

3. 便捷原则

快，是当今社会特别是移动互联网最大特征。产品要快，用户也想看到更快的消息资讯等内容。所以加载慢，都是不可以容忍的。我们做产品时一定要去思考，用户下一个页面要看到什么。便捷不仅仅在于加载，少几个页面跳转，而在于快速让用户看见想要知道的东西。

产品经理一定要能够随时将大脑从“专业模式、专家模式”切换到“用户模式”或者“傻瓜模式”，就是用户思维的体现。要能忘掉自己长久以来积累的行业知识，以及有关产品的娴熟操作方法、实现原理等背景信息。

（四）设计思维（Design Thinking）

传统产品开发流程无非是下图展示的流程：

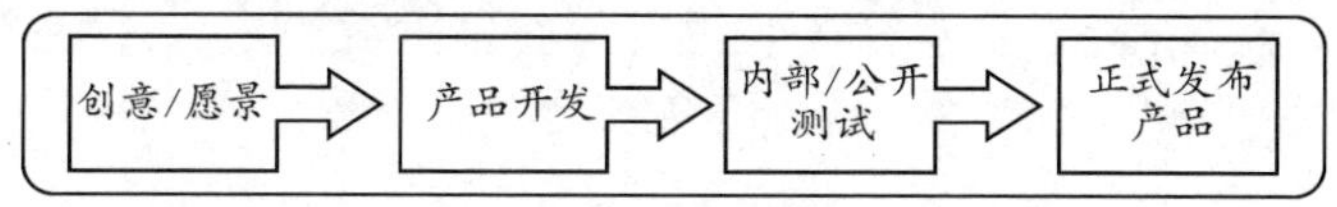

如果你考虑如下问题后，你就会发现这个流程还是有问题：

你的产品和服务概念是什么？

它具有可行性吗？

这个产品谁购买、谁会用、谁在用、你怎么找到他们？

你如何向用户传递你的产品信息？

你的优势在哪里？

通过对这些问题的回答，你就会发现：这个流程忽略了一个关键因素，那就是用户和市场。很多产品失败的原因，不是开发流程的问题，而是缺少顾客和有效的商业模型。所以，仅仅依靠“正确的”产品开发流程，难以打造出占领市场的产品。必须要以顾客为中心，帮助他们解决其痛点，所以，开发产品要有设计思维。

设计思维的核心精神是以人为本的设计，也叫做以用户为中心的设计。它是积极改变世界的信念体系，也是一套如何进行创新探索的方法论系统，包含了触发创意的方法。它不仅以人为中心，而且是一种全面的、以人为目的、以人为根本的思维。

设计思维的概念提出来之后，IDEO 是第一家将设计思维应用于商业问题的解决之中的枫。IDEO 的创始人 David Kelley 后来在美国斯坦福大学创建了著名的 D.School，即斯坦福设计学院。

斯坦福设计学院将设计思维分成如下五大步骤：

1. 同理心思考（Empathize）

同理心思考，就是要获得对你试图解决的问题的共鸣。简单来说，就是换位思考。这个步骤的目标是深入解读用户，收集大量信息。

2. 需求定义（Define）

在收集到的调查信息基础上，需要更精确的定义需求。只有精准定义需求，我们才能开始入手解决问题。

3. 创意构思（Ideate）

这里可以看做是头脑风暴的阶段。围绕上一步定义的需求，你要跳出局限，打破惯性思维，天马星空地提出各种各样的点子。

4. 原型实现（Prototype）

这时是要做出可以是粗糙、简单的产品或产品中的特定功能的原始模型，用于测试上一阶段提出的解决方案。

5. 实际测试（Test）

这个阶段，你要使用实现的产品原型，或模拟环境来严格测试问题是否得到解决，需求是否得到满足。这时，一些想法可能会在这个过程中被重新定义，甚至发现新的问题。

> IDEO 设计公司总裁 Tim Brown 说：“设计思维是以人为本的利用设计师的敏感性以及设计方法在满足技术可实现性和商业可行性的前提下来满足人的需求的设计精神与方法。”

小资料

乔布斯是一位用户体验大师，他生前多次在苹果强调如下原则：

1. 一定不要浪费用户的时间。

2. 不要想当然，不要打扰和强迫用户，更不要为 1% 的需求骚扰 99% 的用户。

3. 不要以为给用户提供越多的东西就越好，相反，重点多了就没有重点，有时候需要做减法。

4. 主动尝试去接触你的用户，和他们沟通，了解他们的特征和行为习惯。

叫不到的士，在2009年，加利福尼亚大学洛杉矶分校辍学生特拉维斯·卡兰尼克就开发了Uber（优步）；下了公交和地铁，最后一公里没法解决，就产生了共享单车；吃饭不方便，就产生了“饿了么”等送餐公司。所有这些创业者都有用户思维。

（五）让用户养成依赖习惯

让用户养成习惯和产生依赖，其实是很多产品不可或缺的要素。从某大学的调查数据来看，人们每天平均要看34次手机。然而，业内人士给出的数据却高得多，将近150次。不得不承认，我们人类对手机已上瘾了。

培养用户习惯的公司并不依赖于费用高昂的营销策划，而是将产品设计与用户的行为习惯和情感状态紧密相连。比如，你在心烦的时候，你会用QQ或微信，说明习惯已起作用了。一个问题出现，你还没来得及思考，你就开始用百度搜索了。这个占据上风的决策总是最先在你脑海中出现，这就是说明你已养成习惯。

二、案例分析 Case Discussion

案例一：美图秀秀如何戳中特定用户的痛点

偏安于福建厦门，一家名字叫美图的公司，其影像及社区应用矩阵已在全球11亿个独立设备上激活，月活跃用户数约为4.5亿。“我和女神之间的距离只是差了一个美图秀秀而已。”非主流的美图公司将一个市场的特别需求做成了人人要用的大生意。

以前大部分图像处理软件，如photoshop等大多专注于提高处理图像的性能，但很多人还是认为PS比较麻烦，它的下载、学习和使用几个过程都不够容易，而且需要付费。

这个麻烦就是用户的痛点。发现了用户痛点之后，美图秀秀就在方便使用方面做足了功夫：

无须基础：界面直观，操作简单，比同类软件更好用。每个人都能轻松上手。

人像美容：磨皮祛痘、瘦脸、瘦身、美白、眼睛放大等多种强大美容功能，让用户轻松拥有天使面容。

图片特效：拥有时下最热门、最流行的图片特效，不同特效的叠加让图片个性十足。

拼图功能：自由拼图、模版拼图、图片拼接三种经典拼图模式，多张图片一次晒出来。

中国市场综合症

中国是一个巨大的市场，世界上所有的企业都想从这个市场分一杯羹，然后坐享其成。很多人说，我只要让千分之一的中国人消费我的产品就行了，14亿的千分之一是140万，这也是一个庞大的数字。如果没精准定位客户群，14个人都不会买。看到这个庞大市场就想到有大量购买人群，其实是一厢情愿的做法。这就是“中国市场综合症”的意义。

动感 DIY：轻松几步制作个性 GIF 动态图片、搞怪 QQ 表情，精彩瞬间动起来。

分享渠道：一键将美图分享至微博、QQ、微信等社交网络，即时与好友分享美好生活。

它的功能还有很多，这里不一一详述。

这么多的强大功能，精准刺激特定用户的痛点，很多爱美人士的小众需求完美满足，比 PS 简单很多，而且还免费。“非主流用户群是我们看不见的，但实际上又非常庞大的那群用户。很多人的关注点会在主流上面，但我觉得每次有机会突围的，反倒是在那些一开始定位窄，用户群看起来很奇怪，甚至整个产品看起来很奇怪的领域，因为那才特别有颠覆性。”“Instagram 拥有 1 亿用户花了 2 年 5 个月，微信花了 1 年 2 个月，而美拍只花了短短 9 个月时间。”美图公司创始人、CEO 吴欣鸿如是说。

当然，用户需求和行业都在不断变化，过去被所有人想当然地认为是痛点的属性，很快可能就不再是痛点，而这时在大多数人一窝蜂聚焦于曾经的痛点时，你挖掘了新痛点，就可能逆流而上。

而寻找痛点则是考虑“我是否提出了正确的问题？”“提高性能是不是一个好问题？如果不是，应该问什么是新问题？”所以，寻找用户痛点的过程，往往意味着“提出新的问题”，而不是“原有问题提出正确的解决方案。”

案例二：习惯决定行为

用户对产品的依赖是一种竞争优势。如果某个产品能让用户改变自己的生活习惯，那其他产品就几乎不具任何威胁。

全球最著名的投资人、伯克希尔·哈撒韦公司的 CEO 沃伦·巴菲特曾经说过：“要衡量一个企业是否足够强大，就要看看它在提价的问题经历过多少痛苦。”巴菲特和他的搭档查理·芒格发现，用户对某个产品形成使用习惯后，他们对该产品的依赖性就会增强，对价格的敏感度则会降低。他们二人坦言，正是由于掌握了这一消费心理，他们才会投资后来闻名于世的 See's Candies 和可口可乐公司。因为，巴菲特和芒格很清楚，习惯让企业在提价问题上掌握了更多的主动性。

哈佛大学商学院市场营销学教授约翰·古维尔认为，即便某个新产品优势显著，但如果与用户业已形成的习惯冲突太过激烈，那就注定无法成功。就拿我们所使用的 QWERTY 键盘来说，它在很多方面都比

> 我们创业的时候没有想到去赚钱，所以有了钱以后也没有说是达到目标。赚钱不是我们创业的原因，也不是我们到现在该走还是不该走的原因。有了足够的钱财，真正的好处就是给我个人足够的时间，足够的能力去真正做我想要做的事情，我喜欢做的事情。这些事情还是雅虎。
>
> ——【美】杨致远

不上其他新产品。这款键盘于19世纪70年代问世，最初被用在如今已成为古董的老式打字机上。但是无论其他新型键盘的字符布局是多么精巧，QWERTY都依然是通用的标准键盘。例如奥古斯特·德沃夏克教授设计的键盘，元音字母被放在中间一排，用于提高打字速度和准确率。虽然这款德沃夏克简约型键盘在1932年就申请到了专利，但如今市场上早已看不到它的踪影。QWERTY键盘之所以经久不衰，完全是因为改变用户习惯所需付出的代价实在是太大了。

习惯决定我们的行为，同样也决定我们的投资决策。巴菲特的投资为什么增值了数万倍，就是因为他掌握了用户的心理而投资了符合其预期的标的公司。我们一直使用QWERTY键盘而不用其他更好的键盘也是如此。如果你能设计一款能让用户养成习惯的产品，成功就会降临到你身上。

思考：请你找出因为习惯而用熟了的产品导致你不愿意做出改变的事例。

5项投资逻辑

1. 因为我把自己当成是企业的经营者，所以我成为优秀的投资人；因为我把自己当成投资人，所以我成为优秀的企业经营者。

2. 好的企业比好的价格更重要。

3. 一生追求消费垄断企业。

4. 最终决定公司股价的是公司的实质价值。

5. 没有任何时间适合将最优秀的企业脱手。

三、过程训练 Process Training

活动一：聚焦客户训练

设计产品一定要真正理解客户的需求。很少有人会喜欢被警察问这问那，但是通过对客户的环境、行为、关注点和愿望的了解能够帮助你描述出所需要的用户细分群体的特征。

（一）了解客户

1. 内容

（1）客户的性别、年龄、收入状况、地理分布等

（2）客户的购买动机、顾虑等

（3）客户浏览什么网站、用什么社交软件、看什么电视和电影、读什么书等

（4）客户购买的原因：省钱、个人形象、同伴压力等

（5）客户心目中的英雄、个人故事、特别之处、爱好等

2. 你的目标客户

参照上述指标，给出你的目标客户的状况描述。

（二）客户画像

1. 内容

客户画像的目标是帮助我们建立一种客户的视角，来持续质疑你的商业模式中的各种假设。客户画像分析能帮助你得到这些问题的更准确的答案。

客户感受	感受描述	感受内容
他看到的是什么	描述客户在他的环境里看到了什么	环境看起来像什么、谁在他周围、谁是他的朋友、他每天接触什么样的产品、他遇到的问题是什么
他听到的是什么	描述客户所处的环境是如何影响客户的	他的朋友、家人说什么、谁能真正影响他、如何影响、
他的想法和感觉是什么	设法描述你的客户所想的是什么	他认为什么是最重要的、他有什么样的情感、什么能感动他、他为什么而激动、他的梦想和愿望是什么
他说些什么、做些什么	他会说什么、隐秘和公开场合可能的行为	他的态度、对别人说什么、他说的是不是真正的想法与感受、他说的与他的感受有什么冲突
他的痛苦是什么	他希望克服与解决的是什么	他最大的挫折是什么、他的现实与他的期望或目标之间有什么障碍、他会害怕承担哪些风险
他想要得到什么	他有什么样的目标和理想	他真正想要和希望达到的是什么、她如何衡量成功、设想一些他可能用来达成目标的策略

2. 你的目标客户

参照上述表格，给出你的目标客户的画像资料。

活动一：学会识别产品的早期客户

根据你的客户特征找到至少10位符合最终用户特征的潜在客户。这个过程帮很好地证明你的产品开发方向的正确性。拜访这些客户，难他们和客户特征的相似度以及购买产品意愿。

（一）具体做法

1. 找出客户

列出10位以上的潜在客户，根据现有调查说明他们的相关信息。这些客户应当彼此相似，或者说符合你的客户特征。如果不符合，应当重新寻找。

2. 征询意见

联系名单上的客户，向其说明产品的使用案例、产品的规格和价值定位。你应当采用征询的语气，而非销售的语气。确定客户的需求和想法是是否和你的客户特征及模型是否一致。

3. 验证意向

如果客户认同你在前面所做的预测和假设。你可以试着询问他们愿意不愿意确定购买意向。因为是征询而不是销售，所以，你应该以这样的证据来问：“如果有公司能提供这种产品，你有兴趣购买吗？”

4. 反馈调整

如果客户有正面意向，这就是你所期望的。如果大部分客户的意向不明朗，或对你们的产品不感兴趣，你很有可能要重新考虑你的产品设计或重新考虑市场了。

（二）模拟行动

请按照上述识别早期客户的四个步骤来模拟，以验证你的产品的市场有效性。

四、效果评估 Performance Evaluation

评估：你是否有用户思维？

（一）情境描述

下面表格列了多项关于用户思维的描述，请你以用户思维的眼光来判断一下这些描述是对还是错。请在对或错的相关选项中打“√”。

序号	描述	对	错
1	在分析痛点时，我们要思考：给用户带来什么价值，满足用户什么需求。		
2	痛点定位主要包含精准用户定位、核心需求定位和核心价值定位。		
3	创业者无法穷尽所有用户的所有场景，所以要多使用和体验产品。		
4	用户思维，不在于想着怎么卖多，在于帮助客户买到能够解决问题的方案。		
5	用户是核心驱动，贯穿于从产品开发、设计、营销和售后等各个方面。		
6	为不同层次用户构建使用和消费场景，甚至让用户产生好感。		
7	用户并不关心产品本身有多棒，而是关心使用产品时自己有多棒。		
8	从某种意义上说，决定产品的不是生产部门，也不是设计部门，而是用户。		

（二）结果分析

如果你具备用户思维，你就会明白一点：客户买的不是产品，而是能够解决问题和满足客户需求的方案。用户思维的关键就是要找准客户的痛点，而痛点的发现需要时刻关注消费者需求的变化。

上述8个陈述如果从用户思维的角度来说，都是对的，也是合理的。如果你认为其中的陈述是错的，那用户思维还没有深入你的心和脑。

第三节 创业营销

职场在线

唐朝著名诗人陈子昂：制造热点事件，精准营销自己

《登幽州台歌》是唐朝著名诗人陈子昂的名作：“前不见古人，后不见来者。念天地之悠悠，独怆然而涕下。”气概昂然，心忧天下。是唐诗中不可多得之作。

话说唐朝陈子昂两次参加科举均落第，第二次落第后终于想出个办法，来了一次精准营销：

长安市上有人卖造型怪异精美的胡琴，要一百万钱。围观的人很多，但没有人敢买：一是价格贵得离谱，没人愿意买；二是没有人会弹这种琴。这时候，陈子昂挤进人群，说：这琴我会弹，我买了！说完真拿出一百万钱，买走胡琴。

围观的人很惊讶，问他会不会弹，陈子昂自信地说自己是弹这种琴的高手，并说出自己的住址，有兴趣的可以第二天中午去听他弹琴。此事很快在长安城传开了，第二天，陈子昂住处门口人群云集，屋里根本装不下。

陈子昂只让名仕和权贵进屋，拿出琴来，突然说：我根本不会弹琴，不过我对自己的文章还是很有信心的，大家可以看看。说着当众砸了胡琴，拿出几卷文章。众人看了文章后，果然觉得不错，陈子昂名声大震，在后来的科举考试一蹴而就，金榜题名。

后来大家才知道，卖胡琴的就是陈子昂找来的托。

这是发生在唐朝的一次成功的事件营销案例，貌似花费重金，实际上没有成本。原来找托这种事，我们这么一个有名的老祖宗文人也用过，而且还用得非常精准和到位。只是如果没有两把刷子，或者说产品质量不过硬，用的托再多也不会有什么好结果。打铁还需自身硬啊。

一、能力目标 Competency Goal

“营销就是有利益地满足需求。”也就是说，在营销的过程中，企业要实现利润。事实上，任何企业，在营销手段上，所采取的方法都是大相径庭的，因此，不管你用任何形式的营销手段，最终的目的是把企业的产品卖出去，并且给企业换取利润，以维持企业的正常运转。

> 营销是卖思想，产品和服务都不过是企业经营思想的结晶，不过是向消费者表达思想的载体。
> ——韩庆祥

通过本节的学习，你将能够：

1. 把握市场定位。
2. 市场细分的内涵。
3. 了解互联网时代电子商务的优点。

有人说，创业最不重要的事情是：营销、营销、营销。虽然有点过分，但也十分精辟。它的意思是说，初创企业一定要从用户思维出发，找到用户痛点，开发出针对痛点的产品。这样的初创企业就不需要依靠营销了。实际上，绝大部分初创企业到不了这一层次，还是是离不开营销。现代管理学之父彼得·德鲁克也曾说过，企业最重要的两个功能是创新和营销。

（一）准确市场定位

初创企业没有太多的资源、资金、人脉和体系，一定要找到自己的市场定位。

> 请记住：销售给所有人其实是创业的一大陷阱。作为一个没有经验且资源有限的创业菜鸟，你不要有向所有人销售的冲动。向所有人销售其实就是向“没有人”销售，这样你找不到一个客户。因为你的服务与产品定位不精准，也就是说没有客户需求。

市场定位是指为使产品在用户心目中相对于竞争产品而言占据清晰、特别和理想的位置而进行的一系列安排。产品必须适应市场的需求，这就要求你开发出对路的产品，如果你不知道你的市场在哪里，你的客户需要什么样的产品，你的创业将会变得盲目而无所适从。

1. 寻找市场切入点

为了不要让你的努力白费，你先要找到切入点市场，即那些将你的企业拥有绝对份额的市场。你的目标是建立公司并要让它在预期的期限内赢利，而不是成为市场调查员或分析专家。

如果你选择的市场可行，那么你就可以开始成功的第一步，如果不可行，你还有时间和资源迅速撤退，你是一家刚刚开创的小企业，船小好掉头，你马上可以选择另一个市场重新开始。

2. 定义一个市场

定义一个市场有如下三个条件：

（1）市场中的客户都购买此类产品。

（2）针对市场中的客户具备相似的销售流程，期望产品以相似的方式提供价值。你的团队以相同的方式向不同的客户销售。

（3）客户形成口碑效应。他们可以高效、可行地推荐其关系圈的潜在消费者来购买你的产品。

有了以上三点，标志着你可以在市场中获得规模效益，从而有机会获得每个初创企业梦想的从 0 到 1 的突破，即几何数级的、病毒式的扩散。

3. 市场定位方法

（1）针锋相对式定位。把产品定在与竞争者相似的位置上，同竞争者争夺同一细分市场。当然，前提必须是：能比竞争者生产出更好的产品、该市场容量足够吸纳两个竞争者的产品，以及比竞争者有更多的资源和实力。

（2）填空补缺式定位。寻找新的尚未被占领、但为许多消费者所重视的位置，即填补市场上的空位。

（3）另辟蹊径式定位。自己无力与强大竞争者相抗衡，可根据自己的相对优势，突出宣传自己的特色，在某些有价值的产品属性上取得领先地位。

（二）市场细分

市场细分是指通过调研根据消费者对产品不同需求、不同的购买行为和消费习惯等方面差异，把某一产品的市场划分为若干个相似需求小市场群。

1956 年，美国市场学家温德尔·史密斯（Wendell R. Smith）提出了市场细分的概念。它是二战结束后，美国众多产品市场由卖方市场转化为买方市场，企业贯彻以用户为中心的营销观念的产物。

市场细分有利于你开拓市场机会、将各种资源合理利用到目标市场、制定和调整适用的销售策略。所以创业者们要对市场细分加以重视，以集中精力，利用有限的资源来确定你的细分市场。

初创企业一定要根据有限的资源，来选定自己的细分市场，不能追求产品和服务的大而全，只能专攻自己的一小片天地。如三只松鼠在成立之初，就把坚果作为主打产品，把坚果消费作为自己的细分市场，并把它变成了一种时尚，同时也通过具有辨识度的包装和营销，成功地实现了品牌化。

（三）营销策略

营销策略是根据顾客需求、购买力信息、商业界期望值等有计划地组织各项经营活动，为顾客提供满意的商品和服务而实现企业目标的过程。

1. 产品（服务）策略

产品的设计应有一个整体的概念，包括核心产品、形式产品、期望产品、延伸产品和潜在产品五个层次。核心产品是向消费者提供的满足需要的基本效用，产品功能应该永远放在第一位。其次要充分考虑产品的其他层次。形式层次上，要有合适的外观形象；期望产品层次上，消费者期望得到与产品密切相关的一整套附属和条件；在产品延伸层次上，送货上门、安装调试、维修服务等也至关重要；在产品潜在价值层次上，消费者希望能有更多的辅助功能。

小训练

试着拿100元钱去另一个城市生活10天，看你在那里过得怎么样？你能有什么办法能让那100元钱变得更多吗？或者你很快就把它花光了，灰溜溜地逃回了家？

2. 定价策略

一个产品在它的生命周期的不同阶段，价格不同。

（1）开发阶段：在产品开发阶段进入市场，定价较高，但利润较低，因营销成本偏高。

（2）发展阶段：产品逐渐得到市场认可，定价较高，利润开始增长。

（3）成熟阶段：因为大多数潜在顾客已经买了，新顾客很少，价格降低或打折销售，盈利减少，营销费用加大。应在此时开发新产品并迅速引进市场。

（4）衰退阶段：原有产品销售额和利润开始下降，宜退出市场，新产品开始盈利。

如果你想在产品的发展和成熟期获利，那就需要在产品的开发阶段就进入市场，这个阶段的营销任务就是向顾客介绍新产品，使顾客了解新产品将给他们带来什么。但是，营销费用相对要高。

定价模式对企业的盈利能力有非常重要的影响。定价时，以下几点可能会有帮助：

成本不是定价的关键因素；

替代产品的价格也可以为你提供参考；

不同类型的客户支付不同的价格；

对早期试用者和关键客户灵活定价。

客户拜访时公文包里应该准备如下物品：一个绝对是你卖得最便宜的便签，以防万一；价格表；销售的期限和条件清单；订单表（或询价表）；计算器；铅笔（两支，而且削好的）；钢笔（两支）；名片；工作日志；价格清单、结余表格、诱人的赠品等；照片；样品；与同行产品的对比说明；广告计划及其分布；剪报；展示材料；一个能装进上面所有物品的公文包。

3. 渠道（分销）策略

（1）搭顺风车。创业企业品牌不为消费者所了解，也很难在短时间内为客户所接受，可以借用品牌的商标（合法使用，而不是非法使用）和他人强有力的销售渠道，可以迅速打开市场。

（2）捆绑式销售。如果开发的是系列产品，这些产品的用途也是相互配套、相互联系的，那么配套产品可以利用主产品的销售渠道。

（3）直接建立自己的销售网络。在目标市场采用密集型和轰炸型销售策略，也可以建立自己的终端销售队伍。

4. 促销策略

（1）借助他人推荐扩大知名度，顾客之间的推荐是招揽生意最好的方式，没有什么比一传十、十传百的推荐在传播企业及其新产品方面来得更快更有效。

（2）公共关系，为了使新产品尽量让其他人了解，公共关系是强有力的促销工具。比如媒体的侧面报道；召开有关产品研讨会、发布会；与中间商、政府的良好沟通等等。

（3）广告促销，广告是现代促销手段中最直接的手段，许多创业企业通过打广告打开市场，中央电视台每年产生的标王就是一个例证，当然也有不成功的例证。

（4）协作营销，与周边相关企业形成协作销售的模式，共同造势，吸引顾客，比如饭店与宾馆或其他企业协作，起到共赢的效果。

小知识

很多人不做销售预期，原因是做预期的基础是不准确的。但还是要做。准确性并不重要，偏离10%或20%不要紧，只要你能在早期就把这个误差找出来，并加以改正就可以了。开公司是一个复杂的博弈，有很多变化的因素互相影响。要想在博弈中获胜，最好的方法就是去做预期。如果预期是错的，就改正。如果你不做预期，你就不会知道目标是什么。

推销的要点不是推销商品，而是推销自己。

——【美】乔·吉拉德

（四）创业不同时期的营销模式

1. 创业初期的营销

大多数公司都是由一些聪明而有理想的创业者个人创建的，而每个企业在创建之初，都经历了一个艰苦奋斗的过程，比如很多现在非常成功的企业，最初的营销，竟然就是创业者个人自己走出去，推销自己的产品。

2. 成熟创业的营销

随着公司的发展和客户群体的壮大，一般的企业在成长期，都采用了惯例式营销，即细分市场，建立营销队伍，构建营销网络。

3. 协调式营销

许多大公司进行了惯例式营销后，花了大量的精力来阅读最新的市场调研报告，力求将与经销商的关系调节到最好。但是，经过比较，我们不难发现，惯例式营销模式缺乏创业初期营销模式的那种灵活性，创造力和热情，于是，更多的企业要求在惯例式营销模式下，企业经理有必要走出办公室，直接倾听顾客的反应，以保证企业的产品更好地满足用户的要求。

（五）网络营销

互联网的影响无处不在，网络营销价值魅力也越来越明显。各种网络营销工具和手段层出不穷。凡是以互联网或移动互联为主要平台开展的各种营销活动，都可称之为整合网络营销。网络营销可以利用多种手段，如E-mail营销、博客与微博营销、网络广告营销、视频营销、媒体营销、竞价推广营销、SEO优化排名营销等。但近年来，微信营销异军突起，影响力巨大。

这里我们主要讲一讲微信营销。

微信已经无远弗届，无所不在。微信作为时下最热门的社交信息平台，也是移动端的一大入口，已演变成为一大商业交易平台，其对营销行业带来的颠覆性变化已清晰显现。嗅觉敏感的、先介入的企业已在微信营销上走得很远，在微信营销战场拥有了广阔天空和强大阵地。

1. 微信的优势

（1）高到达率：短信和邮件被大量过滤，而微信群发信息都能完整无误地发送到终端手机。

（2）高曝光率：微信天生具有很强的提醒力度，比如铃声、通知中心消息停驻、角标等，随时提醒用户收到未阅读的信息。

（3）高接受率：微信用户已达10亿，微信已经成为或者超过类似手机短信和电子邮件的主流信息接收工具。

（4）高精准度：拥有粉丝数量庞大且用户群体高度集中的垂直行业微信账号，是真正炙手可热的营销资源和推广渠道。

（5）高便利性：移动终端的便利性再次提升了微信营销的高效性。商家营销极为便利。

> H5是HTML5的简称。HTML5是HTML最新的修订版本，是一种超文本标记语言。H5有两大特点：首先，强化了Web网页的表现性能。其次，追加了本地数据库等Web应用的功能。

2. 微信营销技巧

网络上流传各种各样的微信营销技巧与方法。其实各种方法都有效果。

（1）推送高质软文。内容的定位既要结合企业产品及核心价值，又要照顾用户角度，符合用户的价值观，所以，要学会用户思维。只有从你的微信当中获得用户想要的东西，用户才会加更忠实于你，和你成为朋友，接下来的销售才会理所当然。要记住，用户是冲着你的内容才来的，推荐也是因为觉得内容有价值，所以内容为王。

（2）吸引更多用户。得用户者得天下，如果没有足够多的用户基础，成功概率就会低。那用户如何增加呢？这些方法可能会奏效：合作互推、微博微信大号推广、小号带大号、朋友圈内容推广、多加微信群、线下推广、投票推广、H5（HTML5的简称）活动传播推广、入驻第三方平台、基于社交应用的推广等。

（3）拒绝骚扰受众。微信公众账号每天可发1条消息，有的机构还申请几个公众号，加上大量的个人号，每天发大量的同质消息，大家都这样想的话，用户就有审美疲劳了。所以，推送频次上，一周不要超过3次，太多了会打扰到用户。太少了用户也会抱怨，觉得你的微信只是一个摆设，根本不会从你这里获得什么。所以这个度一定得把握好。

（4）真诚高效沟通。微信的本质是沟通平台，沟通需要有来有往，所以人工互动必不可少的。消息自动回复，显得没诚意。如果能做到人工互动，效果就要好很多。

（5）设计精美文档

标题：标题不要超过16个汉字，超过了字数成两行，失去了精简性，不能在有限的时间内吸引眼球。

摘要：一定要从文章中提取摘要，要用最醒目、最精华的语言来概括，不要让微信的后台功能自动提取。文章的阅读量取决于标题和摘要。

配图：纯文字微信让人有审美疲劳，一定要选择养眼和与主题相关的图片，实在没有想法了，拍一些精美风景、经典名画上传，甚至，也可以自己动手画，再拍下来上传。

关于微信排版和美化，实在有太多的东西要写，不一一详述。

（6）组织线下活动。虚拟的沟通、与机器互动永远没有与人互动要来得有激情。有时候，见一面要用过100次虚拟沟通，也更容易拉近感情，面对面的交流更容易培养忠实的用户，产生更鲜活、更接地气的内容，这样的微信公众号才会显得更真实，更有亲和力。

二、案例分析 Case Discussion

案例一：锚定效应与“维密”的天价内衣

我们先看一个小案例。

商场里很多商品打出两个价格：原价1980元，现价588元。他们为什么他们要把原价标出来又划掉，而不是直接只写卖价588元呢？不明就里的我们，以为捡了大便宜。

再来回答下面这个小问题：

给你一张70克A4纸，请你估计对折100次之后的厚度是多少？

许多人估计可能会有一堵墙壁的厚度或一两层楼那么高的厚度。

想象完全被颠覆，人们的思维被锚定在纸是很薄的东西这个事实上了，觉得即使折上100次也还厚不到哪里去。

我们来算一下，假设一张纸的厚度是0.1毫米，折叠100次的厚度大约是：

1.27×10^{23}千米，这是地球到太阳距离的800,000,000,000,000倍！

锚定效应，是人们在对某人某事做出判断时，易受第一印象或第一

> 什么是营销？营销并不是以精明的方式兜售自己的产品或服务，而是一门创造真正顾客价值的艺术。
>
> ——【美】菲利普·科特勒

信息的影响和支配，就像沉入海底的锚一样把人们的思想固定在某处。

锚定效应也被很多商家用在品牌整合和定价策略方面。在同一品牌系列产品中，商家会制造一款极品，标出一个令人咂舌的价格。这款极品能否售出并不重要，关键在于它将价格锚定在高位，并悄悄改变了相关其他产品的参照值。

维多利亚的秘密（Victoria's Secret，简称维密）是美国著名的内衣品牌，拥有一件维多利亚的秘密的内衣，是不少女性的愿望。1996年起，该公司每年圣诞节前都会由顶级名模代言，高调发布一款价值数百万美元的镶钻文胸。如今它的时装秀都能吸引全球最有影响力的媒体和数亿观众的注意力，广告效果极佳。截至2016年，维密秀在180多个国家播出，全球范围内播放超过1000亿次。光是获得授权的优酷、爱奇艺、腾讯三大国内视频网站在2017年的维密秀播放量就接近3亿次。2017年维多利亚的秘密时尚大秀于2017年11月20日在上海梅赛德斯奔驰文化中心举行，观众硬是把门票炒到30万元一张。

推销良机

汽车商对自己的推销员说："我想，这是你向老李推销一辆新轿车的最好时机。"推销员颇为不解，问："这是为什么呢？"经理说："别忘了他是个好胜的人，而他的邻居刚刚买了一辆。"

当维密高价文胸出现在产品目录上时，就已经悄悄塞给了顾客一个价格锚和参照点。不难想象，当一位男士准备买一件内衣送给妻子或女友时，他先看到一款标价十几万元的文胸是什么心情，再看到一款标价才1980元，样式、质地也很好的同品牌商品时，又是怎样的心情。

对于企业来说，就算钻石内衣卖不掉，上面的钻石可以拆下来，明年继续用，几乎没有损失。和维多利亚的秘密类似商家有很多：

美国ASANTE公司，镶有12000颗钻石和800颗蓝宝石的汽车轮圈，报价200万美元。

瑞士昆仑（Corum）公司，镶满钻石的"经典亿万陀飞轮"，全球限量10块，标价32.5万～99.8万美元。

德国史蒂福公司，黄金绒毛泰迪熊，全球限量125只，每只售价约合8.6万美元。

英国的Luvaglio公司，钻石笔记本电脑，标价100万美元。

人类天生爱听故事，营销就要讲故事，越是传奇，越有魅力。价格往往是故事中最容易记住的桥段。把一件普通商品做成天价，本身就是一种商业广告行为。同时，虚荣是人类的天性，天价商品，对于追求炫耀性消费的有闲阶级来说，也具有一种虚拟的价值。

"三流的营销卖产品，二流的营销卖品牌，一流的营销卖梦想"。这种维密秀，入眼、入脑、入心，还入梦。偶像歌星、维密大秀、顶级模特、天价内衣等元素共同形成品牌联想，构筑了一场宏大而瑰丽的童话意境，给予消费者感动、激动、难以忘怀的感观刺激，这也是维秘密整合式营销的秘密武器，同时，也让维密内衣超越了其原本存在的意义，提升了内衣的价值内涵，从而影响和改变消费者的品牌认知、态度和购买行为。

思考：了解了维多利亚的秘密的营销攻势、定价策略后，你有什么感想？

案例二：解缙和名人对战抬高身价

明朝才子解缙还是个穷小子的时候，与曹尚书家住对门，看到曹尚书家种的竹子，就写对联“门对千竿竹，家藏万卷书”。曹尚书赌气把竹子砍了，解缙又写“门对千竿竹短，家藏万卷书长”，曹尚书干脆把竹子连根刨了，解缙继续写“家藏万卷书长有，门对千竿竹短无”。

曹尚书对他不过，请来李尚书，李尚书觉得这小孩前途无量，有心与之结亲。问他父母是做什么的，解缙答“家父肩头挑日月，慈母手中转乾坤”，让李尚书觉得他家不是名门便是高士，就一口答应把女儿许配给他。后来才知道他家是做豆腐的，他爹早晨太阳出来就挑豆腐出去卖，月亮出来了才回家，这是“肩头挑日月”，而他妈在家磨豆子磨一整天，就是“手中转乾坤”了，卖个豆腐都能说得这么高大上！可是李尚书话已说出，无法反悔。也幸亏解缙争气，得到皇帝朱棣的重用，编修《永乐大典》，算是名垂青史。

《永乐大典》编纂于永乐年间，由翰林院大学士解缙担任总纂修，历时六年（1403 — 1408 年）编修完成，是中国最著名的一部古代典籍。它的规模远远超过了前代编纂的所有类书，为后世留下许多丰富的故事和难解之谜。

和名人对阵在当今世上为很多想出名的人所用。这种手段从古至今屡试不爽。不过解缙这种对阵的手法极为高明，让对方感觉衬得起来，随便接对怕失了身份才行。解缙如果是在尚书家门口出口成脏地骂，换来的一定不是对对子，而是一顿暴力了。

三、过程训练 Process Training

活动一：销售预测

销售问题归根结底是产品问题，如果你的产品解决了用户的痛点，那自然是不愁销路的。偏偏很多创业者没有做好这一点也匆匆上路。所以，销售成了很多企业面临的一大问题。不管怎么样，有计划地做事还是最好的应对方法。请你按下表对你的产品和服务做一个简单的销售预测。

主要内容	产品 1	产品 2	产品 3
竞争者的平均价格			
我的预测成本			
我的价格			
定价的理由			

（续表）

给谁折扣			
向谁赊销			
与同类企业比较			
实地测试或调查			
其他			

活动二：创作一篇微信公众号文章

有创意的微信公众号文章总能吸引我们的的注意力，对产品的销售或对品牌知名度的提升具有极大的帮助。现在的企业不管大小都非常重视微信公众号文章的撰写。绝大部分微信公众号文章的阅读量能超过 200 人次就很不错了。但立意高远、内容厚重的文章往往能突破 10 万 +。

请你尝试写一篇与你的产品或服务相关的文章，当然，你的广告可以通过隐性植入的方式实施，而非赤裸裸的广告语言，争取做到阅读量能突破 200 人次。

活动三：创新营销

（一）规则和程序

人数：不限，最好为 3 的倍数。

时间：15 分钟。

场地：教室。

用具：各组一张卡片。

步骤：

1. 将组员分成 3 人一组，并给每组一张卡片。每张卡片上写着一件商品的名字以及它应卖给的特定人群。很明显，这些人群看起来好像并不需要这些商品。实际上，这些人群看起来好像完全应该拒绝这些产品。

2. 每个小组应该提出一个 1 分钟的广告语，用来把他们的商品销售给卡片中描述的特定人群。该广告需展示以下三点：

A. 该商品如何能使这个人群的生活变得更好。

B. 这个人群如何有创造性和有意义地使用这件商品。

C. 该商品与这个人群特有的价值标准之间是如何匹配的。

3. 每个小组将他们的广告词朗诵给其他组员听，以一种有趣和有说服力的方式表达。其他组员在思想上把自己看成这个人群来倾听广告，并评判其是否成功。组员可以通过伸 1~5 个手指来表决：5 个手指表示这个广告会说服他们购买该物品；1 个手指表明他们会笑话销售人员，让他们离开。对比各组分数，祝贺获胜的一组，并带头鼓掌。

（二）相关讨论

1. 为了卖出这件商品，你们小组采用了什么策略？关于你的目标人群的需要、想法或价值标准，你们怎样设想的？

2. 为了成功地推销产品，你的营销方案采取了何种创新？

（三）总结

营销多变化、思维无极限，拥有创造性思维是营销创新所必需的。我们不要让条条框框束缚了自己的思维，限制了自己的创新能力。

在营销的过程中一定要坚持创新理念，打破思维的局限性，自由地让想象力驰骋，从而能抓住稍纵即逝的灵感，获得好的产品和促销构思。

四、效果评估 Performance Evaluation

评估：销售能力测试

（一）情境描述

这里设计了一套销售能力自我测试题，借以使销售员了解自己的销售能力，希望你在3分钟内完成它，请从A、B、C、D四个答案中选择一个。

序号	陈述	A	B	C	D
1	假如客户询问你有关产品的问题，你不知道如何回答，你将:	以你认为对的答案，用好像了解的样子回答	承认你缺乏这方面知识，然后去找正确答案	答应将问题转呈给业务经理	给他一个听来很好的答案
2	客户说话出现明显错误的，你应该:	打断他的话，并予以纠正	聆听然后改正话题	聆听并找出错误之处	利用反问使他自己发觉错误
3	假如你觉得有点泄气时，你应该:	请一天假不去想公事	强迫你自己更卖力去做	尽量减少拜访	请示业务经理和你一道去
4	当你拜访经常吃闭门羹的客户时，你应:	不必经常去拜访	根本不去拜访他	经常去拜访并试图去改善	请示业务经理换人试试
5	对方说“你的价格太贵了”，你应该:	同意他的说法，然后改变话题	感谢他并指出一分钱一分货	不管客户的说法	运用你强有力的辩解
6	当你回答客户的相反意见之后，你应该:	保持沉默并等待客户开口	变换主题，并继续销售	继续举证，以支持你的观点	试行订约
7	见客户时他在看书，他说边看书，边听你说，你应该:	开始你的销售说明	向他说你可以等他阅读完了再开始	请求合适的时间再访	请求对方全神聆听
8	电话约客户安排拜访时间，客户的秘书问你何事，你应该:	告诉她你希望和他商谈	告诉她这是私事	向她解释你的拜访将带给他莫大的好处	告诉她你希望同他谈论你的商品

（续表）

9	面对一位激进型的客户，你应该：	客气	过分地客气	证明他错了	拍他马屁
10	对付一位悲观的客户，你应该：	说些乐观的事	对他的悲观思想一笑了之	向他解答他的悲观是错误的	引述事实并指出他论点完美
11	在展示印刷品的视觉辅助工具时，你应该：	在他阅读时，解释销售重点	先用视觉辅助工具，然后再按重点念给他听	把辅助工具留下来，以待之后让他自己阅读	希望他把这些印刷物张贴起来
12	客户说正考虑竞争者产品并征求你对竞争者产品意见，你应该：	指出竞争者产品的不足	称赞竞争者产品的特征	表示知道他人产品，继续销售你自己的产品	开个玩笑以引开他的注意
13	当客户有购买的征兆，如“什么时候可以送货”你应该：	说明送货时间，然后继续介绍产品特点	告诉他送货时期，并请求签订单	告诉他送货时期，并试做销售提成	告诉他送货时间并等候客户的下一步骤
14	当客户有怨言时，你应该：	打断他的话，并指责其错误之处	注意聆听，虽认为公司错了，但有责任否认	同意他的说法，并将错误归咎于你的业务经理	注意聆听，判断怨言正确性，适时答应并纠正
15	假如客户要求打折，你应该：	答应回去后向业务经理要求	告诉他没有任何折扣了	解释公司折扣，然后热心推介	不予理会
16	当零售店向你抱怨这种产品销售不好时，你应该：	告诉他其他零售店销售成功的实例	告诉他产品没有按照应该陈列的方法陈列	有技巧地建议他商品销售的方法	向他询问销路不好的原因，必要时将货取回
17	在获得订单后，你应该：	高兴地感谢他后才离开	简略地交谈他的嗜好	谢谢他，并恭喜他的决定，并简述产品特征	请他到附近去喝一杯
18	在开始作销售说明时，你应该：	试图去发觉对方的嗜好，并交换意见	谈谈气候	谈论今早的新闻	尽快谈拜访理由，并说明他可获得的好处
19	下述哪种销售方法最有效：	将客户资料更新	当他和客户面对面的时候	在销售会议上学习销售方法	和销售同事谈论时
20	当你的客户被第三者打岔时，你应该：	继续销售不予以理会	停止销售并等候有利时间	建议他在其他时间再来拜访	请客户去喝一杯咖啡

（二）结果分析

如果你的分数在 85~100 分之间，你是个优秀的销售员；如果你的分数在 75~85 分之间，你是个不错的销售员；如果你的分数在 60~75 分之间，你是个很一般的销售员，你需要多历练；如果你的分数在 60 分以下，你需要自问“我选择销售这个行业对吗？”

题号	1	2	3	4	5	6	7	8	9	10
A	2	1	1	1	1	2	1	1	5	3
B	5	3	5	1	5	1	5	1	1	2
C	3	5	1	5	3	2	3	5	1	1
D	1	2	3	3	2	5	2	2	1	5
题号	11	12	13	14	15	16	17	18	19	20
A	1	1	1	1	2	1	3	3	3	1
B	5	3	3	2	3	1	1	1	5	2
C	1	5	5	1	5	5	5	1	2	5
D	1	1	1	5	1	2	1	5	1	3

第八章 强化创业管理

优胜劣汰是自然界和人类社会进步与发展的基础，竞争是市场经济的基本法则。据不完全统计，在所有中小企业中，有有很多企业会在三五年内夭折，有很多企业无论你怎么努力，都是注定长不大的“迷你型企业”，但它能维持，只有很少的企业能够成长起来，其中只有极少数企业能够迅速成长，甚至能挑战现有的巨型企业。

一个真正的企业家，不能只靠胆大妄为东奔西撞，也不可能是在学院的课堂里教出来的。他必须在市场经济的大潮中摸爬滚打，在风雨的锤炼中长大。
——王均瑶

万事开头难，如何在纷繁复杂的创业事务中，使自己始终保持清醒的头脑，使新创企业保持正常的运行状态，较好地生存下去，是创业者必须面临和必须解决的问题。

通过本章的学习，你将能够：

- 了解企业运作的财税知识；
- 了解企业文化与战略发展；
- 了解企业发展的风险。

第一节　财务规划

职场在线

亿唐网：没有规划　快速烧钱

还记得忆唐网的人可能越来越少：2000 年北京街头出现的大大小小的亿唐广告牌，“今天你是否亿唐”的那句仿效雅虎的广告词，着实让亿唐风光了好一阵子。亿唐想做一个针对中国年轻人的包罗万象的互联网门户。他们自己定义了中国年轻人为“明黄一代”。

1999 年，第一次互联网泡沫破灭的前夕，刚刚获得哈佛商学院 MBA 的唐海松创建了亿唐公司，创始成员由 5 位哈佛 MBA 和两位芝加哥大学 MBA 组成。

凭借诱人的创业方案和精英团队，获得了两家著名美国风险投资 DFJ、SevinRosen 两期共 5000 万美元的融资。横空出世的亿唐网，迅速在各大高校攻城略地，快速烧钱：除了在北京、广州、深圳三地建立分公司外，还广招人手，在各地进行规模浩大的宣传造势活动。

2000 年底，互联网的寒冬突如其来，亿唐钱烧光了大半，仍然无法盈利。此后的转型也毫无实效，2008 年的亿唐只剩下空壳，昔日的精英团队在公司烧光钱后也纷纷选择出走。

亿唐失败的最大问题就是没有规划、缺乏定位——这也是大部分互联网创业者公司的问题。胡乱烧钱、不切实际、浮夸，不沉下心帮用户解决实际问题，以为凭自己的幻想就可以做出一个互联网品牌出来。这个含着金汤匙出生的贵族，几千万美元的资金换来的只有一声叹息。不过，后来的教科书倒是增添了一个极其失败、极其经典的投资案例。

一、能力目标 Competency Goal

一个企业要先学会如何活下来，才有资格谈做大，很多初创企业短命的原因，就是没有控制成本，对初次创业者而言，资源、资金都有限，学会如何省钱，比学会花钱恐怕更重要。初创企业，永远缺钱。创业者在起步之初，除了要对产品、市场、团队、商业模式、营销等必不可少的环节进行计划与分析之外，还要了解如何控制成本，并了解一些财务管理、税务等相关方面的知识。

通过本节的学习，你将：

1. 了解学会降低成本。
2. 了解财务管理。
3. 看懂财务报表。
4. 了解税收筹划。

（一）创业要低成本运作

1. 降低固定成本

初创企业的固定成本完全可以量力而行，千万不要讲面子。如办公场地，苹果公司初创时三个人就是在乔布斯家的车库里工作；华为初创时，也是在一个破破烂烂人居民楼里；阿里巴巴最初的 18 人也是在马云的家里办公；大疆无人机初创时三个人也龟缩在一家仓库里。至于管理人员，能省就省，初创人员自己要能身兼多职，尽量少聘请全职员工，多请兼职员工。昂贵的机器设备能租就不要买。节约是初创企业特质。

股东投资求回报，银行注入图利息，员工参与为收入，合作伙伴需赚钱，父老乡亲盼税收。只有消费者、股东、银行、员工、社会、合作伙伴六者的“均衡收益”，才是真正意义的“可持续收益”；只有与最大多数人民大众命运关联的事业，才是真正“可持续的事业”。

——牛根生

2. 进行股权激励

很多初创企业在开始创业的时候，就把员工吸纳为股东，虽然现金收入稍低，但他们有公司的期权或股权激励。公司利益和员工的利益紧紧地捆绑在一起了，可以激发员工的积极性和主动性，并减少现金支出。这个对初创公司至关重要。

3. 开展战略合作

你也可以与其他公司进行战略合作的形式，来获得一些产品与服务。也可以尝试用自己的服务换一些广告资源。如房租、咨询费、广告费等都可以用你的股权去购买或置换。这些非现金置换都能节约你紧张的现金流。

4. 尽量开源节流

创业企业要尽快实现赢利，同时也要养成节省的习惯。有些获得了融资的企业对获得的资金没有认真规划，总觉得是别人的钱，用起来很大方，到山穷水尽时才发现无以为继。所以，开源是企业的唯一出路，但节流可以延长初创企业的延续时间。

（二）树立正确的价值观念

创业者首先确立以下财务管理的观念。

1. 货币时间价值观念

一定量的货币在不同的时间节点上具有不同的经济价值。这种由于货币时间的差而产生的价值差异是利息。创业者必须注重利息在财务决策中的作用，一个看似不错的项目，如果考虑货币的时间价值，也许变成一个得不偿失的项目，特别是通货膨胀的时期。

2. 机会成本观念

一种资源用于本项目而放弃用于其他机会时，所可能损失的利益称为机会成本。创业者在进行项目（产品）决策时必须考虑机会成本。

3. 竞争观念

市场供求关系变化、价格的波动，时时会给公司带来冲击。针对外界的冲击，创业者必须要有充分的准备，强化财务管理在资金筹集、资金投放、资金运营的收入和分配中的决策作用，增强公司承受和消化冲击的应变能力。

现金燃烧率

在决定事业发展速度时，以什么为判断的标准呢？要看手头有多少资金，这些资金的消耗速度是多少，明白这两点之后，就知道再过多久手中的资金会枯竭。所谓的现金燃烧率是指在多长的时间后资金会变成零。那么现金的燃烧率为多少才合适呢？我个人的意见是一年半，超过这个时限就太长了，一般创业者也筹集不到那么多资金。如果只有一年又太短。

——【日】大前研一

小知识

现金留存遵循如下原则：

订单要约定付款条件、价格、交货方式等；

产品只有在完成付款的情况下才算是卖出去了；

尽量与供货商赊账；

供应物资只有在急需的情况下才采购，尽管这样做可能要多付一点钱；

购买设备要借款，这项借款是比较容易借到的，而如果是借用运营资本就比较难了，所以动用自己的小金库吧；

只聘用那些公司现在需要的员工，原因是你要对整个公司负责，而不是某个员工；

员工上班时间要一直保持工作状态；

开公司要勤俭；

建立完善的、防欺诈的制度。

（三）学会看懂财务报表

创业者重点要学会看懂资产负债表、损益表和现金流量表等三大报表。现金流量表是对资产负债表和损益表的补充和完善。资产负债表反映企业一定时期期末的财务状况，但无法解释财务状况形成的原因和过程；损益表说明一定时期的经营成果，却无法表达经营成果是否与现金流量相匹配；而现金流量表则可以解释财务状况变动原因和过程，并说明经营成果对财务状况的影响。所以，资产负债表、损益表、现金流量表是三分天下，各有其用，缺一不可。

1. 资产负债表

资产负债表是反映企业某一特定日期（月末、年末）财务状况的报表。通过资产负债表，可以了解企业所掌握的经济资源以及这些经济资源分布的情况和结构；可以揭示企业资产的构成、企业所负担的长、短期债务，以及企业的投资者在企业里所持有的权益；通过对年初数与年末数的对比分析，可以看出企业财务状况的增减变化以及发展趋势。

资产	金额	负债	金额
1. 流动资产		1. 短期负债	
2. 固定资产		2. 长期负债	
3. 减：累计折旧		负债总额	
固定资产净值		所有者权益	
4. 其他资产			
资产总额		负债与所有者权益总额	
附注		附注	

（说明：资产负债表在结构上主要以“资产＝负债＋所有者权益”的平衡关系为依据，并按照资产流动性大小、变现能力强弱以及负债偿还期限的长短为标准，把各项目适当地加以排列。该表分为左右两方，左方为资产，表明资产由哪些项目构成；右方为负债及所有者权益方，说明企业应承担的经济责任。资产总额与负债及所有者权益的总额应该是相互平等的关系。）

创业前，很多困难你都不会把它认为是困难，当它突然成为你的困难时，很多人会承受不了压力，就放弃了，这样的人一定不能成功。
——史玉柱

2. 损益表

损益表是反映企业一定时期（月份、年度）内净利润或者亏损情况的报表。它是企业必须按月编报的一张动态报表。

项目	本期金额	上期金额
一、营业收入		
减：营业成本		
营业税金及附加		
销售费用		
管理费用		
财务费用		
资产减值损失		
二、营业利润（亏损以“–”号填列）		
加：营业外收入		
减：营业外支出		
三、利润总额（亏损总额以“–”号填列）		
减：所得税费用		
四、净利润（净亏损以“–”号填列）		

3. 现金流量表

现金流量表一般由主表和附表（补充资料）组成，主表由经营活动现金流量、投资活动现金流量和筹资活动现金流量三个部分构成，分析现金流量及其结构，可以了解企业现金的来龙去脉和现金收支构成，评价企业经营状况、创现能力、筹资能力和资金实力。

项目	行次	金额
一、经营活动产生现金流量		
销售商品、提供劳务收到的现金	1	
收到增值税销项税额	2	
现金收入合计	3	
购买商品、接受劳务支付现金	4	
支付给职工以及为职工支付的现金	5	
支付的各项税费	6	
支付的其他与经营活动有关的现金	7	
现金支出合计	8	
经营活动产生现金净额	9	
二、投资活动产生的现金（略）		
三、筹资活动产生的现金流量		
借款所收到的现金	10	
现金收入小计	11	
偿还债务所支付现金	12	
偿还利息所支付的现金	13	
现金支出小计	14	
筹资活动产生现金净额	15	
四、现金及现金等价物增加额	20	

今天起，强迫自己每天想一个创意，你将不难发现到处都有赚钱的机会。

——【日】藤田田

现金流量表附表是现金流量表中不可或缺的一部分，项目金额则是相应会计账户的当期发生额或期末与期初余额的差额。

小训练

坚持每天查看未结款项情况。

如有发票到期而钱款没有到账，打电话询问，想办法催收。

如客户逾期付款，要清楚你有权向其索要银行利息。

（四）税收筹划

依法纳税和诚信纳税是每个企业的责任和义务。

税收筹划是指纳税人按照税收政策法规的导向，事前选择税收利益最大化的纳税方案处理自己的生产、经营和投资、理财活动的一种企业筹划行为。比如，你可以在合规的范围内，在多种纳税方案中，选择税负低的方案，合规合理地滞延纳税时间，这相当于企业在滞延期内得到一笔与滞延税款相等的无息贷款。

1. 无涉税风险

创业企业纳税人一定要账目清楚，纳税申报正确，税款缴纳及时、足额，不会出现任何关于税收方面的处罚，即在税收方面没有任何风险。这种状态的实现，虽然不能使纳税人直接获取税收上的好处，但却能间接地获取一定的经济利益。

2. 避税筹划

纳税人采用非违法手段获取税收利益的筹划。纳税筹划既不违法，与纳税人不尊重法律的偷逃税有着本质区别。国家只能采取反避税措施加以控制。

3. 节税筹划

纳税人充分利用税法中固有的起征点、减免税等一系列的优惠政策，通过对经营活动的巧妙安排，达到少缴税甚至不缴税目的的行为。比如，托儿所、养老院等福利机构免交营业税。再比如，通过融资租赁减轻税负，一方面避免设备占用大额资金，另一方面租金平衡减轻税负水平。

4. 转嫁筹划

纳税人为了达到减轻税负的目的，通过价格调整将税负转嫁给他人承担的经济行为。适当提高员工福利待遇，提高成本，减少税负。

5. 利用销售结算时间

选择不同的销售结算方式，推迟收入确认的时间，一定程度上相当于贷款贴息。

> 在取利过程中如果你是依法挣钱，依法纳税，这个取利的过程就是取义，只有取义才能取大利。比如说社会发展方向，股东分红、员工要工资、政府要纳税，这就是义，而且，往往只有你先接受义之后才能挣大钱。
>
> ——冯仑

二、案例分析 Case Study

案例一：沃尔玛的成本控制方法

作为全球最大的零售企业，沃尔玛设计了一套有效的成本控制方法，帮助它在激烈的竞争中立于不败之地。其主要方法包括：

1. 全员节约观念

在沃尔玛，你看不到华而不实的办公场地和办公设备，“合适的才是最好的”在经营中得到最好的体现。繁忙的旺季，沃尔玛的经理们会穿着西装走到第一线直接为顾客服务，而不是像其他公司那样增聘员工或者零时工，这是沃尔玛从上到下的传统。

2. 直接采购

沃尔玛对传统零售企业的经营战略进行了革命，即绕开中间商，直接从工厂进货，大大减少了进货的中间环节，为降低采购价格提供了更大的空间。

3. 统一配送

沃尔玛打破了传统零售行业的存销方式，实行统一定货、统一分配、统一运送。它的一美元商品销售额中，配货方面的成本只需一美分多一点，这无疑是比较低的商业成本。

4. 运用高新技术调货物配送

沃尔玛通过商用卫星，实现全球联网，以先进的信息技术为其高效的配送系统提供保证。总部可在1小时之内对全球4000多家分店内每种商品的库存上架以及销售量全部盘点一遍。使总部能够全面掌握销售情况，合理安排进货结构，及时补充库存和不足，降低存货水平，减少资金成本和库存费用。

通过这些有效的手段沃尔玛降低了成本，在竞争获得高于同行的利润。在不影响质量的前提下降低成本是每一家企业的当务之急。作为创业者，在创业初期就有良好的成本意识，有相对于同行的成本优势，就会提高资金使用效率和资本收益率，无疑对存活率有极大的帮助作用。

财富是猫的尾巴，只要勇往直前，财富就会悄悄跟在后面。
——王志东

案例二：真支出　假发票

A公司是一家园林绿化企业，收入主要来源于绿化工程、绿化养护和租赁服务。2013年取得绿化工程收入33222万元、租赁收入8万元、绿化养护服务收入91万元，但同年申报的企业所得税应纳税款为零，收入利润率畸低。

A公司承接的很多绿化工程在本市远近郊区，很多需要与乡镇、农户打交道，很多卖树苗的人开不出发票，于是卖树苗的人就采用其他方式找票来卖树苗。只要是真票，A公司就收下当做进项抵扣。

市税务局核查该公司的收入费用，最终查明A公司共取得48张问题发票，涉及金额3600余万元，A公司存在重大“偷税”嫌疑。但A公司称其有关苗木支出是真实的。检查组后以证据为基础，成功复原了A公司采购苗木的真实情况：原3610万元问题发票中，有2583万元支出符合税法规定，可以在企业所得税税前扣除；有1027万元支出未能证实其真实性，不允许在税前扣除。综合其他税款、弥补亏损等因素，本案最终查补企业所得税228万元，加收税款滞纳金31万元。

《国家税务总局关于加强企业所得税管理的意见》（国税发2008年88号）（以下简称88号文）中提出：“加强发票核实工作，不符合规定的发票不得作为税前扣除凭据。”该规定只是限制了不符合规定的发票作为税前扣除的凭据，但并未表明，发票是唯一合法、有效的凭证，也没有排除商业合同、付款凭证等其他原始凭证可以作为税前扣除的有效凭证。

《企业所得税法》第八条规定：“企业实际发生的与取得收入有关的、合理的支出，包括成本、费用、税金、损失和其他支出，准予在计算应纳税所得额时扣除。”该法规明确规定了对支出可以税前扣除的三项要求：真实性、相关性、合理性。本案中，A 公司证实其真实性和合理性的支出就可以税前扣除。企业一方面应寻求正规的供应商进行交易活动，以确保可取得合规的发票可在所得税前列支。另一方面，在取得合规的发票存在困难时，应在日常管理中注意保留和保存与支出相关的其他资料（如合同、支付凭证、收款确认函或收条、银行或其他电子支付记录或截图等），以证明该支出的真实性、合理性和业务相关性。

三、过程训练 Process Training

当企业利润低的话我们会不安，当企业利润自然升高的时候，我们同样也会不安，因为你经常拿走别人应得的利益，别人就会离你而去，他一走，你的生态圈就崩溃了，你的利益就不存在了。

—— 牛根生

活动一：航空公司的经营活动

（一）活动方法

1. 将学员分成 5 ~ 6 个组，每个组将分别代表一家航空公司在市场经营；

2. 市场经营的规则就是：所有航空公司的利润率都维持在 9%；如果有三家以下的公司采取降价策略，降价的公司由于薄利多销，利润率可达 12%，而没有采取降价策略的公司利润率则为 6%；如果有三家和三家以上的公司同时降价，则所有公司的利润都只有 6%

3. 每个小组派代表叫到小房间里，交代上述游戏规则。并告诉小组代表，你们需要初步达成协商。初步协商之后小组代表回到小组，并将情况向小组汇报；

4. 小组经过讨论五分钟之后，需要作出最终的决策：降还是不降？并将决定写在纸条上，同时交给主持人。

5. 主持人公布结果。

（二）点评

1. 本活动看似简单，但结果往往出人意料但又在意料之中，因为大部分公司都会选择降价，结果降价会导致两败俱伤。

2. 这个活动还告诉我们两个道理：一是不要假定竞争对手比你傻；

二是不要打价格战，因为价格战没有赢家。

活动二：

请完成下列题目：

1. A 公司是一家新办小企业，主营幼儿英语培训。有员工五人，其工资收入分别为 5000 元、6000 元、7000 元、8000 元、9000 元，请计算公司为每个员工代扣代缴个人所得说金额是多少？

2. A 公司本月收到培训收入 38000 元，请计算该公司应缴纳多少营业税及附加？

3. 假设 A 公司本月销售收入为 0，请问该公司本月要进行纳税申报吗？

四、效果评估 Performance Evaluation

评估：理财意识测试

（一）情境描述

作为初创企业的领导者，你要具备优良的理财能力。如果这方面能力欠缺，你的公司可能会熬不到成长壮大就夭折了。你的理财能力到底怎么样？我们通过下面这个理财测试问卷，来简单地对自己作一个评判。

> 月光族：每月赚的钱还没到下个月月初就被全部用光、花光的一群人。
>
> 星光族：将每月赚的钱一星期就都用光、花光的人。

1. 你是否有计划地进行消费？（A. 不是　B. 有时候　C. 经常）

2. 你是否会保存一定的资金储备，以备不时之需？（A. 不会　B. 有考虑　C. 会）

3. 在消费上，朋友认为你是个怎样的人？（A. 对钱没有概念，花钱随意　B. 有时候会去挥霍一下　C. 花钱谨慎，精打细算）

4. 你是否知道自己的银行存款数额？（A. 不知道　B. 大约知道　C. 知道）

5. 你是否经常存款？（A. 偶尔　B. 有时候　C. 经常）

6. 到了月底，下面哪种情况会发生在你身上？（A. 口袋空空，却不知道钱花到哪儿去了　B. 有时候能从众多花费中省出一部分累积存款　C. 每月固定存一部分）

7. 你是“月光族”还是“星光族”？（A. 经常是　B. 偶尔是　C. 从来不是）

8. 你是否知道自己信用卡上的账款情况？（A. 不知道　B. 大约知道　C. 很清楚）

9. 你的信用卡账款：（A. 一直处于欠款状态　B. 有时会出现循环

利息，争取尽快补上　C. 一般会逐渐增多）

10. 当你使用信用卡时，你会：（A. 购买价格较高产品，却很少考虑卡里存款的金额　B. 与现金购物比较，心情放松多了　C. 和现金购物一样量入支出）

11. 你是否曾使用信用卡超过信用额度：（A. 常常如此　B. 有时候　C. 不曾有过）

12. 当一件你十分喜欢的商品吸引你的目光时，你会：（A. 毫不犹豫买下来　B. 心里考虑之后，但一定要买　C. 仔细盘算，是否应该买下）

13. 当你计划购买价格较高的产品，如手机、电脑等，你是否会货比三家？（A. 不会　B. 有时候　C. 通常如此）

14. 当你计划一个假期时：（A. 在最后账单结算时，总超过自己的想象　B. 允许自己享受一下豪华假期　C. 会事先计划预算，在计划内消费）

15. 在度假时，你是否曾发生花费超过原定预算的情形？（A. 常常如此　B. 有时如此　C. 不会）

（二）评估标准和结果分析

工作上的执着实际上是人的一种意志。
——张近东

选 A 可得 1 分，选 B 可得 2 分，选 C 可得 3 分，计算你的总分。

若得分在 15 ~ 25 分，说明你是一个毫无节制的消费主义者，应尽快开始财务预算和计划。

若得分在 26 ~ 35 分，说明你做得还不错，将自己的银行存款保持在最佳调度平衡状态，只是还未发现某些更高明的理财手段。

若得分在 36 ~ 45 分，说明你是一个理性的消费者，理财能力不错，善于控制财务风险。

第二节 成长管理

职场在线

IBM 辉煌的原因

IBM 公司创始人汤姆·沃森说，IBM 之所以能取得今天的辉煌，完全是因为 3 个特殊的原因：第一个原因就是还在公司刚刚起步的时候，我就已经对公司建成后的规模和功能有了比较详细的设想。你可以认为，自从我有了梦想——创业幻想时，我的脑海里就一直有一个完整的未来公司的模式。

第二个原因则是在我对未来有了构想之后，我立刻就问我自己，梦想中的公司在现实中会如何运作呢？紧接着，我又为 IBM 的运作绘制了一幅组织工作流程图。

最后一个原因就是当我在完成了前两个步骤之后，即拥有了公司未来的蓝图以及运作流程图之后，我就立刻开始行动，付诸实践。除非我们从一开始就为自己的梦想绘制好了蓝图并积极行动，否则，任何梦想将永远都只是空洞的幻想。

换言之，从一开始我就意识到，如果我想让 IBM 成为一家伟大的公司，那么我必须从最开始就按照伟大公司的模式去管理和建设它。

从一开始，IBM 就一直是在按照创始人汤姆·沃森梦想中的模式发展。与此同时，他们每个人，每一天都在努力使 IBM 更加贴近那个模式。当一天的工作结束的时候，他们会问自己：今天我们干得怎么样，并且在工作中不断发现自己与理想中的模式之间的差距。于是，当第二天到来的时候，他们就会全心投入工作，努力消除这一差距。

在 IBM，员工每一天的工作都是为了公司的发展，而不仅仅只是单纯的工作。可以说，在 IBM，员工做的不是工作，而是事业。

一、能力目标 Competency Goal

成长是指随着时间的推移向着圆满成熟的生长，是一个从无序到有序，从低级到高级的过程。对于创业者而言，企业获得成长无疑是令人期盼的事情，但是企业的成长往往伴随着艰辛，甚至是凶险，如何将新创企业从弱小引向壮大，需要我们了解企业的成长规律，把握战略重点，培育文化内涵。

通过本节的学习你将明白：

1. 企业成长的一般规律。
2. 企业成长的关键要素是什么。
3. 创业者如何领航企业快速稳健地成长。

（一）企业成长的一般规律

企业成长都遵循一定的规律，有一定的生命周期，从初创期到发展期，再到超越是中小企业发展的必然过程，是中小企业审时度势的必然的理性选择，也是中小企业种群自然“进化”的结果。

> 经营企业，是许多环节的共同运作，差一个念头，就决定整个失败。
>
> ——【日】松下幸之助

成长型创业一般经历初创期、发展期、稳定期、提高期四个阶段，每个阶段有不同的特征，也有不同的策略。

1. 初创期

企业刚刚起步，生产和销售是重点，组织结构是非正式的，因此不需要太复杂的管理，往往创业者本人就可以控制整个团队。高层管理风格崇尚个人主义和创业精神，管理控制体系以追求市场结果为导向，管理人员的报酬也很简单，创业者拥有所有权。

中小企业在创始之初，往往表现为产品单一、市场网络窄、竞争力弱和管理不规范的问题。要想在市场上生存，就必须找准突破口，利用其区位优势、贴近市场、个性化、专业化、专一化、低门槛、特异性等来满足细分市场需求，将市场稳住。

2. 发展期

随着企业的发展，企业更强调经营的效率，在组织结构方面由于指导作用和员工的具体实践使其工作经验和水平不断提升，企业规模扩大、管理层次增加，员工需要获得自主权，中基层管理人员希望增加自主权。

在这个阶段，企业已经建立了较为稳定的市场份额，通过管理、产品扩充、网络健全等手段达到生产和交易成本的减少和资源的高效利用，进而通过租赁、承包、合作等多种形式，在不完全的竞争市场空隙中逐步发展壮大起来，使企业规模进一步扩大。

3. 稳定期

企业经过一段时间的发展，基本趋于稳定，市场份额稳定，前景预期良好，企业开发能力较强，各项工作逐步走向规范。组织演变成一种分散式和以地域为责任中心的结构，高层管理人员广泛授权，对下属进行业绩考核，管理人员的重点是个人绩效。

生活是公平的，哪怕吃了很多苦，只要你坚持下去，一定会有收获，即使最后失败了，你也获得了别人不具备的经历。
——马云

在稳定期，中小企业利用其管理费用低、决策灵活，对环境变化的反应灵敏度高和适应能力强的特点，极大限度地使用新的资源，有效拓展相关的产品市场，在这种竞争和调整中由小到大，由弱变强，由初创、发展到稳定地生存下来，亦即遵循“物竞天择，适者生存”这一自然选择规律。

小故事

雷·克洛克将麦当劳由一家路边的汉堡小店发展扩大成了一家每年收益高达400亿美元的超级大公司。麦当劳遍布全球六大洲121个国家，拥有约32000间分店，在很多国家代表着一种美式生活方式。如今，它每天为5000万人提供食品服务，在美国的餐馆业的总收入中，麦当劳的营业额就占到了10%。

4. 提高期

企业更多地走向成熟，在行业内部地位巩固，有一定的话语权，企业内部管理更加规范，组织结构完善。

在提高期，中小企业开始走兼并购买、衍生、产业链延伸的扩展策略，从最初的成本竞争、差异化竞争向集中化、一体化、规模化竞争过渡，力求在企业的成长过程中通过调整产品结构、适时扩充企业规模，达到最佳的企业规模效应。一方面是改原来的粗犷式管理与经营模式，重视管理，研究市场，为维持企业的生存与发展参与局部市场的小面积、特定行业的低强度竞争，或者在某一个产业链的节点上牢牢把握主动权，让企业始终处于良好的竞争状态；另一方面是发挥自身优势，使企业处于最佳与最适规模，获取规模经济，与大企业共存并不断的发展。

（二）成长型企业特征

据调查，我国有30%左右的中小企业“长得快”，比如耳熟能详的联想集团、蒙牛乳业等等，分析成长型企业具有如下特征：

1. 善于把握机会

成长型企业善于在不确定领域发现并把握机会，机会总是在变化的过程中产生的，市场经济的快速发展，社会需求的多元化发展，为创业带来无限商机。

2. 善于创新和变革

成长型企业善于持续创新和变革，引领市场。企业快速成长必须善于创新，通过不断满足市场需求，不断开展产品、制度、理念、营销创新，扩大市场份额。

3. 善于整合资源

成长型企业特别注重整合外部资源，追求外部成长。中小企业一般人力、资源匮乏，借用外部资源可以实现迅速成长。

4. 善于团队管理

注重人力资源管理，俗话说人心齐、泰山移。人是企业成长最关键的要素，团结奋进睿智的核心团队，创新发展忠诚的员工团队是企业快速成长的重要因素。

5. 善于营造文化

注重营造企业文化，加强文化软实力塑造，拥有比较固定的企业价值观。

（三）企业成长战略重点

1. 创新战略

没有创新，亦步亦趋的经营只能收获眼前利益，始终难以占领企业发展的制高点。

（1）技术创新。随着时代的进步和竞争的加剧，依靠某种产品、固定模式包打天下的时代已经过去。新产品越来越多，消费者的需求和口味越来越杂，越来越不容易满足，未来企业若不牢牢抓住技术创新这个本原，就无法生存和发展。

（2）机制创新。中小企业瞄准产业和政策导向，创新机制，积极争取政策扶持，包括争取专门资助计划与创新发展基金、风险投资机制、贷款贴息、特别赋税政策，形成从销售收入中提取创新基金与特别折旧办法、社会化服务体系等支持的创新机制。

（4）营销创新。中小企业最有效的成长就是创新营销策略。大部分中小企业适合于市场补缺者的战略定位，即专心关注那些被大企业所忽视的细小市场，力求在这些小市场上通过专业化经营来占据有利的市场位置，获取最大限度的收益，也就是在大企业的夹缝中求得生存与发展。

2. 品牌战略

中小企业发展初期很难打响自己的品牌。如果初期企业能找到与大企业的利益结合点，与他们结成联盟，借大船出海，也可以跟随他们一起捕到大鱼，获得丰厚利润。我国的不少企业是以给外资企业贴牌而走向国际市场的。但中小企业发展到一定程度后，必须要从贴牌转向品牌，要使自己成为能生产和经营品牌产品的品牌企业。

可以说，越是在市场需求萎缩时，品牌企业才越能显示英雄本色，

一个公司在两种情况下最容易犯错误，第一是有太多的钱的时候，第二是面对太多的机会，一个 CEO 看到的不应该是机会，因为机会无处不在，一个 CEO 更应该看到灾难，并把灾难扼杀在摇篮里。

——马云

能够超越别的企业而快速发展。因此，小企业必须注重对品牌的建立，使自己的产品成为品牌产品，使自己成为品牌企业。

3. 管理战略

根据不同成长阶段的管理特点，采取有针对性的管理方法和模式，是一种有效的管理方法。事实上，只有合适的方法才是有效的方法，只有有效的管理才是科学的管理。因此，只有准确对企业成长的不同阶段进行定性和把握，才能准确识别存在的问题并深入分析，最后找到解决问题的有效方法，推动企业的健康快速成长。

4. 文化战略

文化是企业生生不息的灵魂，是企业长青的基石，是企业的软实力。三流企业靠生产，二流企业靠营销，一流企业靠文化。相对硬实力而言，这些看不见、摸不到的软实力更是影响和制约企业成长快慢与否的关键所在。如果企业员工在文化层面上互不相融，各唱各的调，企业没有能够形成统一的价值观，那么企业永远长不大，也走不远。

> 我觉得我真正擅长的是当我有了一个点子，然后和一个真正的创业家一起去做，在开始形成小团队后，愈做愈大，一路发展下去。
>
> ——【美】艾德·麦克肯（美国视算科技公司董事长）

（1）要让员工有归属感。从企业与员工的劳动合同、养老保险、工伤保险等社会保险理顺其关系，为心理默契文化创立条件。一般中小企业与员工的劳动关系处理得非常不规范，员工没有归属感也就没有认同感。其次创业者必须将他对企业未来的发展思路和员工进行充分沟通，也就是我们通常说的构筑共同愿景，能让员工有成就感。

（2）核心价值观的确定。中小企业应该花大力气进行核心层的建设，并将核心价值观无时无刻地体现在行动当中。作为创业者要身体力行，不断跟员工沟通，形式不要太多，内容简单明了，最基本的核心内容要通过行动去体现，以后有必要可以增加一些形式上的内容，例如公司的刊物、公司的歌曲等。

（3）用制度管人。中小企业普遍不重视制度建设，一提到制度化问题，许多老板就搞不清楚企业应该建立和完善什么制度？企业制度是企业文化的重要内容之一，甚至重于企业文化的“硬件”建设。因此，一般中小企业至少要建立“奖惩制度”和“考核制度”，精确的考核和公正的奖励是很必要的。现在越来越多的中小企业采用期权奖励制度，把经理人和所有人紧紧地联系在一起。而且仅是建立了制度还不够，要严格执行，奖惩兑现，切忌不要怕麻烦。

二、案例分析 Case Study

案例一：米其林轮胎人的迷人微笑

1898年，在里昂的一次万国博览会上，米其林兄弟发现展台入口处有许多不同直径的轮胎堆成了小山，很像人的形状。不久，画家欧家洛就根据那堆轮胎的样子创造出一个由许多轮胎组成的特殊人物造型，于是，米其林轮胎人——必比登诞生了。它成为米其林公司个性鲜明的象征。从此米其林轮胎人便开始出现在海报上，它手擎一只装有钉子和碎玻璃的杯子说道："Nunc est bibendum"。这句意为"现在是举杯的时候了"的拉丁语来自古罗马诗人贺拉思的一句颂歌，寓意是米其林轮胎能征服一切障碍。

这句话立刻成为一句口号，在几个月的时间里，"米其林轮胎人"被明确地以法语命名为Bibendum，即必比登。出生才几个月的小家伙在小小的自行车和汽车界，已成了米其林的象征。它有时有点鲁莽，有时很热心，有时厚着脸皮，有时开朗，有时又是一个出色的老师，常常出其不意，带给人快乐。

1891年至1900年期间，随着自行车和汽车业的迅猛发展，米其林兄弟的小小轮胎厂的营业额从四十六万法郎上升到六百万法郎，一跃成为当时的先驱者。重量级广告人物必比登也一步步紧随着公司前进，幽默地向顾客介绍米其林轮胎的经济实惠、安全舒适。一个多世纪以来，必比登以它迷人的微笑，可爱的形象，把欢乐和幸福带到了世界的每个角落，已经成为家喻户晓的亲善大使，米其林也因此而扬名天下。

20世纪末，由一些著名艺术家、设计师、建筑师、零售商、广告与发行者组成的国际评审团在对上世纪50个最佳企业标志的评选中，魅力十足的必比登最终征服了评委们的挑剔眼光。

这个小小的轮胎人，可以说是米其林轮胎的品牌标识，它利用人格化的方式，塑造了一个个性鲜明的人物形象，同时也代表了品牌形象，让人轻松地记住了米其林的名字和形象，并喜爱上了这个品牌。可以说，这个小小的轮胎人为米其林轮胎的发展做出了巨大的贡献。

案例二：不作恶的谷歌

谷歌被业界称为最具创新力的公司，其市值排名全球前列。

1998年，在斯坦福大学的宿舍里，有两位叫佩奇和布林的年轻人，看到时代的趋势，共同开发了全新的在线搜索引擎，起名为Google。随着全球信息化的发展，搜索引擎渐渐成为人们生活和工作的小助手。谷歌今天主要做互联网搜索、云计算、广告技术等领域，开发相关的互联网产品，它是全球最大的搜索引擎公司。2017年，在全球500强品牌榜单上排名第一。

> 人不能只是工作与储存，还应该投资，为了生活和赚钱而工作，实际上并不喜欢自己的职业，最后变成金钱的奴隶。
>
> ——【美】罗伯特

谷歌不仅很注重品牌的影响力，而且在学术上也有一定的地位，每年都会招收很多博士进入做科研，在欧洲大型的学术会议和论坛上总会看到谷歌工程师的影子，这是和其他互联网科技型公司最大的不同。谷歌很重视人才，尊重知识，吸引了欧洲很多高学历的精英人才纷纷加入，据说谷歌的平均学历是硕士，所以它在学术界也是一家顶尖的公司。

谷歌不断提升搜索的速度，希望用户能够以最快最便捷的方式找到他需要的信息，谷歌界面看起来很简洁，但搜索功能却十分强大。为了让用户在搜索过程中良好的体验和感受，坚决不让广告影响到用户搜索信息。谷歌每次推出新品前，都要做大量的测试和客户调研，其目的是让用户花最少的时间获取自己想要的信息，以客户为中心，其他的一切水到渠成，这是谷歌企业文化中的一部分。

作为一家互联网公司，谷歌的工作氛围很随意，经常鼓励员工好的创意和新的想法，这一点，国内的百度、腾讯公司等都在向它学习。

谷歌公司的口号全称是“完美的搜索引擎，不作恶”（The perfect search engine，do not be evil），是一位创始人于1999年提出来的。不过，最后更新于2018年4月5日的Google行为准则页面上，一直写在最前排“前言”中的三个“不作恶”消失了。

每一家成功的企业，总会有一些让人值得学习和思考的地方，谷歌通过不断的创新，尊重知识，重视人才，为客户着想，让它成为全球最具品牌影响力企业。

三、过程训练 Process Training

活动一：招聘

你拟招聘一名助理，面对数名应聘者，你最关心的挑选指标，请排序：

人品、能力、长相、年龄、口才、学历、身高、工作经验、社会背景、工作态度……

1	2	3	4	5	6	7	8	9	10

提示：创业者选择什么样的关键词，表示你对团队成员的要求，也反映你的团队价值观。

活动二：分析公司管理理念

几年前，中国一批国企高层主管到美国接受培训。在《管理与企业未来》课上，拿到的是一份具有测试性质的案例：

请根据下面三家公司的管理现状，判断它们的前途——

公司A：八点钟上班，实行打卡制，迟到或早退一分钟扣五十元；统一着装，必须佩戴胸卡；每年有组织地搞一次旅游、两次聚会、三次联欢、四次体育比赛，每个员工每年要提4项合理化建议。

公司B：九点钟上班，但不考勤。每人一个办公室，每个办公室可以根据个人的爱好进行布置；走廊的白墙上，信手涂鸦不会有人制止；饮料和水果免费敞开供应；上班时间可以去理发、游泳。

公司C：想什么时候来就什么时候来；没有专门的制服，爱穿什么就穿什么，把自家的狗和孩子带到办公室也可以；上班时间去度假也不扣工资。

请根据各自的管理经验作出判断，哪一家公司的前景会更加乐观？

你的答案是：

我们来看一下这几家公司现在的状况：

公司A：广东金正电子有限公司，因管理不善，申请破产，生存期9年。

公司B：微软公司，现为全球最大的软件公司，股票市值超过7000亿美元。

公司C：Google公司，是全球最具创新能力公司，是唯一一家能从微软帝国挖走人才的公司，其市值超过8000亿美元。

四、效果评估 Performance Evaluation

> 人并不是一定在为金钱工作，如果工作没有价值、没有社会意义、没有乐趣，员工就不会死心塌地地追随公司总裁共同努力，所以除了物质的报酬外，还必须让工作本身给予员工价值感。
>
> ——【日】大前研一

评估：经营管理能力评估

（一）情境描述

测评说明：下面从变化、兴趣、适应、管理四个方面来测评你是否适应经营管理工作，请根据你的实际情况作出相应的回答。

项目一：

假如你已知道自己的生活将发生如下变化，你是否仍能愉快地从事管理工作？

1. 你将越来越多地涉及管理，却与技术的联系越来越少。

2. 一旦决定搞管理，就不能半途而废。即使你想再去搞技术，也是办不到的，因为技术的进步太快了。

3. 你将从一个可靠的领域，即一个对自己有把握的领域，转向一个无论人力还是工作实绩都无把握的领域。

4. 你必须扩大知识面和兴趣范围，而丝毫不能将兴趣集中到一点或致力于一个专业。

5. 你必须放弃你在专业上所取得的成就，为了自己能渐渐支配更多的人，组织越来越多的活动及帮助其他专业人员取得成功而感到满足。

项目二：

1. 如果让你去选择一个不同于现在工作的职业，你喜欢做一个：

A. 医生　　B. 勘探员

2. 你喜欢读哪一方面的书：

A. 地理学　　B. 心理学

3. 你喜欢怎样度过一个闲暇的夜晚：

A. 做新家具　　B. 和朋友做游戏

4. 如果别人耽误你的时间，你会怎么办：

A. 总是很耐心　　B. 往往要发火

5. 你喜欢做哪件事：

A. 会见陌生人　　B. 看展览会

6. 你喜欢别人称赞你：

A. 善于合作　　B. 足智多谋

7. 每样东西都有放置处所且应各就各位，这对你来说：

A. 很重要　　B. 不怎么重要

8. 如果你同某个人意见大相径庭，你将怎么办：

A. 力求最大限度的统一，使争论最少

B. 将在价值、原则及政策上的分歧争论个水落石出

9. 你是否能很容易地放下正在阅读的一本很有趣的故事书

A. 能　　B. 不能

10. 在一出戏中，你喜欢演哪种角色：

A. 政治家　　B. 发明人和工程师

创业就应该做一件天塌下来都能够赚钱的事情。

——李嘉诚

项目三：

请以“是”或“否”回答下列问题：

1. 你作出从事管理工作的决定，是否与你的能力、兴趣、品质、个性和目标一致？

2. 你是否愿意从事比技术工作更出色的工作来施展你的才能？

3. 你是否具有从事管理工作的必要条件？

4. 是否曾期待过“将来投入管理工作中去”？

5. 你肯定管理工作能使自己得到个人心理上的更大满足吗？

6. 你是否对本企业的情况有一个全面的了解？

7. 你熟悉你所在企业不同部门的不同要求和不同管理方法吗？

8. 你是否很容易从这一部门转到另一部门？

9. 你已确定了今后 5 到 10 年的奋斗目标吗？

10. 你肯定现在的工作更能达到你的目的？

11. 你是否意识到在管理阶层中，存在更强有力的竞争对手？

12. 你肯定自己能充分正视这些竞争吗？

13. 你是否更注意人而不是工作？

14. 你更喜欢跟别人在一起工作吗？

15. 你能很容易找到合作者吗？

16. 你自愿帮助别人吗？

17. 你知道人们为什么热衷表现吗？

18. 你的同事和朋友是不是认为你随和？

19. 假如你已意识到帮助别人要牺牲个人利益，是否仍然这样做？

20. 朋友喜欢请教你吗？

21. 你愿意得到别人的扶助吗？

22. 你能在变化莫测的情况下灵活处事，在一时混乱的情况下泰然处之吗？

23. 当所有的梦想都不能如愿以偿时，你仍能快活吗？

24. 当对自己决定的后果尚无把握时，你觉得烦躁不安吗？

25. 你是否觉得能信任他人，他人也能信任你？

26. 你能很容易地消除人际隔阂吗？

27. 你在工作中关注人和主观因素吗？

28. 你擅长利用他人吗？

29. 你同样擅长鼓励自己的下级吗？

30. 你是否注意自己的行为品德？

31. 你有时是否觉得自己的言论是来自别人的观点？

32. 你曾努力从别人的立场出发寻求解决的方式吗？

33. 你觉得自己很善于广泛结交各种各样的人，并在使用人时尽可能发挥其独特的作用吗？

项目四：

你赞成还是反对下列说法，赞成请打“√”，不赞成的不作标记。

1. 每个专业人员都有类似的个性和要求，应该同等对待，用同一种方式去领导他们。

2. 对专业人员来说，最重要的报酬是得到较多的钱。

3. 一个有能力的管理人员，初次见到一位专业人员便能对他作出评价。

4. 精神不振、牢骚满腹，可以认为是由于没有竞争对手和兴趣而引起的，不是天生懒惰。

5. 管理人员应该不去管专业人员的情绪。

> 成功没有尽头，生活没有尽头，生活中的艰难困苦对我们的考验没有尽头，在艰苦奋斗后我们所得到的收获和喜悦也没有尽头。当你完全懂得了“成功永远没有尽头”这句话的含义时，生活之美也就向你展开了她迷人的笑容。
>
> ——俞敏洪

6. 不要对专业人员的某项成果加以赞扬。因为那样的话，他们将很难管理，而且会马上申请提薪。

7. 使专业人员提高工作效率最有效的方法是告诫他们随时有失业的危险。

8. 一组专业人员总比一个人更能完善地解决问题。

9. 若一个管理人员称职，那么他必须像每个专业人员那样熟悉其专业。

10. 了解本企业每个人的个性，对防止士气低落大有益处。

11. 如果一个管理人员对某个专业人员提出的问题答不上来，他应该说："我不知道，我找一个答案告诉你。"然后继续做自己的事。

12. 在作出与专业人员有关的决定时，管理人员总是应该让他们参与制定。

13. 专业人员往往对要求他们提建议的管理人员不太尊重。

14. 知己知彼同等重要。

15. 一个称职的管理人员，应该较注重参谋而不是监督。

16. 即使持反对意见，管理人员也应该执行上级的命令。

17. 管理人员千万不要授权给自己管理下的专业人员。

18. 重要的是分清每个专业人员的贡献，而不是赞赏专业人员所在的集体。

19. 一般来说，专业人员大多要求"区别"对待。

20. 管理的最重要作用之一是提供信息及减少挫折。

（二）评估标准和结果分析

评估一，如果你在发生上述四到五种变化时仍能适应，那么你适合干管理工作。评估二，适合搞管理工作的人，通常回答如下：1A，2B，3B，4A，5A，6A，7B，8A，9A，10A。评估三，上述 33 个问题中，你有 16 个问题回答"是"，那就有可能领导一个棘手的企业。评估四，下列说法较为正确：4，10，11，12，14，15，18，19，20。

如果选择的答案有 80% 与上述四部分标准一致，那么你适合于搞管理工作。如果选择的答案有 50%~80% 与上述一致，那么在经过长期锻炼之后亦可做管理工作。如果选择答案的正确率不到 50%，那么最好另找能发挥自己才华的职业。因为一般来说，你是缺乏管理者的素质和才能的。

> 有风险的运动，有刺激的运动，会让人在胜利后获得极大的快乐享受。创业也是一项有风险的举动，我喜欢这种刺激。
>
> ——李彦宏

第三节　风险管理

职场在线

那小子搞垮了巴林银行

成立于1863年的巴林银行是英国皇家御用的老牌贵族银行，在全球范围内掌控270多亿英镑资产，经营状态稳健且长期赢利，1994年税前利润高达15亿美元。但在1995年2月26日，英国中央银行英格兰银行宣布：巴林银行不得继续从事交易活动并将申请资产清理。原来是巴林银行驻新加坡的交易经理、28岁的尼克·里森在无人监管的情况下胡作非为。

1994年，里森认为日本股市将会大涨，于是未经授权在新加坡国际货币交易所（SIMEX）大肆做多日经225指数期货。偏偏没料到，1995年日本阪神大地震爆发，日本股市暴跌，致使巴林银行亏损6亿英镑，这远远超出了该行的资本总额（3.5亿英镑）。

1995年2月这家拥有233年历史的银行以1英镑的象征性价格被荷兰国际集团收购。这意味着巴林银行的彻底倒闭。但荷兰国际集团继续以“巴林银行”的名字继续经营。

尼克·里森是巴林银行的明星员工，他的同事评价他：富有耐心和毅力，善于逻辑推理，能很快地解决以前未能解决的许多问题，使工作有了起色。因此，他被视为期货与期权结算方面的专家，伦敦总部对里森的工作相当满意。正是因为巴林银行的管理漏洞，才造成了公司倒闭的局面。所以，任何一家机构、一个组织，必须要有制度的监管。只要出现无人监管的局面，道德再高尚的人都有可能会走上邪路。

一、能力目标 Competency Goal

至此，我们的企业已经走上了起步发展的道路。人们常说机遇与挑战并存，的确，收益也往往与风险同在。创业是一种高风险活动，尤其是在创业初期，企业更是处于高危期，抗风险能力较弱，因此，风险控制是创业者必须学会的本领。

耗尽现金是简单的事情，不信你可以试试：

推迟发送货物清单；

不跟客户追账；

不与供货商赊账；

喜欢用现金实现快速支付；

为了得到折扣而采购大量原料；

采购设备或交通工具用现金支付，而不用贷款；

雇用了工作效率不够高或是不符合岗位需要的员工；

养着一些基本上无事可做的员工；

从来不核实你签字确认的单据；

从不在公司总裁的发货单上签字；

让盗贼有机可乘；

租用不必要的、奢华的办公地点；

购买大额不实用的保险；

不与银行经理建立良好的关系；

从来不提前计划来预测现金使用情况；

从不做运营记录，并与计划进行比照；

接大订单，尤其是从那些结账速度慢的客户手里。

——【英】迈克尔·莫里斯

通过本节的学习，你将明白：

1. 创业有哪些风险。
2. 如何识别创业风险，并能施以恰当的控制。
3. 化解不同的创业风险，提高创业成功率。

（一）创业风险的来源

风险是指在一定环境下、一定时间段内，影响目标实现的不确定性，或某种损失发生的可能性。也就是说风险的存在意味着创业目标的实现可能会遇到预料之外的事情。一位成功的创业者曾说过，创业时要从最坏的结果打算，你能承担多大的损失，支撑多长的时间，如何应对创业瓶颈阶段，如何应对风险，这些显得十分重要。

1. 资金风险

来自资金方面的风险会在创业初期一直伴随在创业者的左右。是否有足够的资金创办企业是创业者遇到的第一个问题，企业创办起来之后，能否有足够的资金支持企业的日常运作也是一个重要的问题。对于初创企业来说，如果几个月内连续地入不敷出或者因其他的原因导致企业的现金流中断都会给创业者带来极大的威胁。

2. 竞争风险

如果创业者所选择的行业是一个竞争非常激烈的领域，那么在创业之初极有可能受到业内同行的强烈排挤。一些行业内的大企业为了能把同行中的小企业吞并或挤垮，常会采用低价销售的手段。对于大企业来说，由于规模效益或实力雄厚，降价并不会在短时间之内对它造成致命伤害，而对初创企业来说，低价则可能意味着彻底的毁灭。因此，考虑好如何应对来自同行的残酷竞争是创业者生存的必要准备。

小训练

请按照大前研一提出的如下思维模式进行训练：

N=3

N表示基数，即无论什么事，都要从3个人、3个方向收集信息，这样才能对事物有立体的认识。让我来举一个明白易懂的例子，例如，你要搬到一个全然陌生的地方去，那就要在那里买一处房子。但你看了几栋房子后才会对当地的行情有所以解呢？我的答案是3。人只要接触到3方面的信息，就开始对事物有立体化的理解。只接触一方面的信息，没有任何判断的依据，当你接触到第2个信息的时候就可以进行比较了，比如说，哪一方在什么方面占优势。当你接触到第3个信息时，你的脑子里就会开始进行某种“矢量合成”，对此处的市场行情形成自己的理解。

有志于创业的人要有意识地进行这种认知练习，在N=3的情况下，能果断地给出一个假说性的判断。在提出假说性的判断后，下一步工作是确定这个判断是否正确。

3. 团队风险

创业企业大多是弱小的，它在诞生或成长过程中最主要的力量来源于创业团队。一个优秀的创业团队能使创业企业迅速地发展起来，但风险也蕴涵其中，团队的力量越大，产生的风险也就越大。一旦创业团队的核心成员在某些问题上产生分歧而不能达到统一时，极有可能会对企业造成强烈的冲击。

有些生产或经营性企业需要面向市场，大量的高素质的业务员队伍是这类企业成长的重要基础。如何防止业务员的流失应该是创业者时刻注意的问题。而在那些依靠某种技术或专利创业的企业中，拥有或掌握这一关键技术的业务骨干的流失则更是创业失败的主要风险源。

4. 核心竞争力缺乏

对于那些有雄心的创业者来说，他们的目标是使企业不断地发展壮大，因此企业是否具有自己的核心竞争力就是最主要的风险。一个依赖别人的产品或市场来打天下的企业是永远不会成长为优秀企业的。核心竞争力在创业之初可能不是最重要的问题，但要谋求长远的发展，就是最不可忽视的问题，没有核心竞争力的企业终究会被淘汰出局。

这个世界并不在乎你的自尊，只在乎你做出来的成绩，然后再去强调你的感受。

——【美】比尔·盖茨

（二）创业风险类型

在企业的管理及成长发展过程中，一般会出现以下几种风险：

1. 机会风险

创业者选择创业也就放弃了自己原先所从事的职业。一个人只能做一件事，选择创业就丧失了其他的选择，这就是所谓的机会成本风险。如果创业者认为目前创业时机成熟，正好有一个绝佳的商业机会，那么就狠下决心，立即着手创业。如果觉得没有什么太好的商业机会，而且自己对公司经营运作管理知之甚少，就可以暂时不要辞去工作，而是边工作边认真观察，看看所在公司是如何运作的，甚至用心学习所在公司开拓市场的技巧，以及公司老总管理公司的技巧。

2. 市场风险

市场风险是指市场主体从事经济活动所面临的盈利或亏损的可能性和不确定性。市场容量决定了产品的市场商业总价值。很多创业者在制定创业计划时，常常会根据调查的数据进行主观的推理，结果可能过高地估计市场的需求量。一个全新的产品，打开市场需要一定的过程与时间，若创业企业缺乏雄厚的财力投入到广告宣传中去，产品为市场接受的过程就会更长，因而不可避免地出现产品销售不畅，造成产品积压，从而给创业企业资金周转带来困难。

3. 管理风险

对于创业者而言，绝不可以根据自己的喜怒哀乐或不切实际的个人偏好而作出决策。创业企业的迅速发展如果不伴随着组织结构的相应调整，往往会成为创业企业潜在危机的根源。因此，对于新创企业，创业者从最开始就应该注意组织结构的设计、调整，人力资源的甄选、考评、薪酬的设计及学习与培训等管理；从创业初始就需要建立、健全各种规章制度，并建立起企业文化。

小案例

2008 年 9 月 15 日，美国第四大投资银行雷曼兄弟公司申请破产后的当天上午，德国国家发展银行因员工之间沟通不畅，执行了一个非常低级的错误指令，误将 3 亿欧元（约合人民币 29 亿元）转账给了它。而该行也被业内人士称为德国最愚蠢的银行，沦为业界笑柄。

4. 资金风险

资金风险是指因资金不能适时供应而导致创业失败的可能性。对于新创企业，资金缺乏是最普遍的问题，如果创业者不能及时解决，非常容易造成创业夭折。

5. 技术风险

技术风险是指在企业产品创新过程中，因技术因素导致创新失败的可能性。技术从研究开发到实现产品化、产业化的过程中，任何一个环节的技术障碍，都将使产品创新前功尽弃，归于失败。技术产品的特点之一就是寿命周期短、更新换代快。对依托技术产品的创业者而言，如果不能在技术寿命周期内迅速实现产业化，收回初始投资并取得利润，那么必将遭受巨大的损失。

> 不要控制失败的风险，而应控制失败的成本。
>
> ——【美】罗伯特 · A. 库帕

（三）风险识别与管控

1. 风险识别

在创业风险出现或出现之前，就予以识别，以有效把握各种风险信号及其产生的原因。风险管理的第一步就是要正确、全面地认识可能面临的各种潜在损失。风险识别的具体方法主要有以下几种：

（1）现场观察法。通过直接观察企业的各种生产经营设施和具体业务活动，具体了解和掌握企业面临的各种风险。

（2）财务报表法。通过分析资产负债表、损益表和现金流量表等报表中的每一个会计科目，确定某一特定企业在何种情况下会有什么样的潜在损失及其成因。由于每个企业的经营活动最终要涉及商品和资金，所以这种方法比较直观、客观和准确。

（3）业务流程法。以业务流程图的方式，将企业从原材料采购直至送到顾客手中的全部业务经营过程划分为若干环节，每一环节再配以更为详尽的作业流程图，据此确定每一环节进行重点预防和处置。

（4）咨询法。以一定的代价委托咨询公司或保险代理人进行风险调查和识别，并提出风险管理方案，供经营决策参考。

2. 风险预警

风险预警指要在风险实际发生之前，捕捉和监视各种细微的迹象变动，以利预防或为采取适当对策争取时间。风险预警对于预防或识别重大风险事件显得尤为重要。风险预警的任务有两项：捕捉迹象和传递信息。在早期阶段，风险信号大多非常微弱，极易被人们所忽视，最终酿成大祸。所以，企业者在早期就应该严格监视风险，以免造成重大损失。企业者应建立完善的信息管理系统，一旦发现风险信号，就能准确、及时地传至管理者，以防事态的逐步扩大。

我们就像站台上的乘客，怕赶不上车，又怕搭错车，一旦上了一辆车就不能回头……如果一个成功案子溜走，你会特别遗憾；你对一个项目犹豫不决，同行迅速出手，你喘不过气来；当你做了别人没有做，你又会怀疑自己对不对……

——王功权

（四）化解创业风险

为避免造成重大经济损失和社会不良影响，每个创业者都应花大力气进行风险预防。创业者应选择那些发生概率大、后果严重的事件，进行重点的防范。

1. 应对开业风险

在你最熟悉的行业办企业；制定符合实际的，而不是过分乐观的计划；在预测资金流动时，对收入要谨慎一点，对支出要留有余地，一般要留出所需资金10%的准备金，以应付意外；没有足够资金不要勉强上项目，发现问题时要立即调整。

2. 应对现金风险

理解利润与现金以及现金与资产的区别，经常分析它们之间的差额；节约使用现金；向有经验的专家请教；经常评估现金状况。现金管理上应注意接受订货任务要与现金能力相适应；不将用于原材料、在制品、成品和清偿债务的短期资金移作固定资产投资；约束投资冲动，慎重对待扩张、多种经营及类似的投资决策；对现金需求的高峰期应预先作出安排；安排精明而又务实的人管理现金。

小训练

如何预测现金状况

时间点：通常是在月末，尽管在月末现金流经常呈现紧张状态；

流入：投资、借款、货物与服务的出售以及处理的资本性项目（如陈旧的车辆）；

流出：采购、日常管理费用、工资以及要缴的税金。这里折旧就不算了，因为没有现金流动。

时间界定：买卖交易的发票开出即算现金流动的时间界定，而不要等到发货或收货。

3. 应对市场风险

以市场及消费者的需求为生产的出发点；时刻关注市场变化，善于抓住机会；广泛收集市场情报，并加以分析比较，制定有效的市场营销策略；摸清竞争对手底细，发现其创业思路与弱点；对各种成本精打细算，杜绝不必要费用；健全符合自身产品特点的销售渠道网络；充分了解各主管机关职能及人员构成情况；以良好诚信的售后服务赢得顾客青睐。

4. 应对技术风险

综合考虑企业自身技术能力、资金量和所需时间，选择技术获得途径；若选择引进技术，则要在引进技术前对所引进技术的先进性、经济性和适用性进行评价；在技术开发的过程中应加强技术管理，建立健全技术开发和管理的内部控制制度，对科技人员实行特殊的优惠政策，防止因技术人员外调引起技术流失，保证技术资料的机密性；加强对职工的技术培训，提高员工对高科技设备的操作熟练度，减少不必要的风险损失。

> 企业发展就是要发展一批狼。狼有三大特性：一是敏锐的嗅觉；二是不屈不挠、奋不顾身的进攻精神；三是群体奋斗的意识。
> ——任正非

5. 应对人员风险

建立完善的雇员选择标准，综合考虑技术能力和合作能力两个因素；无论人员来源，寻找最胜任工作的人选；记录并跟踪新雇员情况，熟悉各个职员素质及发展，做到人尽其才；友好对待并鼓励新雇员，使其早日适应新环境，进入工作角色；建立合理的信息沟通及汇报制度，使创业者能充分掌握员工及企业动态；制定有效的投资计划，从长计议，加强员工内部凝聚力。

6. 应对财务风险

为了应付财务风险，领导班子要有适当分工，密切监控和防范财务风险；请专家和银行咨询，选择最佳的资金来源以及最合适时机和方式筹措资金。

二、案例分析 Case Study

案例一：通用汽车破产重组

2009年6月1日，百年老店通用汽车正式向纽约破产法院递交破产申请。成立于1908年的通用汽车将成为依美国《破产法》第11章申请破产的美国第三大企业、第一大制造业企业，也是破产涉及员工人数第二大企业。同时，这也是美国汽车业继克莱斯勒申请破产保护后，又一宗全球汽车业巨头破产。人们不禁要问，通用汽车怎么了？

经过梳理，我们发现了如下端倪：

1. 福利成本高企。昂贵的养老金和医疗保健成本，高出对手70%的劳务成本以及庞大的退休员工包袱日益不堪重负，让其财务丧失灵活性。

2. 次贷危机冲击。危机之下，销量下跌、原材料成本上涨导致盈利大幅减少。通用公司的股价已降至半个多世纪以来最低水平。始料不及的金融海啸，让押宝华尔街，从资本市场获得投资以渡过难关的企望成为泡影。

3. 战略严重失误。公司对企业一系列并购和重组并不成功，同时在小型车研发方面落后于亚洲、欧洲同行外，其麾下的通用汽车金融公司为破产提供了机会。名义上通用汽车卖掉了几百万辆汽车，但过于宽松的贷款政策让它只能收到一部分购车款，金融危机让很多原本信用状况不佳只能从汽车金融公司贷款的购车者也因收入减少，失业、破产等原因让购车者无力支付贷款利息和本金，导致通用汽车出现巨额亏损。

4. 资产负债糟糕。通用公司2009年2月提交给政府的复兴计划估计，为期两年的破产重组，将消耗860亿美元的政府资金，以及另外170亿美元已陷入困境的银行和放款人的资金。放款人以及美国政府担心他们的借款会得不到偿还。

5. 油价上涨。通用各种品牌汽车多数是油耗高、动力强的传统美式车，新能源、新技术的开发费用庞大，却没有形成产品竞争力。新形势面前，错失竞争力。

创业者生活在未来，从不留意过去，也很少会停留在现在。当他能够构建自己的梦想，将种种“假设”和“如果”付诸实践的时候，他就会变成世界上最快乐的人。

——【美】迈克尔·伯格

通用汽车的破产让人们唏嘘不已，它也给我们带来了宝贵的教训。首先，它告诉我们，一个企业要走专业化发展道路，不要盲目扩张。在最鼎盛时期，通用旗下有别克、凯迪拉克等12个品牌。但几乎找不出一年通用旗下的所有品牌都是赢利的。第二，在面对消费群体多样化的今天，要注重消费趋势和消费者需求的研究。当然，一个企业能否基业长青，资源的最大化和成本的最小化都是管理者要考虑的因素。

案例二：违背契约精神——中兴通讯休克

2018年4月17日，仅次于华为的通讯设备公司中兴通讯在深圳证券交易所停牌。中兴通讯休克了。在接下来的两个月时间里，中兴8万名员工、2万个家庭翘首期盼等待着美国总统的一个决定。

中兴通讯休克了，原因是2018年4月16日，美国商务部工业与安全局（BIS）以中兴对涉及历史出口管制违规行为的某些员工未及时扣减奖金和发出惩戒信，并在2016年11月30日和2017年7月20日提交给美国政府的两份函件中对此做了虚假陈述为由，做出了激活对中兴通讯公司拒绝令的决定，在未来7年内禁止中兴通讯向美国企业购买敏感产品。

回过头来看，从4月美方宣布将对中兴执行为期7年的出口禁令，到5月中美北京磋商和华盛顿磋商，再到6月中美北京磋商，中兴事件随之跌宕起伏，背后的博弈交涉更是艰辛复杂、惊心动魄。后来，经过两国元首的协调，在中兴付出了10亿美元罚款和4亿美元的保证金、改组董事会和管理层、开除涉事高管后，中兴与美方达成和解。6月16日，公司股票在经过两个月的煎熬后恢复交易，可接下来的十个交易日都是恐怖的跌停板，公司市值从1300多亿直降到500多亿元。

中兴通讯遭遇休克的关键是它受商业利益驱使，不惜破坏与美方合作的基本规则，违反美国的法规，还在事件发生之后，进行虚假陈述。在以诚信为基础的商业社会里，这是不可原谅的行为。有中央媒体评论道：国际型企业就要有国际范儿，不要当“巨婴”，不要用商业利益来裹挟政府。破坏规则这种本可以避免的风险，在中兴这样的国际企业发生，不能不说这种教训刻骨铭心。不遵守规则的企业，你能说走得远吗？

三、过程训练 Process Training

活动一：如何进行风险管理

只要活在世上就会有风险。问题在于应该对哪些风险做准备以及如何化解风险。

（一）创业者应该知道的风险管理措施

1. 识别哪些麻烦可能带来的风险；
2. 从质和量两方面来对风险的严重程度进行评估。
3. 挑出那些对运营成本和运营能力造成严重影响的风险，并集中精力解决；
4. 降低风险转化成现实的机会；
5. 如果风险已转化成了现实成果，降低风险造成的影响；
6. 为风险发生后的恢复制定应急计划。

（二）风险管理措施要涉及下列情形

1. 主要客户或供应商退出；
2. 关键员工（包括创业者或老板）生病、离职、死亡；
3. 由于技术故障、火灾、水灾等原因导致公司停止运营；
4. 重要设备损失；
5. 关键员工无法外出办公；
6. 大客户无力付款；
7. 管理部门封了你的营业场所，或者禁止向它们求助；
8. 发生了地方性或全国性的不可抗力事件。

> 想赢两三个回合，赢三年五年，有点智商就行；要想一辈子赢，没有德商绝对不行。
> ——牛根生

（三）问题解决

如果发生了上述行为，作为创业者，你应该如何处理？并请逐一设计处理方案。

活动二：开列负面清单

请你按照你的经验和常识，开列一个你认为可能的创业企业负面清单。

项目	负面清单	应对策略
知识		
产权		
创业		
团队		
创业		
资金		
客户		
管理		

四、效果评估 Performance Evaluation

评估：危机管理能力自测

（一）情境描述

风险与危机并存。危机管理能力强，说明你应对在企业运营中所碰到风险的能力也强。在企业中，危机管理能力是指对突发事件的紧急情况的应变能力及处理能力。请通过下列问题对自己的该项能力进行差距测评。

1. 你的企业中负责处理危机的是哪个部门？

A. 公关部　B. 随时成立，总经理负责制　C. 各部门自己负责

2. 根据以往经验，你们是如何处理危机的？

A. 事前控制，预防为主　B. 事中控制，尽量不扩大　C. 危机处理后总结避免

3. 作为领导你如何看待企业目前的良好势头和健康发展？

A. 居安思危　B. 始终保持清醒的头脑　C. 很满意，形势会更好

4. 作为总经理，你认为什么时候企业会面临危机？

A. 随时都有，只不过没有显现出来　B. 重大问题发生时　C. 只要预防就能避免

5. 面对突然出现的危机，你如何反应？

> 不走康庄大道，自己喜欢做什么要比别人怎么看我更重要。
> ——李彦宏

A. 成立组织，为决策提供咨询 B. 高度重视，关注进展 C. 责令公关部处理

6. 当危机公关组织成员的意见不一致时，你如何处理？

A. 综合分析，查漏补缺 B. 以多数人的意见迅速作出决断 C. 遵循有经验者的意见

7. 危机发生后，通常是谁同媒体打交道？

A. 公关部经理 B. 危机处理领导 C. 公司总经理

8. 在危机处理中，如何做到企业始终发出同一种声音？

A. 事先沟通，遵循处理程序 B. 指定对外发言人，规范内容 C. 指定公关部专人

9. 危机发生后，你如何应对媒体？

A. 迅速成立新闻中心 B. 澄清事实，坦诚面对 C. 公开部分信息

10. 面对媒体的不实报道，你如何应付？

A. 迅速发应，说明真相 B. 用事实证明和击破不实报道 C. 同媒体沟通，纠正偏差

11. 危机处理完后，你如何反省？

A. 吸取经验，学习反省 B. 总结经验，建立危机机制 C. 加强内部管理，明确权责

12. 面对企业市场份额不断缩小的危机，你如何处理？

A. 从渠道和消费者的角度查明原因 B. 研究应对竞争者的措施 C. 加强广告力度

13. 面对企业的经营危机，你如何诊断？

A. 从资金流、人才资源和市场入手 B. 从管理的角度入手 C. 从竞争者入手

14. 面对由企业人才不断流失而引发的人才危机，你如何处理？

A. 探究企业人才的需求，建立应对机制 B. 反省用人机制 C. 稳定现有人才

15. 面对竞争对手的崛起，你如何应对竞争危机？

A. 迅速采取差别战略 B. 系统构建，突出优势 C. 学习其有利于自己的一面

坚定不移非常重要，因为在初始阶段，没有什么事情是按照计划进行的。创业者日复一日地生活在不确定、孤独和事情毫无进展的挫败感中。除此之外，创业者天生就喜欢做一些新鲜的事情，但一般的人则可能会出于天性对新生事物产生排斥。

——【美】杰西卡·利文斯顿

如果10%的利润是合理的，11%的利润是可以的，那我只拿9%。

——李嘉诚

（二）评估标准和结果分析

选A得3分，选B得2分，选C得1分。

36分以上，说明你的危机管理能力很强，请继续保持和提升。

24 ~ 36分，说明你的危机管理能力一般，请努力提升。

24分以下，说明你的危机管理能力很差，急需提升。

附录：

	运动物体的重量	静止物体的重量	运动物体的长度	静止物体的长度	运动物体的面积	静止物体的面积	运动物体的体积	静止物体的体积	速度	力	应力,压强	形状	稳定性	强度	运动物体作用时间	静止物体作用时间	温度	照度	运动物体的能量消耗	静止物体的能量消耗	功率	能量损失	物质损失	信息损失	时间损失	物质的量	可靠性	测量精度	制造精度	作用于物体的有害因素	物体产生的有害因素	可制造性	操作流程的方便性	可维修性	适应性,通用性	系统的复杂性	控制和测量的复杂性	自动化程度	生产率	1	分割原理
运动物体的重量	+	-	15, 8, 29, 34	-	29, 17, 38, 34	-	29, 2, 40, 28	-	2, 8, 15, 38	8, 10, 18, 37	10, 36, 37, 40	10, 14, 35, 40	1, 35, 19, 39	28, 27, 18, 40	5, 34, 31, 35	-	6, 29, 4, 38	19, 1, 32	35, 12, 34, 31	-	12, 36, 18, 31	6, 2, 34, 19	5, 35, 3, 31	10, 24, 35	10, 35, 20, 28	3, 26, 18, 31	3, 11, 1, 27	28, 27, 35, 26	28, 35, 26, 18	22, 21, 18, 27	22, 35, 31, 39	27, 28, 1, 36	35, 3, 2, 24	2, 27, 28, 11	29, 5, 15, 8	26, 30, 36, 34	28, 29, 26, 32	26, 35, 18, 19	35, 3, 24, 37	2	抽取原理
静止物体的重量	-	+	-	10, 1, 29, 35	-	35, 30, 13, 2	-	5, 35, 14, 2	-	8, 10, 19, 35	13, 29, 10, 18	13, 10, 29, 14	26, 39, 1, 40	28, 2, 10, 27	-	2, 27, 19, 6	28, 19, 32, 22	35, 19, 32	-	18, 19, 28, 1	15, 19, 18, 22	18, 19, 28, 15	5, 8, 13, 30	10, 15, 35	10, 20, 35, 26	19, 6, 18, 26	10, 28, 8, 3	18, 26, 28	10, 1, 35, 17	2, 19, 22, 37	35, 22, 1, 39	28, 1, 9	6, 13, 1, 32	2, 27, 28, 11	19, 15, 29	1, 10, 26, 39	25, 28, 17, 15	2, 26, 35	1, 28, 15, 35	3	局部质量原理
运动物体的长度	8, 15, 29, 34	-	+	-	15, 17, 4	-	7, 17, 4, 35	-	13, 4, 8	17, 10, 4	1, 8, 35	1, 8, 10, 29	1, 8, 15, 34	8, 35, 29, 34	19	-	10, 15, 19	32	8, 35, 24	-	1, 35	7, 2, 35, 39	4, 29, 23, 10	1, 24	15, 2, 29	29, 35	10, 14, 29, 40	28, 32, 4	10, 28, 29, 37	1, 15, 17, 24	17, 15	1, 29, 17	15, 29, 35, 4	1, 28, 10	14, 15, 1, 16	1, 19, 26, 24	35, 1, 26, 24	17, 24, 26, 16	14, 4, 28, 29	4	增加不对称性原理
静止物体的长度	-	35, 28, 40, 29	-	+	-	17, 7, 10, 40	-	35, 8, 2, 14	-	28, 10	1, 14, 35	13, 14, 15, 7	39, 37, 35	15, 14, 28, 26	-	1, 40, 35	3, 35, 38, 18	3, 25	-	-	12, 8	6, 28	10, 28, 24, 35	24, 26	30, 29, 14	-	15, 29, 28	32, 28, 3	2, 32, 10	1, 18	-	15, 17, 27	2, 25	3	1, 35	1, 26	26	-	30, 14, 7, 26	5	组合原理
运动物体的面积	2, 17, 29, 4	-	14, 15, 18, 4	-	+	-	7, 14, 17, 4	-	29, 30, 4, 34	19, 30, 35, 2	10, 15, 36, 28	5, 34, 29, 4	11, 2, 13, 39	3, 15, 40, 14	6, 3	-	2, 15, 16	15, 32, 19, 13	19, 32	-	19, 10, 32, 18	15, 17, 30, 26	10, 35, 2, 39	30, 26	26, 4	29, 30, 6, 13	29, 9	26, 28, 32, 3	2, 32	22, 33, 28, 1	17, 2, 18, 39	13, 1, 26, 24	15, 17, 13, 16	15, 13, 10, 1	15, 30	14, 1, 13	2, 36, 26, 18	14, 30, 28, 23	10, 26, 34, 2	6	多用性原理
静止物体的面积	-	30, 2, 14, 18	-	26, 7, 9, 39	-	+	-	-	-	1, 18, 35, 36	10, 15, 36, 37	-	2, 38	40	-	2, 10, 19, 30	35, 39, 38		-	-	17, 32	17, 7, 30	10, 14, 18, 39	30, 16	10, 35, 4, 18	2, 18, 40, 4	32, 35, 40, 4	26, 28, 32, 3	2, 29, 18, 36	27, 2, 39, 35	22, 1, 40	40, 16	16, 4	16	15, 16	1, 18, 36	2, 35, 30, 18	23	10, 15, 17, 7	7	嵌套原理
运动物体的体积	2, 26, 29, 40	-	1, 7, 35, 4	-	1, 7, 4, 17	-	+	-	29, 4, 38, 34	15, 35, 36, 37	6, 35, 36, 37	1, 15, 29, 4	28, 10, 1, 39	9, 14, 15, 7	6, 35, 4	-	34, 39, 10, 18	10, 13, 2	35	-	35, 6, 13, 18	7, 15, 13, 16	36, 39, 34, 10	2, 22	2, 6, 34, 10	29, 30, 7	14, 1, 40, 11	25, 26, 28	25, 28, 2, 16	22, 21, 27, 35	17, 2, 40, 1	29, 1, 40	15, 13, 30, 12	10	15, 29	26, 1	29, 26, 4	35, 34, 16, 24	10, 6, 2, 34	8	重量补偿原理
静止物体的体积	-	35, 10, 19, 14	19, 14	35, 8, 2, 14	-	-	-	+	-	2, 18, 37	24, 35	7, 2, 35	34, 28, 35, 40	9, 14, 17, 15	-	35, 34, 38	35, 6, 4	-	-	-	30, 6	-	10, 39, 35, 34	-	35, 16, 3218	35, 3	2, 35, 16	-	35, 10, 25	34, 39, 19, 27	30, 18, 35, 4	35	-	1	-	1, 31	2, 17, 26	-	35, 37, 10, 2	9	预先反作用原理
速度	2, 28, 13, 38	-	13, 14, 8	-	29, 30, 34	-	7, 29, 34	-	+	13, 28, 15, 19	6, 18, 38, 40	35, 15, 18, 34	28, 33, 1, 18	8, 3, 26, 14	3, 19, 35, 5	-	28, 30, 36, 2	10, 13, 19	8, 15, 35, 38	-	19, 35, 38, 2	14, 20, 19, 35	10, 13, 28, 38	13, 26		10, 19, 29, 38	11, 35, 27, 28	28, 32, 1, 24	10, 28, 32, 25	1, 28, 35, 23	2, 24, 35, 21	35, 13, 8, 1	32, 28, 13, 12	34, 2, 28, 27	15, 10, 26	10, 28, 4, 34	3, 34, 27, 16	10, 18	-	10	预先作用原理
力	8, 1, 37, 18	18, 13, 1, 28	17, 19, 9, 36	28, 10	19, 10, 15	1, 18, 36, 37	15, 9, 12, 37	2, 36, 18, 37	13, 28, 15, 12	+	18, 21, 11	10, 35, 40, 34	35, 10, 21	35, 10, 14, 27	19, 2	-	35, 10, 21	-	19, 17, 10	1, 16, 36, 37	19, 35, 18, 37	14, 15	8, 35, 40, 5	-	10, 37, 36	14, 29, 18, 36	3, 35, 13, 21	35, 10, 23, 24	28, 29, 37, 36	1, 35, 40, 18	13, 3, 36, 24	15, 37, 18, 1	1, 28, 3, 25	15, 1, 11	15, 17, 18, 20	26, 35, 10, 18	36, 37, 10, 19	2, 35	3, 28, 35, 37	11	事先防范原理
应力,压强	10, 36, 37, 40	13, 29, 10, 18	35, 10, 36	35, 1, 14, 16	10, 15, 36, 28	10, 15, 36, 37	6, 35, 10	35, 24	6, 35, 36	36, 35, 21	+	35, 4, 15, 10	35, 33, 2, 40	9, 18, 3, 40	19, 3, 27	-	35, 39, 19, 2	-	14, 24, 10, 37	-	10, 35, 14	2, 36, 25	10, 36, 3, 37	-	37, 36, 4	10, 14, 36	10, 13, 19, 35	6, 28, 25	3, 35	22, 2, 37	2, 33, 27, 18	1, 35, 16	11	2	35	19, 1, 35	2, 36, 37	35, 24	10, 14, 35, 37	12	等势原理
形状	8, 10, 29, 40	15, 10, 26, 3	29, 34, 5, 4	13, 14, 10, 7	5, 34, 4, 10	-	14, 4, 15, 22	7, 2, 35	35, 15, 34, 18	35, 10, 37, 40	34, 15, 10, 14	+	33, 1, 18, 4	30, 14, 10, 40	14, 26, 9, 25	-	22, 14, 19, 32	13, 15, 32	2, 6, 34, 14		4, 6, 2	14	35, 29, 3, 5	-	14, 10, 34, 17	36, 22	10, 40, 16	28, 32, 1	32, 30, 40	22, 1, 2, 35	35, 1	1, 32, 17, 28	32, 15, 26	2, 13, 1	1, 15, 29	16, 29, 1, 28	15, 13, 39	15, 1, 32	17, 26, 34, 10	13	反向作用原理
稳定性	21, 35, 2, 39	26, 39, 1, 40	13, 15, 1, 28	37	2, 11, 13	39	28, 10, 19, 39	34, 28, 35, 40	33, 15, 28, 18	10, 35, 21, 16	2, 35, 40	22, 1, 18, 4	+	17, 9, 15	13, 27, 10, 35	39, 3, 35, 23	35, 1, 32	32, 3, 27, 15	13, 19	27, 4, 29, 18	32, 35, 27, 31	14, 2, 39, 6	2, 14, 30, 40	-	35, 27	15, 32, 35	-	13	18	35, 24, 18, 30	35, 40, 27, 39	35, 19	32, 35, 30	2, 35, 10, 16	35, 30, 34, 2	2, 35, 22, 26	35, 22, 39, 23	1, 8, 35	23, 35, 40, 3	14	曲面化原理
强度	1, 8, 40, 15	40, 26, 27, 1	1, 15, 8, 35	15, 14, 28, 26	3, 34, 40, 29	9, 40, 28	10, 15, 14, 7	9, 14, 17, 15	8, 13, 26, 14	10, 18, 3, 14	10, 3, 18, 40	10, 30, 35, 40	13, 17, 35	+	27, 3, 26	-	30, 10, 40	35, 19	19, 35, 10	35	10, 26, 35, 28	35	35, 28, 31, 40	-	29, 3, 28, 10	29, 10, 27	11, 3	3, 27, 16	3, 27	18, 35, 37, 1	15, 35, 22, 2	11, 3, 10, 32	32, 40, 28, 2	27, 11, 3	15, 3, 32	2, 13, 25, 28	27, 3, 15, 40	15	29, 35, 10, 14	15	动态特性原理
运动物体作用时间	19, 5, 34, 31	-	2, 19, 9	-	3, 17, 19	-	10, 2, 19, 30	-	3, 35, 5	19, 2, 16	19, 3, 27	14, 26, 28, 25	13, 3, 35	27, 3, 10	+	-	19, 35, 39	2, 19, 4, 35	28, 6, 35, 18	-	19, 10, 35, 38	-	28, 27, 3, 18	10	20, 10, 28, 18	3, 35, 10, 40	11, 2, 13	3	3, 27, 16, 40	22, 15, 33, 28	21, 39, 16, 22	27, 1, 4	12, 27	29, 10, 27	1, 35, 13	10, 4, 29, 15	19, 29, 39, 35	6, 10	35, 17, 14, 19	16	未达到或过度的作用原理
静止物体作用时间	-	6, 27, 19, 16	-	1, 40, 35	-	-	-	35, 34, 38	-	-	-	-	39, 3, 35, 23	-	-	+	19, 18, 36, 40	-	-	-	16	-	27, 16, 18, 38	10	28, 20, 10, 16	3, 35, 31	34, 27, 6, 40	10, 26, 24	-	17, 1, 40, 33	22	35, 10	1	1	2	-	25, 34, 6, 35	1	20, 10, 16, 38	17	空间维数变化原理
温度	36, 22, 6, 38	22, 35, 32	15, 19, 9	15, 19, 9	3, 35, 39, 18	35, 38	34, 39, 40, 18	35, 6, 4	2, 28, 36, 30	35, 10, 3, 21	35, 39, 19, 2	14, 22, 19, 32	1, 35, 32	10, 30, 22, 40	19, 13, 39	19, 18, 36, 40	+	32, 30, 21, 16	19, 15, 3, 17	-	2, 14, 17, 25	21, 17, 35, 38	21, 36, 29, 31	-	35, 28, 21, 18	3, 17, 30, 39	19, 35, 3, 10	32, 19, 24	24	22, 33, 35, 2	22, 35, 2, 24	26, 27	26, 27	4, 10, 16	2, 18, 27	2, 17, 16	3, 27, 35, 31	26, 2, 19, 16	15, 28, 35	18	机械振动原理
照度	19, 1, 32	2, 35, 32	19, 32, 16	-	19, 32, 26	-	2, 13, 10	-	10, 13, 19	26, 19, 6	-	32, 30	32, 3, 27	35, 19	2, 19, 6	-	32, 35, 19	+	32, 1, 19	32, 35, 1, 15	32	13, 16, 1, 6	13, 1	1, 6	19, 1, 26, 17	1, 19	-	11, 15, 32	3, 32	15, 19	35, 19, 32, 39	19, 35, 28, 26	28, 26, 19	15, 17, 13, 16	15, 1, 19	6, 32, 13	32, 15	2, 26, 10	2, 25, 16	19	周期性作用原理
运动物体的能量消耗	12, 18, 28, 31	-	12, 28	-	15, 19, 25	-	35, 13, 18	-	8, 15, 35	16, 26, 21, 2	23, 14, 25	12, 2, 29	19, 13, 17, 24	5, 19, 9, 35	28, 35, 6, 18	-	19, 24, 3, 14	2, 15, 19	+	-	6, 19, 37, 18	12, 22, 15, 24	35, 24, 18, 5	-	35, 38, 19, 18	34, 23, 16, 18	19, 21, 11, 27	3, 1, 32	-	1, 35, 6, 27	2, 35, 6	28, 26, 30	19, 35	1, 15, 17, 28	15, 17, 13, 16	2, 29, 27, 28	35, 38	32, 2	12, 28, 35	20	有效作用的连续性原理
静止物体的能量消耗	-	19, 9, 6, 27	-	-	-	-	-	-	-	36, 37	-	-	27, 4, 29, 18	35	-	-	-	19, 2, 35, 32	-	+	-	-	28, 27, 18, 31	-	-	3, 35, 31	10, 36, 23	-	-	10, 2, 22, 37	19, 22, 18	1, 4	-	-	-	-	19, 35, 16, 25	-	1, 6	21	减少有害作用的时间原理
功率	8, 36, 38, 31	19, 26, 17, 27	1, 10, 35, 37	-	19, 38	17, 32, 13, 38	35, 6, 38	30, 6, 25	15, 35, 2	26, 2, 36, 35	22, 10, 35	29, 14, 2, 40	35, 32, 15, 31	26, 10, 28	19, 35, 10, 38	16	2, 14, 17, 25	16, 6, 19	16, 6, 19, 37	-	+	10, 35, 38	28, 27, 18, 38	10, 19	35, 20, 10, 6	4, 34, 19	19, 24, 26, 31	32, 15, 2	32, 2	19, 22, 31, 2	2, 35, 18	26, 10, 34	26, 35, 10	35, 2, 10, 34	19, 17, 34	20, 19, 30, 34	19, 35, 16	28, 2, 17	28, 35, 34	22	变害为利原理
能量损失	15, 6, 19, 28	19, 6, 18, 9	7, 2, 6, 13	6, 38, 7	15, 26, 17, 30	17, 7, 30, 18	7, 18, 23	7	16, 35, 38	36, 38	-	-	14, 2, 39, 6	26	-	-	19, 38, 7	1, 13, 32, 15	-	-	3, 38	+	35, 27, 2, 37	19, 10	10, 18, 32, 7	7, 18, 25	11, 10, 35	32	-	21, 22, 35, 2	21, 35, 2, 22	-	35, 32, 1	2, 19	-	7, 23	35, 3, 15, 23	2	28, 10, 29, 35	23	反馈原理
物质损失	35, 6, 23, 40	35, 6, 22, 32	14, 29, 10, 39	10, 28, 24	35, 2, 10, 31	10, 18, 39, 31	1, 29, 30, 36	3, 39, 18, 31	10, 13, 28, 38	14, 15, 18, 40	3, 36, 37, 10	29, 35, 3, 5	2, 14, 30, 40	35, 28, 31, 40	28, 27, 3, 18	27, 16, 18, 38	21, 36, 39, 31	1, 6, 13	35, 18, 24, 5	28, 27, 12, 31	28, 27, 18, 38	35, 27, 2, 31	+	-	15, 18, 35, 10	6, 3, 10, 24	10, 29, 39, 35	16, 34, 31, 28	35, 10, 24, 31	33, 22, 30, 40	10, 1, 34, 29	15, 34, 33	32, 28, 2, 24	2, 35, 34, 27	15, 10, 2	35, 10, 28, 24	35, 18, 10, 13	35, 10, 18	28, 35, 10, 23	24	借助中介物原理
信息损失	10, 24, 35	10, 35, 5	1, 26	26	30, 26	30, 16	-	2, 22	26, 32	-	-	-	-	-	10	10	-	19	-	-	10, 19	19, 10	-	+	24, 26, 28, 32	24, 28, 35	10, 28, 23	-	-	22, 10, 1	10, 21, 22	32	27, 22	-	-	-	35, 33	35	13, 23, 15	25	自服务原理
时间损失	10, 20, 37, 35	10, 20, 26, 5	15, 2, 29	30, 24, 14, 5	26, 4, 5, 16	10, 35, 17, 4	2, 5, 34, 10	35, 16, 32, 18	-	10, 37, 36, 5	37, 36, 4	4, 10, 34, 17	35, 3, 22, 5	29, 3, 28, 18	20, 10, 28, 18	28, 20, 10, 16	35, 29, 21, 18	1, 19, 26, 17	35, 38, 19, 18	1	35, 20, 10, 6	10, 5, 18, 32	35, 18, 10, 39	24, 26, 28, 32	+	35, 38, 18, 16	10, 30, 4	24, 34, 28, 32	24, 26, 28, 18	35, 18, 34	35, 22, 18, 39	35, 28, 34, 4	4, 28, 10, 34	32, 1, 10	35, 28	6, 29	18, 28, 32, 10	24, 28, 35, 30	-	26	复制原理
物质的量	35, 6, 18, 31	27, 26, 18, 35	29, 14, 35, 18	-	15, 14, 29	2, 18, 40, 4	15, 20, 29	-	35, 29, 34, 28	35, 14, 3	10, 36, 14, 3	35, 14	15, 2, 17, 40	14, 35, 34, 10	3, 35, 10, 40	3, 35, 31	3, 17, 39	-	34, 29, 16, 18	3, 35, 31	35	7, 18, 25	6, 3, 10, 24	24, 28, 35	35, 38, 18, 16	+	18, 3, 28, 40	13, 2, 28	33, 30	35, 33, 29, 31	3, 35, 40, 39	29, 1, 35, 27	35, 29, 10, 25	2, 32, 10, 25	15, 3, 29	3, 13, 27, 10	3, 27, 29, 18	8, 35	13, 29, 3, 27	27	廉价替代品原理
可靠性	3, 8, 10, 40	3, 10, 8, 28	15, 9, 14, 4	15, 29, 28, 11	17, 10, 14, 16	32, 35, 40, 4	3, 10, 14, 24	2, 35, 24	21, 35, 11, 28	8, 28, 10, 3	10, 24, 35, 19	35, 1, 16, 11	-	11, 28	2, 35, 3, 25	34, 27, 6, 40	3, 35, 10	11, 3, 2, 13	21, 11, 27, 19	36, 23	21, 11, 26, 31	10, 11, 35	10, 35, 29, 39	10, 28	10, 30, 4	21, 28, 40, 3	+	32, 3, 11, 23	11, 32, 1	27, 35, 2, 40	35, 2, 40, 26	-	27, 17, 40	1, 11	13, 35, 8, 24	13, 35, 1	27, 40, 28	11, 13, 27	1, 35, 29, 38	28	机械系统替代原理
测量精度	32, 35, 26, 28	28, 35, 25, 26	28, 26, 5, 16	32, 28, 3, 16	26, 28, 32, 3	26, 28, 32, 3	32, 13, 6	-	28, 13, 32, 24	32, 2	6, 28, 32	6, 28, 32	32, 35, 13	28, 6, 32	28, 6, 32	10, 26, 24	6, 19, 28, 24	6, 1, 32	3, 6, 32	-	3, 6, 32	26, 32, 27	10, 16, 31, 28	-	24, 34, 28, 32	2, 6, 32	5, 11, 1, 23	+	-	28, 24, 22, 26	3, 33, 39, 10	6, 35, 25, 18	1, 13, 17, 34	1, 32, 13, 11	13, 35, 2	27, 35, 10, 34	26, 24, 32, 28	28, 2, 10, 34	10, 34, 28, 32	29	气压和液压结构原理
制造精度	28, 32, 13, 18	28, 35, 27, 9	10, 28, 29, 37	2, 32, 10	28, 33, 29, 32	2, 29, 18, 36	32, 28, 2	25, 10, 35	10, 28, 32	28, 19, 34, 36	3, 35	32, 30, 40	30, 18	3, 27	3, 27, 40	-	19, 26	3, 32	32, 2	-	32, 2	13, 32, 2	35, 31, 10, 24	-	32, 26, 28, 18	32, 30	11, 32, 1	-	+	26, 28, 10, 36	4, 17, 34, 26	-	1, 32, 35, 23	25, 10	-	26, 2, 18	-	26, 28, 18, 23	10, 18, 32, 39	30	柔性壳体或薄膜原理
作用于物体的有害因素	22, 21, 27, 39	2, 22, 13, 24	17, 1, 39, 4	1, 18	22, 1, 33, 28	27, 2, 39, 35	22, 23, 37, 35	34, 39, 19, 27	21, 22, 35, 28	13, 35, 39, 18	22, 2, 37	22, 1, 3, 35	35, 24, 30, 18	18, 35, 37, 1	22, 15, 33, 28	17, 1, 40, 33	22, 33, 35, 2	1, 19, 32, 13	1, 24, 6, 27	10, 2, 22, 37	19, 22, 31, 2	21, 22, 35, 2	33, 22, 19, 40	22, 10, 2	35, 18, 34	35, 33, 29, 31	27, 24, 2, 40	28, 33, 23, 26	26, 28, 10, 18	+	-	24, 35, 2	2, 25, 28, 39	35, 10, 2	35, 11, 22, 31	22, 19, 29, 40	22, 19, 29, 40	33, 3, 34	22, 35, 13, 24	31	多孔材料原理
物体产生的有害因素	19, 22, 15, 39	35, 22, 1, 39	17, 15, 16, 22	-	17, 2, 18, 39	22, 1, 40	17, 2, 40	30, 18, 35, 4	35, 28, 3, 23	35, 28, 1, 40	2, 33, 27, 18	35, 1	35, 40, 27, 39	15, 35, 22, 2	15, 22, 33, 31	21, 39, 16, 22	22, 35, 2, 24	19, 24, 39, 32	2, 35, 6	19, 22, 18	2, 35, 18	21, 35, 2, 22	10, 1, 34	10, 21, 29	1, 22	3, 24, 39, 1	24, 2, 40, 39	3, 33, 26	4, 17, 34, 26	-	+	-	-	-	-	19, 1, 31	2, 21, 27, 1	2	22, 35, 18, 39	32	颜色改变原理
可制造性	28, 29, 15, 16	1, 27, 36, 13	1, 29, 13, 17	15, 17, 27	13, 1, 26, 12	16, 40	13, 29, 1, 40	35	35, 13, 8, 1	35, 12	35, 19, 1, 37	1, 28, 13, 27	11, 13, 1	1, 3, 10, 32	27, 1, 4	35, 16	27, 26, 18	28, 24, 27, 1	28, 26, 27, 1	1, 4	27, 1, 12, 24	19, 35	15, 34, 33	32, 24, 18, 16	35, 28, 34, 4	35, 23, 1, 24	-	1, 35, 12, 18	-	24, 2	-	+	2, 5, 13, 16	35, 1, 11, 9	2, 13, 15	27, 26, 1	6, 28, 11, 1	8, 28, 1	35, 1, 10, 28	33	均质性原理
操作流程的方便性	25, 2, 13, 15	6, 13, 1, 25	1, 17, 13, 12	-	1, 17, 13, 16	18, 16, 15, 39	1, 16, 35, 15	4, 18, 39, 31	18, 13, 34	28, 1335	2, 32, 12	15, 34, 29, 28	32, 35, 30	32, 40, 3, 28	29, 3, 8, 25	1, 16, 25	26, 27, 13	13, 17, 1, 24	1, 13, 24	-	35, 34, 2, 10	2, 19, 13	28, 32, 2, 24	4, 10, 27, 22	4, 28, 10, 34	12, 35	17, 27, 8, 40	25, 13, 2, 34	1, 32, 35, 23	2, 25, 28, 39	-	2, 5, 12	+	12, 26, 1, 32	15, 34, 1, 16	32, 26, 12, 17	-	1, 34, 12, 3	15, 1, 28	34	抛弃或再生原理
可维修性	2, 27, 35, 11	2, 27, 35, 11	1, 28, 10, 25	3, 18, 31	15, 13, 32	16, 25	25, 2, 35, 11	1	34, 9	1, 11, 10	13	1, 13, 2, 4	2, 35	1, 11, 2, 9	11, 29, 28, 27	1	4, 10	15, 1, 13	15, 1, 28, 16	-	15, 10, 32, 2	15, 1, 32, 19	2, 35, 34, 27	-	32, 1, 10, 25	2, 28, 10, 25	11, 10, 1, 16	10, 2, 13	25, 10	35, 10, 2, 16	-	1, 35, 11, 10	1, 12, 26, 15	+	7, 1, 4, 16	35, 1, 13, 11	-	34, 35, 7, 13	1, 32, 10	35	物理或化学参数改变原理
适应性,通用性	1, 6, 15, 8	19, 15, 29, 16	35, 1, 29, 2	1, 35, 16	35, 30, 29, 7	15, 16	15, 35, 29	-	35, 10, 14	15, 17, 20	35, 16	15, 37, 1, 8	35, 30, 14	35, 3, 32, 6	13, 1, 35	2, 16	27, 2, 3, 35	6, 22, 26, 1	19, 35, 29, 13	-	19, 1, 29	18, 15, 1	15, 10, 2, 13	-	35, 28	3, 35, 15	35, 13, 8, 24	35, 5, 1, 10	-	35, 11, 32, 31	-	1, 13, 31	15, 34, 1, 16	1, 16, 7, 4	+	15, 29, 37, 28	1	27, 34, 35	35, 28, 6, 37	36	相变原理
系统的复杂性	26, 30, 34, 36	2, 26, 35, 39	1, 19, 26, 24	26	14, 1, 13, 16	6, 36	34, 26, 6	1, 16	34, 10, 28	26, 16	19, 1, 35	29, 13, 28, 15	2, 22, 17, 19	2, 13, 28	10, 4, 28, 15	-	2, 17, 13	24, 17, 13	27, 2, 29, 28	-	20, 19, 30, 34	10, 35, 13, 2	35, 10, 28, 29	-	6, 29	13, 3, 27, 10	13, 35, 1	2, 26, 10, 34	26, 24, 32	22, 19, 29, 40	19, 1	27, 26, 1, 13	27, 9, 26, 24	1, 13	29, 15, 28, 37	+	15, 10, 37, 28	15, 1, 24	12, 17, 28	37	热膨胀原理
控制和测量的复杂性	27, 26, 28, 13	6, 13, 28, 1	16, 17, 26, 24	26	2, 13, 18, 17	2, 39, 30, 16	29, 1, 4, 16	2, 18, 26, 31	3, 4, 16, 35	36, 28, 40, 19	35, 36, 37, 32	27, 13, 1, 39	11, 22, 39, 30	27, 3, 15, 28	19, 29, 25, 39	25, 34, 6, 35	3, 27, 35, 16	2, 24, 26	35, 38	19, 35, 16	19, 1, 16, 10	35, 3, 15, 19	1, 18, 10, 24	35, 33, 27, 22	18, 28, 32, 9	3, 27, 29, 18	27, 40, 28, 8	26, 24, 32, 28	-	22, 19, 29, 28	2, 21	5, 28, 11, 29	2, 5	12, 26	1, 15	15, 10, 37, 28	+	34, 21	35, 18	38	强氧化剂原理
自动化程度	28, 26, 18, 35	28, 26, 35, 10	14, 13, 28, 17	23	17, 14, 13	-	35, 13, 16	-	28, 10	2, 35	13, 35	15, 32, 1, 13	18, 1	25, 13	6, 9	-	26, 2, 19	8, 32, 19	2, 32, 13	-	28, 2, 27	23, 28	35, 10, 18, 5	35, 33	24, 28, 35, 30	35, 13	11, 27, 32	28, 26, 10, 34	28, 26, 18, 23	2, 33	2	1, 26, 13	1, 12, 34, 3	1, 35, 13	27, 4, 1, 35	15, 24, 10	34, 27, 25	+	5, 12, 35, 26	39	惰性环境原理